秒懂企业法

蔡玮律　主编

清华大学出版社
北　京

图书在版编目（CIP）数据

秒懂企业法 / 蔡玮律主编 . —北京：清华大学出版社，2022.4

ISBN 978-7-302-55352-6

Ⅰ . ①秒… Ⅱ . ①蔡… Ⅲ . ①企业法－中国－学习参考资料 Ⅳ . ① D922.291.914

中国版本图书馆 CIP 数据核字 (2020) 第 062131 号

责任编辑：刘 晶
封面设计：汉风唐韵
版式设计：方加青
责任校对：王荣静
责任印制：沈 露

出版发行：清华大学出版社
网 址：http://www.tup.com.cn，http://www.wqbook.com
地 址：北京清华大学学研大厦 A 座 邮 编：100084
社 总 机：010-83470000 邮 购：010-62786544
投稿与读者服务：010-62776969，c-service@tup.tsinghua.edu.cn
质 量 反 馈：010-62772015，zhiliang@tup.tsinghua.edu.cn
印 装 者：三河市君旺印务有限公司
经 销：全国新华书店
开 本：170mm×240mm 印 张：23.75 字 数：398 千字
版 次：2022 年 4 月第 1 版 印 次：2022 年 4 月第 1 次印刷
定 价：128.00 元

产品编号：087895-01

序言

将专业的法律知识转化为大众知识

本书以通俗易懂的行文的对我国企业法律制度的核心内容予以剖析、介绍。

最近几年来，随着我国营商环境的改善，企业法律制度也相应不断完善。对此，学者们大多以专业化的方式对其进行论证和解释，但是很少有人将我国企业法的最新面貌对大众进行通俗化的介绍。这样，《秒懂企业法》的面世就显示出了其独特的价值。

一种语言就是一种生活方式。法律语言及法律体系的专业性与法律适用对象的大众性之间一直都存在着巨大的张力。法律的专业主义者主张应当以法律人的职业化为核心，建构法律的知识体系，重视法律人的职业素养和专业精神。制定法的繁复与多元进一步加深了法律知识专业化、复杂化的程度，它也导致专业法律人才的培养变成了一项浩大的工程。青年学子需要在浩如烟海的法律文本、学说阐释和司法判决中经过漫长的学习，获取并塑造自身系统的法律知识。最终，这又导致专业化的法律服务通常不再是廉价的商品，由此也增强了法律知识大众化的障碍。但是，法律知识最终是要以服务人民、服务社会为目的的，因此我们也呼唤能有人将专业化的法律知识转化为大众化的知识。本书作者在这一领域耗费了大量心血：大众对于法律的情感与认知往往是个案化的，因此作者以问题为导向，安排了各种妙趣横生的法律故事，并对其作出合理、清晰的解答；大众对于法律制度的存在形态是陌生的，因此作者在解答问题的基础上，又辅以相应的规范，使得法律知识能够与法律条文相联结。

很高兴看到本书作者——年轻的蔡玮律律师正在做这样一件有价值的事情，他2019年从复旦大学法学院本科毕业，毕业后的这几时间里始终以“精法律、通外语、懂经济”的标准严格要求自己，秉持“让普通人看得懂法律，让法律贴近生活”的理念组织编写“秒懂法律”系列书籍，学以致用、孜孜不倦。在本书之前，蔡玮律陆续组织编写了《秒懂经济法》和《秒懂知识产权法》。作为复旦法学院教师，我们对本书的顺利出版及其作者的付出感到十分欣慰。

本书的内容涵盖了《公司法》《外商投资法》《个人独资企业法》《合伙企业法》《企业破产法》等涉及投资创业的主要法律及常用条文。本书尤其对有限责任公司、股份有限公司和公司治理的核心内容进行了重点介绍，无论对于一般的社会公众还是打算投资创业的人士，本书都是一本优秀的入门读物。

再次祝贺《秒懂企业法》作为“秒懂法律”系统丛书中的第三本顺利付梓，期待蔡玮律律师坚守初心，继续做好“秒懂法律”系列书籍，创作更多大众化的法律读物，为法律的普及乃至法治的建设贡献更多智慧和力量。

是为序。

李世刚　复旦大学法学院副院长　博士生导师

施鸿鹏　复旦大学讲师　法学博士

序

在编写“秒懂法律”系列图书的过程中，笔者始终秉持“让法律更加贴近生活，让更多的非法律专业人士了解中国法律”的初心，从普通人的故事中抽丝剥茧，逐一分析其中的法律问题，使读者切身感受到法律也可以如此贴近生活。正是基于这样的出发点，经过两年来坚持和创作，“秒懂法律”系列图书已顺利出版了两部，分别是《秒懂知识产权法》和《秒懂经济法》，它的第三部，也就是这本《秒懂企业法》，在诸多朋友和读者的鼓励、支持下，终于付梓。

众所周知，法律意义上的企业泛指一切从事生产、流通或者服务活动，并以盈利为目的的经济组织，包含了个人独资企业、合伙企业和公司制企业。其中，有关公司法的部分是本书的核心内容。公司是重要的市场主体，2021 年，在中国登记注册的公司数量达到 8000 万家，而这一数据在 2013 年仅为 1033 万家，增长速度之快，令人瞩目。《公司法》是规范市场经济制度的基础性法律，我国现行的《公司法》于 1993 年制定，几经修改完善，近 30 年来，对现代化企业制度的建立和市场经济的健康、可持续发展，发挥了重要的作用。为适应经济社会新形势新变化，解决实践中的突出问题，2021 年 12 月 24 日新的公司法修订草案，已经提请全国人大常委会审议，未来新修订的公司法的出台值得关注和期待。

特别值得注意的是，2019 年 3 月 15 日第十三届全国人民代表大会第二次会议通过了全新的《外商投资法》，2020 年 1 月 1 日起正式实行。《外商投资法》一经实行，1979—1990 年间颁布的《中外合资经营企业法》《中外合作经营企业法》和《外资企业法》便完成了它的使命，全部退出历史舞台。《外商投资法》的颁布实行，体现了中国政府继续深化改革、扩大开放的强烈意愿和决心，其致力于解决跨国公司所面临的热点问题，例如强制技术转让、面向外商投资企业的公平竞争环境、知识产权保护以及公共采购项目的参与权等，受到了广泛关注。本书中，很多小故事里出现了外国投资者，也有很多外商在中国投资办企业遇到的法律问题，它们均涉及《外商投资法》的相关内容。

除了《公司法》和《外商投资法》，为帮助更多的创业者在起步阶段了解更多可选择的企业类型，笔者以单列章节的形式，编入了《个人独资企业法》《合伙企业法》《企业破产法》的相关内容。并根据普通创业者全周期管理运营的法律需要，专门开辟章节详细介绍了有限责任公司、股份有限公司和公司治理相关内容。

“秒懂法律”系列图书的最大特色，在于它以讲故事的形式，生动形象地串联起常见的法律问题，使看似生硬的法律变得活灵活现，也使有法律需求的非法律专业人士特别是外国人，更加容易学习中国法律，从而达到在更广泛的意义上普及中国法律的目的。

落笔至此，笔者要感谢母校复旦大学对我的培育，在复旦大学法学院四年的学习使我收获颇丰也备感荣耀。本系列图书的漫画师为吴彩恩和黄昭霖，感谢两位的努力及贡献，他们使得“秒懂法律”系列图书更加多元化。鉴于笔者法律功底浅薄，专业能力有限，书中所讨论的法律问题难免不够严谨，若有疏漏之处，请大家包涵并指正！

蔡玮律

2022 年 2 月 1 日

目录

公司法

从设立到注销：公司的一生

外商投资法

中国市场大有可为

有限责任公司

一起开一家公司

公司治理

用法律为公司保驾护航

股份有限公司

从股份有限公司看公司的本质

个人独资企业法

从创业之旅了解个人独资企业

合伙企业法

开辟创业新思路

企业破产法

福祸相依

公　司　法

从设立到注销：公司的一生

弗拉来自俄罗斯莫斯科，30 岁的他如今已是两个孩子的父亲。徐静是弗拉在莫斯科国立大学认识的中国留学生，毕业后二人在莫斯科结婚。热恋期迅速过去，面对弗拉醉心于事业而自己远离家人的情况，徐静更加思乡心切。相比之下，徐静更加看重家庭关系，因而她一直留在俄罗斯，陪在丈夫和孩子们身边。

随着中国和俄罗斯经贸往来日益密切，商业嗅觉敏锐的弗拉也有了去中国创业的想法。徐静听到这个想法后，觉得自己可以趁机回家看父母，还可以让孩子们学习中国文化，因此表达了对弗拉的支持。2014 年春节来临之际，一个噩耗传来：徐静年迈的父亲突发重病，危在旦夕。弗拉赶紧带上徐静和孩子们踏上了赶往中国的飞机。一星期后，弗拉的岳父驾鹤西游。

此次的中国之行大大改变了弗拉对于中国的印象：随处可见的二维码，强大的网络购物平台，直入云霄的高楼大厦……这一切都令人惊讶不已。当弗拉在南京接触到这些新鲜的事物时，他意识到了中国的巨大商机，他决心要在中国创立属于自己的公司。

以下就是弗拉在中国的创业故事。

故事一 设立公司要满足哪些条件？

办完岳父的丧事后，弗拉就开始了在中国的旅行。短短半个月的时间，在妻子的指点下，凭借着自己蹩脚的中文，弗拉游遍了南京、上海和杭州等几座城市。发达的江浙沪让弗拉眼界大开，城市的繁荣使他觉得无比开心，每到一处他都有新的发现和感慨，觉得中国处处是发展的机遇。

“中国的发展如此迅速，真是意想不到！太神奇了！”弗拉开心地对徐静说道。“你没想到吧？长江三角洲是中国经济最发达的地区之一。”徐静回答说。“的确如此，现在在网店上买东西经常是江浙沪包邮呢，太方便了。中国人对于互联网购物、共享经济和移动支付非常熟悉，已经走在了国际前沿。除此以外，基础设施建设也是一流的。”弗拉继续说。徐静看到自己的丈夫对于中国的发展如此感兴趣，便笑着说道："那当然！最近几年中国的科技和经济突飞猛进，别的不说，你看看上海的地铁就知道中国经济有多么发达了。"对于妻子的赞词，弗拉深表同意。

天气逐渐升温，鸡鸣寺的樱花散发着芬芳，弗拉、徐静二人和徐静的同学约会聚餐。"你好，我叫李帅天，是徐静的高中同学。"弗拉觉得这位绅士成熟稳重，身上散发着的淡淡香水味和油光锃亮的皮鞋显示出此人十分注意细节。在徐静的介绍下，大家坐下来开始聊天。"我刚从美国留学回来，开了一家小公司。你呢，弗拉兄弟？"李帅天问道。弗拉便说："我很喜欢中国，中国在经济上取得了很大的成就，而且仍然在快速发展。说实话，老兄，我对中国很动心。"听到弗拉这么说，李帅天激动地提议："要不我们合作吧！""这个……李兄弟觉得可行吗？"弗拉吃惊地问道。"怎么不可以？哈哈哈。"李帅天笑了起来。笑罢，李帅天说道："这一切都要从头开始，我们可以开一家经营俄罗斯特产的有限责任公司。如果你愿意合作，我们就马上开始，筹钱、取名字、办手续。"弗拉心动不已。

那么，公司的设立在中国有什么样的规定呢？

情景说法

如果弗拉想在中国开自己的公司，就要根据中国有关的法律法规履行特定的程序。发起人组建自己的公司，使公司取得独立的法人资格的一系列行为，就是公司设立。

公司的类型，在不同的国家和同一国家的不同时期，都有所不同。根据中国法律的规定，"设立公司，应当依法向公司登记机关申请设立登记"。可以看出，中国公司设立采取了**准则设立主义**。也就是说，只要设立的公司符合公司法规定的公司设立条件，公司就可以登记成立。这种设立方式对于公司设立的要求比较宽松。但是中国《公司法》又规定，设立公司依法需要报经批准的，"应当在公司登记前依法办理批准手续"。目前来看，中国对于金融机构等经营特许行业和进行特殊经营行为的公司采用这种核准后才能设立的方式。在公司设立的方式上，有**发起设立**和**募集设立**两种：发起设立时发起人认购公司全部股份；募集设立时发起人认购一部分股份，其余股份向社会公众募集。只有股份有限公司才能采用募集设立的方式。

公司设立是一系列准备行动的总称，依据中国的法律法规的规定，公司设立的要件根据公司的性质而有所不同。因为中国法律规定了有限责任公司和股份有限公司两种公司类型，并且适用不同的规则。设立公司的条件主要有：股东或者发起人符合法定人数、依法制定公司章程、股东认缴出资、有公司名称并建立相应的组织机构、有公司的住所。

设立公司需要有公司自己的**名称**，公司在其营业活动中使用该名称，以区别于其他公司，并有品牌建立的功效。对于具有良好商业信誉的公司而言，公司的名称更加重要，这是重要的**品牌财产**，能被社会公众识别。根据《公司法》的规定，公司名称必须标明公司的性质，比如属于有限责任公司还是股份有限公司。除此以外，公司的名称还要具有独立性，不能使用他人已经使用或者注册的名称，以免混淆身份。例如阿里巴巴是著名互联网公司，其他公司就不能同样用阿里巴巴作为自己的公司名称，否则会构成侵权，要承担相应的法律责任。

弗拉是持有俄罗斯护照的俄罗斯联邦公民，如果他要跟中国公民李帅天合资开公司，根据《外商投资法》，中国的自然人可以和外国的自然人或外国公司设立外商投资企业。该法规定，双方签订的合同、协议、公司章程等，首先要经中国审查机关的批准，经过批准后，方可在工商行政管理机关登记，领取营业执照，开始营业。

根据中国《公司法》的规定，公司类型分为有限责任公司和股份有限公司。弗拉和李帅天计划设立的公司属于有限责任公司，这种类型的公司的优势是设立程序简单、股权集中以及股东能够有效监管公司；劣势是股东人数有限，不利于资本筹集，而且资本流动性也比较差。

法条索引

《公司法》

第六条

设立公司，应当依法向公司登记机关申请设立登记。符合本法规定的设立条件的，由公司登记机关分别登记为有限责任公司或者股份有限公司；不符合本法规定的设立条件的，不得登记为有限责任公司或者股份有限公司。

法律、行政法规规定设立公司必须报经批准的，应当在公司登记前依法办理批准手续。

公众可以向公司登记机关申请查询公司登记事项，公司登记机关应当提供查询服务。

第七条

依法设立的公司，由公司登记机关发给公司营业执照。公司营业执照签发日期为公司成立日期。

公司营业执照应当载明公司的名称、住所、注册资本、经营范围、法定代表人姓名等事项。

公司营业执照记载的事项发生变更的，公司应当依法办理变更登记，由公司登记机关换发营业执照。

第八条

依照本法设立的有限责任公司，必须在公司名称中标明有限责任公司或者有限公司字样。

依照本法设立的股份有限公司，必须在公司名称中标明股份有限公司或者股份公司字样。

《外商投资法》

第二条

在中华人民共和国境内（以下简称中国境内）的外商投资，适用本法。

本法所称外商投资，是指外国的自然人、企业或者其他组织（以下称外国投资者）直接或者间接在中国境内进行的投资活动，包括下列情形：

（一）外国投资者单独或者与其他投资者共同在中国境内设立外商投资企业；

（二）外国投资者取得中国境内企业的股份、股权、财产份额或者其他类似权益；

（三）外国投资者单独或者与其他投资者共同在中国境内投资新建项目；

（四）法律、行政法规或者国务院规定的其他方式的投资。

本法所称外商投资企业，是指全部或者部分由外国投资者投资，依照中国法律在中国境内经登记注册设立的企业。

《外商投资法实施条例》

第三条

外商投资法第二条第二款第一项、第三项所称其他投资者，包括中国的自然人在内。

故事二 为什么要制定公司章程？

自从李帅天提出要跟弗拉合作开公司后，弗拉就把这件事放在了心上。“如果你愿意在中国做生意，那我肯定举双手支持你！”徐静看出了丈夫的心事，便对弗拉说道。听到妻子的意见后，弗拉陷入了沉思，经过一段时间的考虑，他回答道：“好吧，那我找李帅天谈谈。”弗拉决定放手一试。

弗拉和李帅天约了见面，打算详细谈一下合作的规划。二人在融洽的气氛中推杯换盏，吃了点小菜后李帅天开始说合作开公司的事情。

“弗拉兄弟，我的想法是我们合开的公司主要经营俄罗斯望远镜。我通过调研发现，俄罗斯的伏特加的确有名，但是俄罗斯的望远镜也不差，中国人非常喜欢俄罗斯制造的望远镜。你们那儿的望远镜不仅质量一流、价格低，而且重量轻，易于携带；不仅是老军迷的必备品，也深受普通民众的信赖。有一些网络购物平台上有专卖俄罗斯望远镜的网店，生意非常红火。”李帅天一改刚才和气的面目，对弗拉郑重其事地说道。听完李帅天的话，弗拉暗自称赞，心想：“此人不仅眼光长远，还进行了市场调研，的确是厉害的角色。”看到弗拉发呆，李帅天问道：“你觉得如何？”“好……很好，好主意！”弗拉回过神来，赶紧回答道。李帅天拿起高脚杯喝了一小口酒，看着弗拉笑而不语。弗拉定了定神，说：“帅天既然这么有诚意，那我们就正式合作开公司吧！”李帅天似乎就是在等弗拉说出这句话，然后又不急不忙地说：“那我们就商量一下公司章程吧！”

经过这次会面，在精明而又有诚意的李帅天面前，犹豫的弗拉终于下定了决心，踏上了合作的道路。那么，公司章程是什么？法律又有什么规定呢？

情景说法

公司**章程**是调整公司内部关系和经营行为的**法律文件**，具有**约束力**，反映了**全体股东**的共同意思表示。

根据中国法律的规定，设立公司必须依法制定公司章程，公司的章程对于公司、股东、董事、监事和高级管理人员具有约束力。公司章程对于公司具有重要意义，它是公司成立的必备要件，也是公司治理的重要依据，公司章程就是公司这个组织体的**行动指南**。除此以外，公司章程是反映公司利益的**自治性**规则，它不能违背强行法的规定。因此弗拉和李帅天制定的公司章程要在合法的情况下充分反映公司的利益，一旦公司设立，公司章程对于弗拉等股东及公司便具有了约束力。但是，公司章程只对公司**内部人**发生效力，如果公司违反了章程和善意第三人签订合同，那么合同依然有效。

公司章程有以下几个特点：一是法定性，公司章程必须依法制定，公司章程的修改也要符合法律的规定。如果公司章程的制定或者修改不符合法律的规定，就有可能导致公司章程的无效。二是书面性，也就是要式性，公司的章程必须依法采用书面形式。三是公开性，公司章程不仅要依法登记，股份有限公司的章程还要放在规定场所向股东或者社会公众公开以供查阅。四是真实性，公司章程的内容要和事实相符，不得有虚假性的内容。五是自治性，公司章程是规范公司内部关系的自治性规则。

公司章程对于公司而言，非常重要，犹如宪法和国家的关系。因此公司章程的制定和修改都要严格依法进行，以保护公司利益。由于公司章程的地位和作用，中国法律对于公司章程的制定有着严格的规定，根据《公司法》的明文规定，有限责任公司的章程要由全体股东共同制定，并签字和盖章；对于股份公司而言，公司章程由发起人制定，股份公司采用募集方式设立的，公司章程还要经过创立大会通过。

公司章程的修改或变更，是指登记生效的公司章程增加、删减或者其他改变公司章程的行为，为了保持公司章程的稳定性，保护公司经营活动的有序开展，公司章程不得随意修改。我国法律规定，“公司可以修改公司章程，改变经营范围，但是应当办理变更登记”。一般而言，公司章程的修改要经过提案、议决和变更登记三个方面。

公司章程包括什么内容呢？公司章程的内容，就是公司章程的记载事项。公司章程的记载事项区分为强制记载事项和任意记载事项。强制记载事项是法律规定必须要记载的事项，而任意记载事项是股东可以自己决定是否要记载的事项。我国对于有限责任公司和股份有限公司的章程应该记载的事项作了列举式的规定。如果弗拉和李帅天合开有限责任公司，那么以下事项都属于法定强制记载事项：公司名称和住所、经营范围、注册资本、股东姓名、股东出资情况、公司机构及其规则、公司法定代表人。

法条索引

《公司法》

第十一条

设立公司必须依法制定公司章程。公司章程对公司、股东、董事、监事、高级管理人员具有约束力。

第十二条

公司的经营范围由公司章程规定，并依法登记。公司可以修改公司章程，改变经营范围，但是应当办理变更登记。

公司的经营范围中属于法律、行政法规规定须经批准的项目，应当依法经过批准。

第二十五条

有限责任公司章程应当载明下列事项：

（一）公司名称和住所；

（二）公司经营范围；

（三）公司注册资本；

（四）股东的姓名或者名称；

（五）股东的出资方式、出资额和出资时间；

（六）公司的机构及其产生办法、职权、议事规则；

（七）公司法定代表人；

（八）股东会会议认为需要规定的其他事项。

股东应当在公司章程上签名、盖章。

第八十一条

股份有限公司章程应当载明下列事项：

（一）公司名称和住所；

（二）公司经营范围；

（三）公司设立方式；

（四）公司股份总数、每股金额和注册资本；

（五）发起人的姓名或者名称、认购的股份数、出资方式和出资时间；

（六）董事会的组成、职权和议事规则；

（七）公司法定代表人；

（八）监事会的组成、职权和议事规则；

（九）公司利润分配办法；

（十）公司的解散事由与清算办法；

（十一）公司的通知和公告办法；

（十二）股东大会会议认为需要规定的其他事项。

故事三 公司资本要在何时缴纳？

自从和李帅天见面以后，弗拉那颗悬着的心也落下来了。在李帅天和妻子的鼓励下，他决心要在中国闯荡一番，这几天他有空的时候都会专门思考公司章程的内容。“公司的名称、住所、业务范围、组织机构，等等，都是我需要考虑的东西，我必须仔细想清楚。”

在妻子的协助下，弗拉和李帅天逐字逐句地推敲公司章程的内容。一天下午，徐静买了食材，准备为丈夫做一道拿手好菜——鸭血粉丝汤。正当她在厨房中忙碌的时候，弗拉突然从身后抱住了自己。徐静觉察到了丈夫的不安和沮丧，赶紧问道：“怎么了？”在徐静的追问下，弗拉痛苦地说道：“我在俄罗斯买的股票跌停了，我的钱都蒸发了。”

在弗拉由于股票的事而心中苦闷的时候，李帅天却愈发有干劲了。

后来，李帅天从徐静口中得知了弗拉的遭遇，只好先安慰他。看到二人的合作因为钱的问题而无法继续，徐静心中也十分着急。李帅天理了理头绪，说："徐静，看在你们夫妻二人的情份上，你有钱的话就帮帮你丈夫吧。""这是哪里的话？难道我不会帮我丈夫？李帅天你把我看成什么样的人了？"徐静听后不悦地回答道。

"亲爱的，我爸的遗产有一份是我的，你拿去开公司吧。"徐静对弗拉轻柔地说道。弗拉犹豫再三，在徐静的劝说下，才说："亲爱的，你这真是雪中送炭，你放心，我一定好好干，不辜负你的苦心。"看到徐静答应帮助弗拉后，李帅天知道公司资本有着落了，脸上露出了舒缓的笑容。

什么是公司资本？中国法律对于公司资本又有何规定呢？

情景说法

资本是公司的血液，如果没有资本，公司就无法运营。因此，在公司设立和以后经营所需的时候，公司就要筹集资本。这种**筹集资本**的行为，就被称为"公司融资。"弗拉要开公司，没钱自然不行。一般而言，公司资本是指记载于公司章程上的公司财产，这些财产的来源一般是股东的出资。这种公司资本又被称为狭义的公司资本，或者"股权资本。"股权资本需要登记注册，因此也被称为"注册资本。"

传统理论上，公司属于一种"财产"的集合，公司的财产是公司存在的物质基础，也是公司商业信誉的重要担保。这一点并不难理解，如果弗拉的公司跟别人做生意，别人要看这个公司是否靠得住，就会看公司有多少钱。中国《公司法》明文规定，公司的资本是**独立**的，公司以其全部财产对公司的债务承担责任。有限责任公司的股东以其认缴的出资额为限对公司承担责任，股份有限公司的股东以其认购的股份为限对公司承担责任。说简单点，就是弗拉出多少钱就要付多大的责任。为了保护债权人的利益免受股东有限责任的损害，法律对公司资本的形成、维持和退出进行了规定，由此形成了公司资本三原则。

一是资本**确定**原则，即公司的资本在设立公司的时候必须在公司章程中明确规定，股东要按照章程规定来认足，并且按期缴纳。这一原则确保了公司资本的真实性，防止公司设立中的欺诈行为，可以保护交易安全和债权人的利益。

二是资本**维持**原则，也称为资本充实原则。是指在公司的存续过程中，公司应当维持与其资本总额相当的财产。在这种原则下，公司成立后股东不得抽回资本；公司的转投资受到一定的限制；公司不得任意收购本公司的股票；公司在弥补和提取法定公积金之前，不得给股东分配利润。

三是资本**不变**原则，即公司的注册资本总额一旦确定，除非依法定程序，不得随意改变。这就要求公司的注册资本的增加和减少均需要履行法定程序。资本不变原则不仅能够防止公司注册资本的减少，也能维护交易的安全和债权人的利益。例如《公司法》规定，公司减少注册资本时，必须编制资产负债表和财产清单。

公司资本制度一直是《公司法》改革的重要内容，如今的公司法确立了以下内容：一是立法上不再要求注册资本最低限额；二是公司注册资本的缴纳方式由实缴制变为认缴制；三是废除了验资要求和证明；四是取消了货币出资的比例要求。这些改革对于解决长期以来公司设立难的问题意义重大，目前来说，公司设立中资本要求的门槛已经相对较低。因此弗拉不必太担心自己的资金问题。

法条索引

《公司法》

第二十六条

有限责任公司的注册资本为在公司登记机关登记的全体股东认缴的出资额。

法律、行政法规以及国务院决定对有限责任公司注册资本实缴、注册资本最低限额另有规定的，从其规定。

第二十八条

股东应当按期足额缴纳公司章程中规定的各自所认缴的出资额。股东以货币出资的，应当将货币出资足额存入有限责任公司在银行开设的账户；以非货币财产出资的，应当依法办理其财产权的转移手续。

股东不按照前款规定缴纳出资的，除应当向公司足额缴纳外，还应当向已按期足额缴纳出资的股东承担违约责任。

第八十条

股份有限公司采取发起设立方式设立的，注册资本为在公司登记机关登记的全体发起人认购的股本总额。在发起人认购的股份缴足前，不得向他人募集股份。

股份有限公司采取募集方式设立的，注册资本为在公司登记机关登记的实收股本总额。

法律、行政法规以及国务院决定对股份有限公司注册资本实缴、注册资本最低限额另有规定的，从其规定。

第八十三条

以发起设立方式设立股份有限公司的，发起人应当书面认足公司章程规定其认购的股份，并按照公司章程规定缴纳出资。以非货币财产出资的，应当依法办理其财产权的转移手续。

发起人不依照前款规定缴纳出资的，应当按照发起人协议承担违约责任。

发起人认足公司章程规定的出资后，应当选举董事会和监事会，由董事会向公司登记机关报送公司章程以及法律、行政法规规定的其他文件，申请设立登记。

第八十四条

以募集设立方式设立股份有限公司的，发起人认购的股份不得少于公司股份总数的35%；但是，法律、行政法规另有规定的，从其规定。

故事四

公司并购是好事还是坏事？

经过一系列的准备后，弗拉和李帅天的公司办好了所有手续，一家名叫“俄起”的有限责任公司终于诞生了。弗拉和妻子徐静都是俄起公司的大股东。在弗拉和李帅天二人的合作下，因为产品价格合理和质量过硬，俄起公司的生意逐渐有了起色，公司网店的销售量非常可观。“放心吧，公司前途无量。”弗拉开心地对李帅天说。看到公司如今顺风顺水的情况，李帅天心中也觉得十分欣慰。

一年过去了，俄起公司的望远镜月销量已经从最初的80台上涨到8000多台，如此快速的增长使得所有人都坚信公司有着美好的未来。然而，随着公司业绩的增长，弗拉和李帅天两人却逐渐心生间隙。在弗拉看来，曾经精明能干的李帅天已经堕落成认钱不认人的人，他在公司财务处安插自己亲信的行为更是令人恼火不已。与此同时，李帅天眼里也逐渐充满对弗拉的蔑视，“要不是有我在，他哪里有这个本事”。

夜幕降临，华灯初上，李帅天来到著名的酒吧一条街。精致的着装配合身上散发出的古龙香水味，李帅天跟随早已等候在酒吧门口的一位青年男子走进了酒吧。“李总，毕某久候多时了。”李帅天看到自称毕某的是一位沉稳的穿衣打扮极为讲究的中年男子。“毕总好，李某有礼了。”李帅天便在毕问水的对面坐下。简单的寒暄之后，毕问水说：“我们开门见山吧。我想收购你们的公司，如果李总肯助我一臂之力，到时候我毕某一定不会亏待你。”李帅天来之前就在网上仔细查阅过毕问水的资料，知道此人来头不小，实力雄厚，因此谨慎地回答道：“公司并非我一个人说了算，弗拉和他妻子徐静都是大股东。”毕问水哈哈大笑起来，猛抽了一口雪茄，说：“这就看你李总的本事了。”

李帅天早就对弗拉的懒散作风心生不满，这次他决定促成毕问水对俄起公司的收购。周日的早晨，弗拉还和妻子躺在床上，床头的手机突然响起。“喂，是谁啊？”弗拉不乐意地拿起手机问道。“是我，李帅天，你赶紧起来到公司，我有正事和你商量。”

李帅天能实现他的计划吗？

什么是公司收购（并购）？中国法律对于公司并购又有何规定呢？

情景说法

公司**并购**（M&A），包括公司的**合并**和**收购**两种行为。弗拉的公司参与并购的意义是什么呢？一般来说，公司并购是实现规模经济的方式之一。现代市场经济发展迅速，产业和技术革新、人口变化等都会影响到企业的发展和生存，公司并购可以帮助企业迅速适应这种变化，将生产资料转移到能实现其更大效用的地方。因此，毕问水想要收购弗拉的公司的意图也就很明显了。从经济学的层面来说，公司并购能帮助企业获得经济的规模效应、获取战略机会、提高管理效率等，从而从根本上实现增加企业的价值和追求利润的目的。

公司的合并是两个或者更多的公司，为了归并为同一个公司，订立合同并履行法律程序的法律行为。也就是说：公司合并是一种法律行为，它属于公司组织结构的变更，它是两个或更多的公司合并成一个公司的行为，并且这种合并行为必须要依照法定的程序进行。如果毕问水的公司想要和弗拉的公司合并，就会有两种情况发生。根据《公司法》的规定，公司合并的基本形式包括吸收合并和新设合并，不同之处在于合并后原公司是继续存在还是设立一个新的公司。

但是，无论是吸收合并还是新设合并，弗拉的公司都会发生巨变。如果采用新设合并的方式，合并的双方都要解散；如果是吸收合并，那么弗拉的公司被吸收后就要解散，另一方保持原有公司的名称，并且取得被吸收的公司的财产和债权，承担被吸收公司的债务。公司合并的程序包括：一是合并双方签订合并协议，这属于《公司法》的明文规定；二是董事会作出合并的决议，这属于董事会的职权所在；三是股东会作出决议，《公司法》规定了股东会的决议方法；四是编制资产负债表和财产清单；五是对债权人自作出合并决议之日起 10 日之内进行通知或者公告；六是办理合并的登记手续。

公司收购（并购）是公司通过一定的程序和手段取得另一公司的全部或者部分所有权的行为。神秘人物毕问水突然会见李帅夭，就是想通过收购来获取俄起公司的所有权。公司收购分为股份收购和资产收购两种形式。股份收购，顾名思义，是指一个公司通过购买全部或者部分股票的方式取得另一家公司的部分所有权或者全部所有权。资产收购，则是指通过购买全部或者部分资产的方式取得目标公司的所有权。

公司收购和公司合并在结果上有相似之处，但是公司收购的目的在于获得对于目标公司的控制权，因此公司的收购并不会产生一个新公司，被收购的公司的法人地位也不会消失。这样一来，俄起公司将继续存活，但是弗拉必将失去自己对于公司的控制。中国的《公司法》没有对公司收购作出明文的规定，但是《证券法》的第四章对于上市公司的收购作出了专门的规定。总而言之，公司并购是风险较高的商业资产运作行为，弗拉如今面临着失去公司的风险，无论是合并还是收购，他都必须谨慎对待！

法条索引

《公司法》

第一百七十二条

公司合并可以采取吸收合并或者新设合并。

一个公司吸收其他公司为吸收合并，被吸收的公司解散。两个以上公司合并设立一个新的公司为新设合并，合并各方解散。

第一百七十三条

公司合并，应当由合并各方签订合并协议，并编制资产负债表及财产清单。公司应当自作出合并决议之日起10日内通知债权人，并于30日内在报纸上公告。债权人自接到通知书之日起30日内，未接到通知书的自公告之日起45日内，可以要求公司清偿债务或者提供相应的担保。

第一百七十四条

公司合并时，合并各方的债权、债务，应当由合并后存续的公司或者新设的公司承继。

故事五

公司分立后原来的公司去哪了？

正在睡懒觉的弗拉接到李帅天的电话后心中有些不悦，跟徐静抱怨道："这李帅天到底在搞什么？连觉都不让我睡，哼！"徐静睡眼惺忪地说："哎呀，他大清早给你打电话肯定是有急事，你就去吧。"弗拉拿起外衣赶往俄起公司。

弗拉赶到俄起公司，推开李帅天办公室的门，只见李帅天背对着门，不知道在做什么。"喂，这么大早的，把我叫到公司干什么？"弗拉大声问道。李帅天缓缓转过身来，说："我给你泡了壶上好的西湖龙井，坐下喝一杯吧。""你把我叫过来就只是为了这事？怎么可能！"弗拉问道。"哈哈哈，看你急得，当然不是。"李帅天笑道。"我这次把你大清早叫来，是要和你谈公司的大计。"李帅天说。"哦？什么大计？"弗拉听到这"大计"两字后愈发糊涂了。

“毕问水想收购我们的公司。”李帅天说。“什么？你再说一遍？毕问水要收购我的公司？”弗拉怒不可遏，他没想到李帅天竟然串通外人要卖了公司。“消消气嘛，你慢慢听我说。”李帅天把龙井茶递了过来。弗拉把茶泼在地上，大声说道：“你让我怎么冷静听你说？难道你把我卖了还要我帮你数钱吗？李帅天你不要忘了公司是我的！”看到弗拉根本没有商谈的意思，李帅天也生气地说道：“公司也是我的，不是你一个人的！”

弗拉尽管对李帅天心中有所不满，但这是他第一次跟李帅天吵架。两个人互相看着对方，气氛紧张，空气似乎凝固了起来。几分钟后，弗拉打破了僵局，开口说：“的确，公司的建立和发展，你的功劳都很大。但是这次你太过分了！”李帅天听闻此言，便说：“你虽然是大股东，但是你有为公司好好考虑过吗？公司能有今天的成就都是我李帅天的功劳，当我凌晨三点还在挑灯夜战的时候，你正在睡大觉呢！”弗拉的脸红了，他自己也清楚李帅天的确比自己上进，但是他无法容忍李帅天对于自己的蔑视。“既然你我关系破裂，那我看我们也没有合作的必要了，我们把公司分了吧！”弗拉说这些话的时候整个身子都在发颤。李帅天没想到形势超出了自己的掌控，顿时哑口无言。

李帅天施计不成，导致公司面临着自成立以来最严重的一次危机。弗拉能否分立公司呢？究竟什么是公司分立？

情景说法

公司**分立**也叫作**分割公司**，是指一个公司依合同约定或者法律规定分立为两个以上的公司。如果弗拉和李帅天分割俄起公司，那么公司就会被分成两个不同于原公司的实体公司，这种后果对于事业正处于上升期的俄起公司来说可谓严重打击。

公司分立有不同的目的和意义，除了调整公司的业务经营活动，还能重新改造公司的组织结构。对于大规模的公司而言，公司分立会促使公司经营管理更加专业化，并提高公司办事效率。但是弗拉和李帅天的俄起公司只是刚刚步入正轨的初创公司，如果此时因为管理问题而分立，那将会给公司带来以下三个问题：

一是，公司原有的规模经济带来的成本节约效用将会降低。公司分立的形式有两种，一种是**新设分立**，另一种是**派生分立**。所谓的新设分立，就是一个公司分割成两个或更多的公司的行为。如果弗拉和李帅天决定将公司分为两个新公司，那么就属于新设分立。不过，新设分立将导致俄起公司独立的法人资格消失，而且还要办理相应的公司注销手续，新设立的公司也要履行公司设立的相关程序。那派生分立又是什么情况呢？派生分立是原有的公司拿出自己的一部分资产设立另一个公司的行为，如果弗拉和李帅天的俄起公司采取派生分立的方式，那原有的俄起公司仍然会继续存在，但是股东和公司的组织机构就会发生相应的变化。例如，李帅天从俄起公司中分离出来设立自己的新公司，那么俄起公司的股东人数和资本数量就会下降，而李帅天的新公司也要设立新的董事会等公司组织机构。而且，这个派生的公司作为新设立的公司，还要依法登记。无论怎样，如果弗拉和李帅天无法避免公司分立，那么二人一起创办起来的俄起公司就再也不是原来的模样了：组织结构发生变化，公司原有的经济效用带来的成本节约效用将会降低。

二是，公司分立产生的烦琐的程序性问题。根据中国《公司法》的相关规定，公司分立必须按照法律规定的程序进行。因此，公司并不是弗拉或者李帅天说分立就能分立的——法律才不管你生多大的气，或者有多少的股权。公司的分立的程序有以下几个环节：首先，由公司董事会拟定公司分立的方案，对分立的原因、目的、分立后公司地位、财产处理以及债务分割等问题作出安排；其次，由公司股东会 2/3 以上的表决权通过，同时授权董事会编制资产负债表、财产清单以及通知、公告公司的债权人；最后，进行公司资本的分立和财产的转移。完成分割公司的程序后，分立后的公司要按照法律要求办理分立登记。

三是，债务分配问题上还会给弗拉和李帅天带来新的麻烦。公司分立是一种法律行为，它不仅仅是弗拉和李帅天两人协商同意把公司一分为二那么简单，公司分立还将产生债务承担的法律效力。如果公司成功分立，那么除非弗拉和李帅天就债务问题达成了书面形式的特别约定，否则俄起公司的原有的债务就要由分立的公司共同承担，也就是说分立后的公司共同对俄起公司分立前的债务承担连带责任。

综上所述，公司分立并非是个小游戏，气头上的弗拉如果想清楚公司分立的后果，他还会分立公司吗？

法条索引

《公司法》

第一百七十五条

公司分立，其财产作相应的分割。

公司分立，应当编制资产负债表及财产清单。公司应当自作出分立决议之日起十日内通知债权人，并于30日内在报纸上公告。

第一百七十六条

公司分立前的债务由分立后的公司承担连带责任。但是，公司在分立前与债权人就债务清偿达成的书面协议另有约定的除外。

故事六 什么样的公司可以上市？

正当弗拉和李帅天在公司对峙的时候，徐静气喘吁吁地进来了。原来李帅天给徐静发了信息，要她也过来讨论公司的收购。“我知道你们两个在一起会起冲突，就赶紧过来了。”徐静说。弗拉于是将事情全盘托出。徐静看着地上的茶水猜测到两人正处于气头上，于是说：“你们两个大男人真是不让人省心，想想你们当初是多么地互相欣赏。一个热情，一个精致，公司能有今天都是你们二人合作的结果。你们难道要把这个刚起步的公司亲手毁掉吗？李帅天，没有我和弗拉，你会有这个机会吗？还有弗拉，没有李帅天的付出，公司也不会有今天的成就。”两个大男人相顾无言，似乎都意识到了自己的冲动，低下了头。

随后的几天里，在徐静的沟通下，弗拉和李帅天两人终于握手言和了。二人关系破冰之后，他们继续互相协助，关系不仅恢复如初，甚至远胜从前。俄起公司生意日益兴隆，整个公司呈现出了一种欣欣向荣的局面。“下个月就是‘双十一’了，根据调研，估计网店月销售量会增长40%，快递和售后服务要协调一下，今晚我要加班。”弗拉对正在准备下班的李帅天说。听到弗拉自愿提出加班，李帅天十分欣慰，心想：“这次弗拉真的很用心了。”

两人在对“双十一”的期待中迎来了11月11日零点的钟声。不到一小时，“双十一”交易量就突破了一百亿元，而俄起公司的订单也源源不断地进来。弗拉和李帅天两人彼此看着，笑得合不拢嘴。经过一夜的鏖战，俄起公司当天的交易量就比上个月的销售量增长了50%！“照这个速度发展下去，我们公司就该考虑考虑**上市**了。”弗拉开心地笑了起来。李帅天突然收敛住了笑意，略带尴尬地说：“我们的公司是**外商投资**的公司，不能上市的。”“什么？我们的公司以后做大做强了也不能上市？”弗拉简直不敢相信自己的耳朵。“是的。连股份公司的形式都变不了。”李帅天苦笑了一下。

中国法律对于公司类型变更有何规定？弗拉的公司以后真的不能在中国上市吗？

情景说法

公司类型的变更，是指公司依法从一种组织形态转变成另一种组织形态的行为。根据《公司法》的规定，公司类型包括有限责任公司和股份有限公司，俄起公司正是有限责任公司。公司的类型的变更并不会导致公司法人格的消失或者改变。如果弗拉和李帅天把俄起公司从有限责任公司转变为股份有限公司，就属于公司类型的变更。

现实中公司类型变更的原因复杂多样，但是不同的公司类型的确具有不同的特点。无论是有限责任公司还是股份有限公司，都具有各自的优缺点，我国的《公司法》允许投资者根据自身利益在设立公司时进行公司类型的选择。有限责任公司和股份有限公司的差异主要有以下几点：一是设立条件不同，有限责任公司较之股份有限公司，成立条件更加宽松；二是股份的转让难易程度不同，股份有限公司股份转让自由，而有限责任公司的股份转让比较困难；三是财务数据的公开程度不同，股份有限公司对于财务报表的公开程度要求较高；

四是所有权和经营管理权分离的程度不同，股份有限公司两权分离程度高，而有限责任公司两权分离程度低。这种现实的差异决定了，任何一家公司如果想要转换公司类型，都要依照现实情况而定。

的确，随着公司的不断发展，弗拉和李帅天的公司面临着新的情况和局面，公司的融资方案、股权比例、规模以及产品业务都发生了新的变化，这都需要公司积极调整应对。那么，俄起公司的有限公司的组织形式已经不符合实际需要了吗？一般情况下，有限责任公司不断吸收新的投资者，等到股东发展到数十人之多的时候，为了提高决策效率，实现股权的自由转让，就的确有必要将有限责任公司转换为股份有限公司，以符合现实需要。因此，弗拉的公司要转换公司类型，就要看自己的实际需求到底如何。

根据我国《公司法》的规定，有限责任公司可以转换为股份有限公司，股份有限公司也可以转换为有限责任公司。除此以外，《公司法》还规定了公司变更前的债权债务关系，需要由变更后的公司承继。

不同类型的公司有不同的设立条件，有限责任公司和股份有限公司之间要完成类型的转换，就要符合新的公司类型所要求具备的设立条件。俄起公司属于有限责任公司，要转变成股份有限公司，需要以下几个步骤：公司股东首先作出变更公司类型的决议，然后股东之间签订《股东协议书》，约定设立股份有限公司的事项和股东的权利义务，然后起名字，再聘请中介机构制做《审计报告》《法律意见书》等，然后召开第一次股东大会，最后去办理工商登记。俄起公司属于中外合资经营企业，它的特殊身份是否影响其上市之路呢？答案是“不影响”。在《外商投资法》实行之前，中外合资经营企业受《公司法》和《中外合资经营企业法》等法律的规制，其中《中外合资经营企业法》规定，中外合资经营企业只能设立有限责任公司，按照这个规定，俄起公司的上市计划就泡汤了。而《外商投资法》于 2019 年 3 月 15 日正式颁布，2020 年 1 月 1 日起正式实行，与此同时，《中外合资经营企业法》被废止。也就是说，《外商投资法》实行以前，俄起公司不能变更为股份有限公司，但《外商投资法》实施以后，俄起公司可以按照《公司法》的规定实现它的上市计划。当然，如果俄起公司在 2020 年以后设立，也就是《外商投资法》实行以后成立的，它仍然可以在中国境内走上上市之路。

法条索引

《公司法》

第九条

有限责任公司变更为股份有限公司，应当符合本法规定的股份有限公司的条件。股份有限公司变更为有限责任公司，应当符合本法规定的有限责任公司的条件。

有限责任公司变更为股份有限公司的，或者股份有限公司变更为有限责任公司的，公司变更前的债权、债务由变更后的公司承继。

《外商投资法》

第三十一条

外商投资企业的组织形式、组织机构及其活动准则，适用《中华人民共和国公司法》《中华人民共和国合伙企业法》等法律的规定。

第四十二条

本法自2020年1月1日起施行。《中华人民共和国中外合资经营企业法》《中华人民共和国外资企业法》《中华人民共和国中外合作经营企业法》同时废止。

故事七

大股东可以动用公司资产吗？

俄起公司经过一年的顺利发展，已经一跃成为网购平台俄罗斯望远镜产品的最大卖家，把最初一起竞争的几家俄罗斯望远镜的店家甩在了身后。看着自己的事业蒸蒸日上，李帅天觉得自己已经跻身于所谓的成功创业者的行列了。

有一天，李帅天正打算外出吃饭时，手机突然响了起来。他一看，屏幕上来电显示的是李华二字。“咦？李华怎么突然想起给我打电话了呢？”李帅天心想。原来李华是李帅天的表弟，前些年跟着潮流做起了皮鞋生意，发了一笔大财，但是最近一年来，李帅天忙着自己的公司，和李华并不怎么联系。看到李华突然给自己打电话，他很是疑惑。“表哥，听说你混得不错，恭喜恭喜啊。”电话里传来李华的粗重的声音。李帅天听到这种奉承的话，心中十分不悦，表弟用“混”这种字眼更是让精致的李帅天觉得李华粗鄙油腻。“还行，表弟有何贵干？”李帅天问。“嘻嘻，我就在你公司楼下，一起去吃饭吧。咱哥俩叙叙旧。”李华得意地说道。李帅天知道自己今天躲不过，只好答应。

原来，李华表面说是哥俩叙旧，实际上却有另外一番目的。正所谓，醉翁之意不在酒。等到饭菜齐备，李华和李帅天开始喝酒，李华便开始吐露自己生意的惨淡。“不瞒您说，我这次来是想跟哥借点儿钱。我们俩是从小一起长大的，如今我遇上了难事，表哥可一定要帮我。”李华借着酒劲将自己此行目的全盘托出。李帅天本来对这个表弟没什么好感，但是想到自己的姑姑早已去世，又不忍心拒绝。“借多少？”李帅天问。“80 万元。”李华说。“什么？你竟然狮子大张口啊，我哪里有钱借给你。”李帅天生气了。李华装出一副可怜兮兮的样子，看着自己的表哥，沉默不语。

李帅天来找弗拉。“可是，帅天，最近公司也很缺钱，一下子没有这么多的钱。”弗拉听到李帅天想把公司的钱借给李华后吃惊地说道。李帅天明白了弗拉的意思，李华虽然是自己的亲表弟，但对弗拉来说不过是普通的陌生人，所以他自然不愿意把公司的钱借给李华。何况，公司的账目，李帅天一清二楚，所谓的公司缺钱，不过是弗拉给自己一个台阶下罢了。“表弟，公司的钱不是我的钱，我没法借给你。抱歉。”李帅天在电话里跟李华说道。

李帅天身为公司的股东，也没有权利把公司的钱借给自己的亲表弟吗？公司法人格独立是什么意思？中国法律又有什么规定呢？

情景说法

即使李帅天贵为公司的大股东，也不能随随便便动用公司的资产。因为公司不是自然人，而是法人。我国法律规定公司属于营利法人，是法人的一种，具有法人组织的四大特征：一是拥有独立的财产；二是设立独立的组织机构，例如股东会、董事会等；三是独立承担责任；四是具有独立的人格。拥有独立的财产是法人组织的重要特征，对公司而言，公司财产是独立的，是公司开展业务经营活动的物质基础，没有这个物质基础公司不仅无法运转，也成立不起来。除此以外，公司财产还是公司承担财产责任的物质保证。因此，为了保持公司人格的独立性，维持公司的正常运营，法律规定股东是不能随便挪用公司资产的，这正是公司资产独立性的重要体现！

根据我国法律的规定，公司具有独立的法律地位，拥有独立的法人财产和独立的法人人格。因此，当公司欠债的时候，公司只需要以其全部资产对公司债务承担责任，而像弗拉和李帅天等股东只需要以自己对公司认缴的出资额为限承担责任。在这里，我们可以清晰地看出，股东的个人财产和公司的财产是泾渭分明的。即使公司承担了债务，股东也不会在超出自己的出资额外受到牵连，公司的独立财产和股东的有限责任可谓股东的定心丸！

在法律上，公司有自己的人格，依法享有自己的权利能力和行为能力。虽然公司比起合伙企业等非法人的组织而言，公司更像一个自然人一样享有权利和承担义务，但是为了维持公司的财产，在对外投资和提供担保方面，对于公司的限制比较严格，更不用说股东把公司的钱私自借给他人了。为防止公司股东滥用公司的独立法人资格和有限责任，以及为了保护公司债权人的利益，法律还规定了公司法人格否认制度。

公司法人格否认，实际上是对于公司独立人格制度的重要补充，填补了公司人格制度的漏洞。当股东的行为使得公司的存在徒有其名——如李帅天不顾公司财产并非股东个人财产的事实，架空公司，或者使得公司资本不足——的情况下，就会导致公司法人格的否认。为了保护债权人的利益，法律在公司人格不能独立的时候，就会否定股东的有限责任，要求股东就公司的债务承担起连带责任。因此，李帅天不能随心所欲地干涉公司财产。

法条索引

《公司法》

第三条

公司是企业法人，有独立的法人财产，享有法人财产权。公司以其全部财产对公司的债务承担责任。

有限责任公司的股东以其认缴的出资额为限对公司承担责任；股份有限公司的股东以其认购的股份为限对公司承担责任。

第二十条

公司股东应当遵守法律、行政法规和公司章程，依法行使股东权利，不得滥用股东权利损害公司或者其他股东的利益；不得滥用公司法人独立地位和股东有限责任损害公司债权人的利益。

公司股东滥用股东权利给公司或者其他股东造成损失的，应当依法承担赔偿责任。

公司股东滥用公司法人独立地位和股东有限责任，逃避债务，严重损害公司债权人利益的，应当对公司债务承担连带责任。

故事八

如何实现公司增资？

由于弗拉委婉地拒绝了自己把公司的钱借给表弟李华，李帅天总觉得他没有给自己面子，心中难免有些不平。尽管李帅天也明白公司的钱独立的道理，可是自己的想法被别人直接否决掉，这种事情对于自命不凡的李帅天而言，可以说是无比的尴尬。徐静从弗拉口中得知此事，便劝弗拉找机会疏导一下李帅天。“李帅天是个聪明人，你得给他一个台阶下才行。”

弗拉约李帅天在马祥兴菜馆见面，他本想借着这次聚餐，将这件事情给二人关系带来的阴影就此抹去。可是接下来发生的一幕，令弗拉和徐静二人大跌眼镜。

三人喝了一壶清茶，弗拉开门见山：“这次没把钱借给你表弟，我很遗憾。我知道中国的亲情观念很重。这次请帅天过来吃饭，就是给你赔不是，希望你海涵。”弗拉脸上带着一种诚恳的表情说。李帅天不慌不忙，镇定自若，开口说道：“我这次有些糊涂，公私不分，竟然想要用私情来绑架公司，这是我的过错。应该赔不是的人是我，而不是你啊。”

不过李帅天话锋一转，又说：“不瞒二位，此次前来，李某其实有要事跟二位商量。”“弗拉不是说公司如今很缺钱吗？我那个表弟说他有一些钱，想入股公司，公司可以趁机增加资本，不知二位意下如何？”李帅天这么一说，使得弗拉和徐静二人措手不及。

那么，中国法律对公司资本的增加和减少又有什么样的规定呢？

情景说法

公司资本无论是增加还是减少，都属于公司资本变动的内容。因此，李帅天关于公司资本增加的建议，要结合公司资本变动的内容和法律的具体规定来分析。

公司纯粹是一种资本的集合，公司资本的原则主要有三个：一是公司资本确定原则，就是公司的钱必须要在章程中写清楚，并且股东要按照约定时间缴纳；二是公司资本维持原则，公司在经营活动中，要维持和自己的资本同等额度的财产；三是公司资本不变原则，公司的资本总额，非依法定程序不得改变。

根据资本三原则的要求，俄起公司同样需要维持自己的资本，并且保持不变。但是这种不变，不是永远不改变，也不是一点都不改变，否则就不现实，更不利于公司适应不同的环境。因此，这种不变指的是如果公司的资本发生变动，就必须按照法定程序进行。在实践中，很多公司都会根据自己的经营活动调整自己的公司资本，或增加或减少。

第一，对于公司资本的增加。本故事中，李帅天邀请自己的表弟入股公司的行为如果成功，那么这种增加新股东的新股份的行为，就属于资本增加的一种方式。根据法律规定，增加公司出资的方式有以下几种：一是增加公司股票票面价值，公司的股份总数不变，但是每股的票面金额增加，公司资本随之增加；二是增加对公司的出资，这也是李帅天所建议的方式，不过除了增加新股东以外，原有股东按照自己的比例增加出资的方式也属于增加出资的一种；三是发行新的公司股票，公司通过发行新的股份来增加公司资本；四是债权变为股权，就是把公司享有的债权直接转换为公司的股份。

第二，对于公司资本的减少。一般来说，当公司的资本过剩的时候，为避免资本闲置产生的资金成本和资源浪费，公司可能进行减资，也就是减少公司的资本。减少公司资本主要有两种方式：减少公司股票的票面价格，减少股东的出资或者公司的股份数额。减少公司股票的票面价格，就是在公司原有的股份总数不变的基础上减少每股股票的价格，比如从每股 20 元减到每股 17 元。减少股东的出资或者公司的股份数额，就是公司直接减少出资或者股份总数。

根据我国法律的规定，对俄起这种有限责任公司而言，无论是增加公司资本，还是减少公司资本，公司的股东会都要作出决议，并且经过全体代表 2/3 以上的表决权的股东通过才行。对于股份有限公司而言，也要由股东大会作出决议才行。

因此，尽管李帅天提出让自己的表弟当新股东的行为着实把弗拉和徐静二人打了个措手不及，但是只要弗拉和徐静二人的表决权超过 1/3，那么变更公司股东的主动权还是牢牢掌握在他们二人手里！

法条索引

《公司法》

第四十三条

股东会的议事方式和表决程序，除本法有规定的外，由公司章程规定。

股东会会议作出修改公司章程、增加或者减少注册资本的决议，以及公司合并、分立、解散或者变更公司形式的决议，必须经代表 2/3 以上表决权的股东通过。

第一百零三条

股东出席股东大会会议，所持每一股份有一表决权。但是，公司持有的本公司股份没有表决权。

股东大会作出决议，必须经出席会议的股东所持表决权过半数通过。但是，股东大会作出修改公司章程、增加或者减少注册资本的决议，以及公司合并、分立、解散或者变更公司形式的决议，必须经出席会议的股东所持表决权的 2/3 以上通过。

故事九

公司开不下去了怎么办？

弗拉和徐静上次被李帅天弄得云里雾里，当李帅天提出要让自己的表弟入股俄起公司的时候，弗拉冒了一头冷汗。他半天才挤出“容我们考虑”的话后，聚会就在虚假的告别和谢意中戛然而止。

经过一番深思熟虑，这一次弗拉决定继续表现自己的绅士风范，他大度地邀请李帅天和他的表弟李华来和自己谈李华入股的事。

简单的寒暄之后，弗拉问起李华的情况。李帅天正要解释时，李华突然抢着说：“我是一家皮鞋公司的老板，有点小钱。嘿嘿嘿。”这副模样令弗拉很不舒服，李帅天也显得很尴尬。弗拉无奈地笑了笑，喝了一口咖啡。“首先很感谢你啊，邀请我们前来商议此事，你把问题都说完，我和表弟都会如实回答。”李帅天真诚地说。弗拉又笑了，说不要见外，便又问起李华对于他的皮鞋公司的打算。李华点燃了一支香烟，说："我要把公司解散了，这个破公司一点也不挣钱。"原来此人打算解散自己的公司，专门来抱俄起公司的大腿，弗拉对他的印象更差了。心里暗道：这种投机分子，我可不愿意让他在俄起公司插一手。

弗拉和李帅天二人之间的矛盾，能够顺利化解吗？李华所说的公司解散，有哪些含义？中国的法律上又有什么规定呢？

情景说法

公司解散，属于公司终止的内容。具体说来，就是由于某些原因的出现，使得已经成立的公司消灭。李华所说的公司解散，也正是这个意思。如果李华想要解散自己的公司，就应当了解清楚以下内容。

公司是法人组织，在民事权利义务方面，跟一个活生生的自然人差别不大。因此正如，公司有自己的生命，也有成立和终止的时候。公司的终止，就是公司的死亡，但是公司的死亡同样需要一系列的条件和程序，当一个公司经过解散和清算两个阶段，它在法律上就终止了。所以，公司解散是公司死亡的原因之一，我们可以认为李华解散公司的行为，就是他的公司死亡的第一阶段。

人的死亡原因有疾病、意外事故等，公司的解散也要基于一定的事由，这些事由就是公司解散的原因和条件。一般而言，这些事由可以是基于公司章程的规定、股东会的决议，或者是法律的直接规定，也可以是行政命令和司法命令。以上这些不同的事由，可以分为自愿解散事由和强制解散事由两种。李华想要解散自己的公司，这明显属于自愿解散。

所谓的**自愿解散**，是公司根据自己的意愿解散公司的情况。那么自愿解散的方式有哪些呢？主要是通过股东会的决议解散和依照公司章程解散两种方式。股东是公司的拥有者，股东会的解散决议，实际上体现了公司自己能够决定自己的生死。根据我国法律的规定，股东会想要解散公司，必须经过一定的程序，符合一定的条件。如果李华的公司是有限责任公司，那么股东会的解散决议必须要经过代表 2/3 以上的表决权通过。至于股份有限公司，法律也要求 2/3 以上的表决权通过。可以看出，法律对于公司的自愿解散持一种比较慎重的态度。那么，基于公司章程的解散事由是什么呢？如果公司章程规定的营业期限届满或者规定的其他事由出现，公司解散的事由也就出现了。只要公司章程内容不违背法律的强行规定，章程是可以规定任何解散的事由的。

人死亡的原因众多，有些事并不能是人能够自己选择的。公司也一样，有些时候，公司并没有解散的意思，却不得不解散，这种不得不解散的情形，就是公司的**强制解散**。公司的强制解散事由，可以分为两种，一种是法律规定，另一种是行政或者司法命令。当股东人数不足法定最低人数或者公司合并、分立时，就会出现法律规定的公司解散事由。如果一家公司出现违法行为，那么被行政主管机关命令强制解散的情形，就属于依据行政命令的强制解散。司法命令情形下的强制解散事由，比较重要，后文再讲。

法条索引

《公司法》

第四十三条

股东会的议事方式和表决程序，除本法有规定的外，由公司章程规定。

股东会会议作出修改公司章程、增加或者减少注册资本的决议，以及公司合并、分立、解散或者变更公司形式的决议，必须经代表 2/3 以上表决权的股东通过。

第一百零三条

股东出席股东大会会议，所持每一股份有一表决权。但是，公司持有的本公司股份没有表决权。

股东大会作出决议，必须经出席会议的股东所持表决权过半数通过。但是，股东大会作出修改公司章程、增加或者减少注册资本的决议，以及公司合并、分立、解散或者变更公司形式的决议，必须经出席会议的股东所持表决权的 2/3 以上通过。

第一百八十条

公司因下列原因解散：

（一）公司章程规定的营业期限届满或者公司章程规定的其他解散事由出现；

（二）股东会或者股东大会决议解散；

（三）因公司合并或者分立需要解散；

（四）依法被吊销营业执照、责令关闭或者被撤销；

（五）人民法院依照本法第一百八十二条的规定予以解散。

故事十

公司无法经营了，可以寻求法院帮助吗？

李帅天的事业心遭到了重创。他怎么也没想到，自己竟然被弗拉再次“羞辱”，而且是当着自己不争气的表弟的面。上次和弗拉会面后，他借口自己身体不舒服，三天没去上班。借钱和入股的目的全都落空，李华也心中气愤，便去李帅天家探望。

“表哥，是我不好，让你受委屈了！”李华一脸悔罪的表情，开口向李帅天赔罪。李帅天摆了摆手，说：“得了，李华。表哥无能，帮不到你。”李华看到李帅天满脸无奈，犹如虎落平阳。“表哥，这样的公司你还待着干吗？凭你的本事，何必受制于人？我真替你觉得不值！”李华替李帅天打抱不平。李帅天一语不发，静静地看着李华，突然眉头一皱，说道：“哼，竟敢不把我放在眼里！我要你吃不了兜着走！”当日下午，李帅天挺拔的身姿出现在公司办公室里。

原来李帅天打算打击报复弗拉和徐静二人。李帅天利用自己前期在公司一手培养起来的员工，逐渐将他们纳入自己的势力范围，在董事会和公司日常管理中处处刁难弗拉。“竟然在公司里面跟我作对，这李帅天不仅小肚鸡肠，而且图谋不轨。”弗拉说对徐静不满地说道。“我看了一下这个季度的公司财务报表，发现公司的收入下滑了7%，这可怎么办呢？”徐静一脸惆怅地看着弗拉。“我迟早收拾他。”弗拉说。

一个月后，在公司董事会上，弗拉提出了采购一款新型望远镜的计划，他想以此来吸引中年男性客户群体。没想到李帅天站起来大声驳斥弗拉的计划。弗拉看到李帅天竟然在董事会上和自己公开叫板，一紧张，就不知怎么说了，只是结结巴巴地回复了几句。一旁的徐静头上冒汗，站起来说：“李帅天，你太过分了！”董事会会议不欢而散。

这还没完，第二个季度，公司的收入又下降了5%！弗拉气得牙痒痒，他冲进李帅天的办公室，破口大骂。李帅天看着弗拉，像是欣赏一头暴躁却无奈的野兽，抿嘴笑了。下午，李帅天以公司经营混乱，公司亏损等理由将弗拉和徐静起诉到法院，要求解散公司。徐静夫妇得知此事后，二人都气得说不出话来。“没事，我们对公司有绝对的控制权，他现在的股份不过是25%而已。”弗拉安慰徐静。“他是个很有能力的人，只要他想搞垮我们，那他肯定能做到的。”徐静回复道。

话说李帅天状告弗拉夫妇要求解散公司的时候，却被法院告知公司解散的诉讼不能以弗拉和徐静为被告。李帅天于是以自己的名义将公司告上法庭，要求法院判决公司解散。李帅天能够如愿吗？基于司法判决的公司解散又有什么特征？

情景说法

李帅天所采用的方式属于请求司法判决解散公司，这是强制解散的一种。司法判决解散可以应用的主要情形是：公司**股东的矛盾突出**，导致股东会或董事会无法正常运转；公司董事的行为使得公司岌岌可危；公司业务陷入严重困难等公司僵局。当公司僵局出现的时候，公司一些股东可以提起诉讼，要求公司解散。根据我国法律的规定，只有持有公司表决权 10% 以上的股东才有权提起司法判决解散之诉。毫无疑问，李帅天持有 25% 的公司股份，这说明他当然是有这个资格的。另外，这个 10% 的比例要求并非是说单一股东，起诉的股东占股比例合起来达到 10% 也是可以的。

相较于公司解散死亡，法律的态度当然是更希望它存活下去，为社会经济做贡献。因此，为了避免股东滥用这份权利，各国法律对于司法判决解散的诉讼都有比较严格的限制，我国也不例外，除了对于起诉的股东资格有所要求外，还规定只有出现以下几种公司僵局的情况下，股东提起的司法判决解散之诉才会被法院受理。

一是公司持续两年以上无法召开股东大会，公司的经营管理发生严重的困难。法律为了尽可能地维持公司，对于这种严重情况规定了两年以上的时间限制。

二是股东表决的时候无法达到法定的或者公司章程规定的比例，持续两年以上不能作出有效的股东会决议，使得公司的经营管理发生严重的困难。股东会如果无法作出决议，在实际效果上就跟股东会无法召开一样，因此这种状态持续达到两年以上的时候，股东可以提起司法判决解散之诉。

三是公司董事长期冲突，且无法通过股东会解决，公司的经营管理发生严重的困难。公司董事会是公司的经营决策和业务执行机构，对于公司的重要性不言而明，因此这种情况属于司法判决解散的事由。

四是公司的经营管理发生了其他的严重困难，公司继续存续下去会使股东利益遭受重大的损失。这是一种兜底的原则性规定，为其他严重的公司僵局情形预留了司法判决解散诉讼的解释空间。具体的应用当然要看实践中的具体情况，然后进行个案解释。

除了以上的具有可操作性的具体规定以外，中国法律还对股东提起诉讼进行了限制，例如人民法院不受理股东以公司亏损、财产不足以偿还全部债务为由提起司法判决解散之诉。因此，李帅天单纯地以公司经营混乱和公司发生亏损为由，要求法院判决公司解散，明显是不符合这种规定的。这是因为，公司的经营管理必须要达到严重的级别，以及就算公司出现亏损意味着公司经营的困难，但仍然可以通过其他途径解决，所以**单纯的亏损理由得不到法律的支持**。

法条索引

《公司法》

第一百八十二条

公司经营管理发生严重困难，继续存续会使股东利益受到重大损失，通过其他途径不能解决的，持有公司全部股东表决权 10% 以上的股东，可以请求人民法院解散公司。

《最高人民法院关于适用〈中华人民共和国公司法〉若干问题的规定（二）》

第一条

单独或者合计持有公司全部股东表决权百分之十以上的股东，以下列事由之一提起解散公司诉讼，并符合公司法第一百八十三条规定的，人民法院应予受理：

（一）公司持续两年以上无法召开股东会或者股东大会，公司经营管理发生严重困难的；

（二）股东表决时无法达到法定或者公司章程规定的比例，持续两年以上不能做出有效的股东会或者股东大会决议，公司经营管理发生严重困难的；

（三）公司董事长期冲突，且无法通过股东会或者股东大会解决，公司经营管理发生严重困难的；

（四）经营管理发生其他严重困难，公司继续存续会使股东利益受到重大损失的情形。

股东以知情权、利润分配请求权等权益受到损害，或者公司亏损、财产不足以偿还全部债务，以及公司被吊销企业法人营业执照未进行清算等为由，提起解散公司诉讼的，人民法院不予受理。

故事十一 公司解散后的程序

经过李帅天这么一折腾，弗拉觉得公司前景堪忧，整天愁眉不展。徐静看着自己的丈夫整天茶不思饭不想的，心中十分担忧。一天晚上，二人睡觉休息，徐静提出："实在不行，我们解散公司吧！"

在徐静的建议下，弗拉打算和李帅天协议解散公司。在一场坦诚的交流以后，李帅天答应了弗拉的提议。俄起公司经过股东大会的表决以后，正式解散。"我们的公司就这样破产了吗？"徐静难过地问弗拉。弗拉说："没有破产，我们公司还有点财产。现在要清算了，就让李帅天负责吧。"徐静因为李帅天跟自己和弗拉作对而对他十分不满，担心李帅天私吞公司的剩余资产。"这倒不用担心，反正公司也没多少资产。李帅天还不至于那么做。"弗拉说。李帅天得知弗拉的意思后，要求公司所有股东共同组成清算组进行清算。“我们的公司规模不大，股东人数不多。何况，我并不想被你们怀疑对公司的资产动手脚。”李帅天告诉弗拉。话既然说到这个份上，徐静夫妇只好按照李帅天的意思来。

公司解散决议通过5天后，在李帅天的张罗下，公司的股东清算组正式成立，并开始清算。“那家广告公司的公告费用我们还没付，不要忘了。”弗拉提醒李帅天，李帅天点了一下头，说：“我当然没忘，我已经通知公司的所有债权人了。不必担心。”说完又继续自己手头的清算工作。忙碌过后，俄起公司清算方案在股东会上经过确认，最终走进了执行程序。弗拉和李帅天看着二人一手创办的公司一步步瓦解，虽然嘴上逞强不说，但心里都无比悲伤。尤其是李帅天，他亲自带领公司一步步做大做强，最后却出于对弗拉的愤怒而亲手毁了公司。

两个月后，在机场，弗拉和徐静带着孩子正要登机飞往俄罗斯时，听到有人在叫自己的名字。弗拉回头一看，原来是李帅天向自己跑来。“好家伙，竟然来送我们了。”弗拉笑了。李帅天伸开手臂，拥抱了弗拉，说：“下次你来中国，我们还一起闯！”

情景说法

公司的解散，只是公司消灭或者公司死亡的第一步，公司只有经过**清算**这一步后才会真正归于消灭。所谓的公司清算，指的就是公司解散后，依法处分公司财产和了结公司法律关系的行为。清算完成，会导致公司最终消灭的法律效果。

公司的清算分为**破产清算**和**非破产清算**。如果俄起公司最后资不抵债，无法偿还债务，那么公司就要被依法宣布破产，进入破产清算的程序。本故事中的俄起公司并非这种情况，而是属于第二种情况，即非破产清算。依据中国法律的规定，非破产清算又有两种不同的具体方式。一种是俄起公司所采用的依照公司章程或者股东会的决议所进行的清算，这也被称为公司的自行清算；另一种则是根据法院或者行政机关的命令而进行的清算。

清算人或者**清算组**是公司清算事务的执行人。公司解散以后，李帅天等股东组成清算组，清算组对内执行清算的工作，对外代表公司。根据中国法律规定，清算组的组成人员由于公司性质的不同而有所不同。俄起公司作为有限责任公司，其清算组由股东构成，而股份有限公司的清算组则要由董事或者股东大会确定的人员组成。由于俄起公司是通过股东会决议的形式解散的，那么李帅天所称的全体股东担任清算人的做法就是正确的。在清算组人数方面，必须是 2 人以上，但没有上限的规定。

根据我国法律的规定，俄起公司的清算程序包括以下几方面。

1. 公司在解散后要在 15 日内组成清算组，清算组成立后，公司停止一切与清算无关的活动。

2. 在清算组成立10日之内，清算组要把公司解散的事宜通知和公告债权人。

3. 公司债权人收到通知书 30 日内，应当向清算组申报其债权，然后清算组将其进行登记，但此时并不直接偿还债务。

4. 清算开始时，清算组全面整理公司的所有资产，并且编制资产负债表和财产清单。然后制定清算的方案，并且报股东会、股东大会或者法院确认该方案。俄起公司是股东会决议解散，清算的方案经过股东会决议即可。

5. 清算方案通过后，清算组开始分配公司的财产。

6. 清算结束，清算组制作清算报告，经过股东会、股东大会或法院的确认，并报送公司的登记机关，申请注销公司。

现实社会中，有的公司百年兴旺，有的公司几年就死亡。犹如人的生命一样，死亡有无数种原因。对于公司而言，公司清算是公司死亡的必须要经过的程序。公司清算是公司治理结构中的重要一环，是保护债权人利益的重要制度保障。

法条索引

《公司法》

第一百八十三条

公司因本法第一百八十条第（一）项、第（二）项、第（四）项、第（五）项规定而解散的，应当在解散事由出现之日起十五日内成立清算组，开始清算。有限责任公司的清算组由股东组成，股份有限公司的清算组由董事或者股东大会确定的人员组成。逾期不成立清算组进行清算的，债权人可以申请人民法院指定有关人员组成清算组进行清算。人民法院应当受理该申请，并及时组织清算组进行清算。

第一百八十四条

清算组在清算期间行使下列职权：

（一）清理公司财产，分别编制资产负债表和财产清单；

（二）通知、公告债权人；

（三）处理与清算有关的公司未了结的业务；

（四）清缴所欠税款以及清算过程中产生的税款；

（五）清理债权、债务；

（六）处理公司清偿债务后的剩余财产；

（七）代表公司参与民事诉讼活动。

第一百八十五条

清算组应当自成立之日起10日内通知债权人，并于60日内在报纸上公告。债权人应当自接到通知书之日起30日内，未接到通知书的自公告之日起45日内，向清算组申报其债权。

债权人申报债权，应当说明债权的有关事项，并提供证明材料。清算组应当对债权进行登记。

在申报债权期间，清算组不得对债权人进行清偿。

第一百八十六条

清算组在清理公司财产、编制资产负债表和财产清单后，应当制定清算方案，并报股东会、股东大会或者人民法院确认。

公司财产在分别支付清算费用、职工的工资、社会保险费用和法定补偿金，缴纳所欠税款，清偿公司债务后的剩余财产，有限责任公司按照股东的出资比例分配，股份有限公司按照股东持有的股份比例分配。

清算期间，公司存续，但不得开展与清算无关的经营活动。公司财产在未依照前款规定清偿前，不得分配给股东。

第一百八十七条

清算组在清理公司财产、编制资产负债表和财产清单后，发现公司财产不足清偿债务的，应当依法向人民法院申请宣告破产。公司经人民法院裁定宣告破产后，清算组应当将清算事务移交给人民法院。

第一百八十八条

公司清算结束后，清算组应当制作清算报告，报股东会、股东大会或者人民法院确认，并报送公司登记机关，申请注销公司登记，公告公司终止。

第一百八十九条

清算组成员应当忠于职守，依法履行清算义务。

清算组成员不得利用职权收受贿赂或者其他非法收入，不得侵占公司财产。

清算组成员因故意或者重大过失给公司或者债权人造成损失的，应当承担赔偿责任。

外商投资法

中国市场大有可为

主人公徐立，从小在上海长大。在其十岁的时候，因父母工作变动的关系，全家移民至英国爱丁堡。和很多典型的陪读家庭一样，徐立爸爸是“空中飞人”，留在国内继续自己的事业，妈妈则辞去工作在海外独自陪伴孩子，又当爹又当妈。在妈妈的陪伴之下，徐立也逐渐适应了当地的生活，并且顺利完成高中学业，取得了不错的成绩，之后顺利考入英国爱丁堡大学，学习医学检验技术。转眼之间，大学四年学业完成，徐立也顺利拿到学士学位。毕业之后，徐立入职当地一家颇为权威的医学检验实验室，进行相关医学检验的工作。但是由于对当前工作环境的不适应，且屡屡遭到不公的待遇，徐立心生烦闷便产生了离职并且回国创业的想法。此时，徐立大学时期的好哥们儿韩言（中国留学生）向徐立发出了邀请，询问其是否有意回国创业，一起投资设立医学检验技术开发公司。这与徐立的想法不谋而合，徐立很是欣喜、兴奋，但冷静下来之后，徐立也仍有很多顾虑，于是他向好友韩言表示先考虑一段时间再回复。

之后，徐立将自己的想法与爸妈进行了沟通。看到当前国内发展形势大好，爸妈也同意他回国发展。在爸妈的全力支持之下，徐立也下定决心回国与好友一同发展自己的事业。

故事一

外方能否与中方自然人合资？

做好回国创业的打算，徐立豁然开朗，对未来充满期待。看到改变现状的一线曙光后，徐立摆脱了烦闷的迷茫状态，开始有条不紊地准备回国创业事宜。

2020 年新年将至，徐立想赶在元旦前结束英国这边的所有事情，在新的一年回国，这样母子二人既能与父亲团圆跨年，还能有个“新的一年新的开始”的好彩头。因此，一方面，徐立递交了离职申请，并开始交接手头工作，同时与韩言交流公司设立、管理的各种想法。另一方面，徐立也在不断了解中国的投资环境。通过父亲的人脉，徐立成功联系上了一位早些年便在中国投资并且事业有成的美籍华人李总。通过和李总的电话交谈，徐立得知，中国的对外开放态度一以贯之的坚决。中国始终秉持开放包容、合作共赢的心态，崇尚和而不同，拒绝闭门造车。因此，近年来中国发起了“一带一路”合作倡议，希望自活跃的东亚经济圈，贯穿亚欧非大陆，延伸至发达的欧洲经济圈，沿线国家和地区携手并进，共同致力于打造政治互信、经济融合、文化包容的利益共同体、命运共同体和责任共同体。因此，中国对外开放的程度也只会越来越高，与其他国家或地区之间的交流也只会越来越频繁。

这让徐立彻底放下心来，也对回国创业充满了期待。于是，徐立又向李总请教他当年的创业经验。李总与徐立的父亲交好，又为人爽朗，亲和健谈，他如数家珍般向徐立介绍了自己这些年来的投资情况，大到合资成立股份公司，小到合作开办健身会所。这让徐立大开眼界，恨不得插上翅膀回国和好友韩言大刀阔斧地闯出一片天地。

一想到韩言，徐立突然发现，在李总的投资经历中，不管是与中方合资设立中外合资经营企业，还是与中方签订合作合同设立中外合作经营企业，他的合作伙伴主要是中国境内的公司，李总并没有和单独某个个人合作的情况。徐立忍不住询问缘由，而李总的回答让徐立瞬间心头一凉，呆若木鸡。只听李总说道：“因为在中国，外商的中方合作者只能是企业或者组织，法律规定外商是不允许和个人合作的。”

那么，徐立还可以直接与韩言合资设立公司吗？

情景说法

按照李总投资时的外商投资制度规定，中方合作者确实不包括自然人。根据中国《宪法》第十八条的规定，中国允许外国的企业和其他经济组织或者个人依照中国法律在中国投资，同中国的企业或者其他经济组织进行各种形式的经济合作。这里对外方的列举是“企业和其他经济组织或者个人”，对中方的列举则是“企业或者其他经济组织”，合作对象未包括自然人。《宪法》作为效力最高的根本大法，其他法律不得与之相抵触。因此，后来出台的专门调整外商与中方合营或者合作的《中外合资经营企业法》和《中外合作经营企业法》的第一条，都遵从《宪法》表述，将中方的合营者或者合作者分别界定为“公司、企业或其他经济组织”和“企业或者其他经济组织”。

那么，徐立可以直接与好友韩言合资设立公司吗？

答案是**可以的**。大家可能会疑惑，怎么又可以了呢？这是中国对外开放进一步扩大的表现。我们可以从三个方面来理解。

其一，中国自 1978 年实施对外开放，当时，为了尽快实施配套法律制度以促进外商投资活动，国家先后出台了《中外合资经营企业法》《外资企业法》《中外合作经营企业法》三部法律，习惯称为“外资三法”。“外资三法”为中国对外开放四十年取得的巨大成就贡献了不可或缺的力量。如今，随着中国对外开放的进一步扩大，相较于更为保守的“外资三法”，新颁布的《外商投资法》为外商投资赋予了更为积极的鼓励政策和更为有力的保护制度。《外商投资法》生效后，根据该法第 42 条，“外资三法”同时废止，而此前根据“外资三法”设立的外资企业、中外合资企业、中外合作企业，将有五年的时间，将原企业的组织形式等方面，逐步过渡到符合《外商投资法》的各项要求。《外商投资法》于 2020 年 1 月 1 日生效，此后外商在华开展投资活动而产生的法律关系均统一适用该法。

其二，中国在新修的《外商投资法》第 2 条，明确界定了外商投资的四种情形。其中第一种情形就是“外国投资者单独或者与其他投资者共同在中国境内设立外商投资企业”。因此，能否与中方自然人合作，关键就在于对“其他投资者”的理解。2019 年 12 月 26 日国务院发布的《外商投资法实施条例》第三条对此予以了回应：“《外商投资法》第 2 条第 2 款第（1）项、第（3）项所称其他投资者，包括中国的自然人在内。”即外国投资者可以与包括中国的自然人在内的其他投资者共同合作。该《实施条例》也于 2020 年 1 月 1 日与《外商投资法》同步生效。因此，随着时代的变化，中国开放力度不断扩大，中国立法也与时俱进。徐立与韩言在 2020 年 1 月 1 日后，便可以享受到《外商投资法》这一新法带来的便利。

其三，如何理解《外商投资法》及其《实施条例》对《宪法》第 18 条的突破？一个合理的解释是，《宪法》第十八条旨在对外商投资权利的宣示以及对中国政府负有保障外商得以来华投资义务的确认，因此，第 18 条未列举“自然人”，并不必然意味着禁止外商与中方自然人合作。其次，外商投资本质上属于民商事经济活动，自然人与公司都属于平等的民商事主体，不应当差别对待。再次，《外商投资法》新增的准入前国民待遇原则要求外商进入中国投资经营的条件与中国人在中国从事经营活动的条件相同，因此，既然中国民商事主体可以与中国自然人合作，那么外商也应当可以和中国自然人合作。

法条索引

《宪法》

第十八条

中华人民共和国允许外国的企业和其他经济组织或者个人依照中华人民共和国法律的规定在中国投资，同中国的企业或者其他经济组织进行各种形式的经济合作。在中国境内的外国企业和其他外国经济组织以及中外合资经营的企业，都必须遵守中华人民共和国的法律。它们的合法的权利和利益受中华人民共和国法律的保护。

《外商投资法》

第二条

在中华人民共和国境内（以下简称中国境内）的外商投资，适用本法。

本法所称外商投资，是指外国的自然人、企业或者其他组织（以下称外国投资者）直接或者间接在中国境内进行的投资活动，包括下列情形：

（一）外国投资者单独或者与其他投资者共同在中国境内设立外商投资企业；

（二）外国投资者取得中国境内企业的股份、股权、财产份额或者其他类似权益；

（三）外国投资者单独或者与其他投资者共同在中国境内投资新建项目；

（四）法律、行政法规或者国务院规定的其他方式的投资。

本法所称外商投资企业，是指全部或者部分由外国投资者投资，依照中国法律在中国境内经登记注册设立的企业。

《外商投资法实施条例》

第三条

外商投资法第二条第二款第一项、第三项所称其他投资者，包括中国的自然人在内。

在和李总的交流中，徐立发现，李总当时进行外商投资设立合资公司时，需要先报经中国对外经济贸易主管部门审批，审批通过的，方可像设立中国本土公司一样，向工商行政管理部门注册登记公司，并领取营业执照，然后开始营业。

也就是说，如果审批未获通过，外资无法进入中国市场。这让徐立心生忐忑。于是，徐立便联系了已经回到中国的韩言，想让韩言了解一下他们计划实施的经营活动能否获得审批通过。

只听韩言说道："这种要先经审批方可准入的制度已经被新生效的《外商投资法》修改了！这个修改正是新法最大的亮点。我们在 2020 年以后设立公司就不存在这个审批的问题了。"

徐立一听，心里一宽，随即说道："那太好啦！看来还是要多了解一下这些最新的信息。不过我们在国外，想了解国内这些最新的时事动态还是不太方便啊。"

韩言一笑，耐心说道："中国政府也是考虑到了这个问题，所以为了方便外国投资者，现在十分贴心地利用互联网将外商投资需要了解的投资信息、法律法规发布出来。投资者在中国的商务部网站或者国家发展改革委员会网站上，就可以找到需要的信息。"还未等徐立开口，韩言又意犹未尽地说："而且我还特地注意到，《外商投资法》明确规定了政府部门要不断提高对外商的服务水平，为外商提供相关的咨询便利或者服务。所以，随着各政府部门不断完善服务体系，我们今后查询信息和了解资讯都会更加方便更加快捷的。"

徐立不禁感慨："那真的是很人性化的安排了。这样我们就可以根据了解到的要求直接申请公司注册并登记领取营业执照了。不过话说回来，不需要审批的话，不是意味着外资可以随意进入中国各个行业领域了？这不符合常理吧，很多国家都担心外资会损害本国产业甚至危胁国家安全，所以还是有诸多限制的。"

韩言笑道："没错。肯定还是有所限制的，但也是分领域的。比如针对我俩要设立的医疗检验技术开发公司来说，这个是可以享受国民待遇的，也就是可以像本国人一样无须审批，直接注册登记就可以。但有些领域，还是不允许外资进入的。不过随着开放力度的加大，这些限制的领域范围会越来越小。而且和现实需求及其他国家相比，这个范围已经很小了。"

徐立继续追问道："那怎么知道自己想进入的行业领域是否是允许的呢？"韩言哈哈一笑，说道："这就要回到我刚刚和你说的新《外商投资法》的最大亮点啦，有一个专业的名词描述，叫作'准入前国民待遇加负面清单'。"

那么，什么是"准入前国民待遇加负面清单"呢？

情景说法

这个制度规定在《外商投资法》第四条，是该法最重要的条款之一。要想理解这个制度，可以从三个层次来递进分析。

首先，关于国民待遇。简单来说，就是指外国人可以像东道国国民一样享受他们可以享受的待遇，即外国人“等于”本国人。具体到公司上，就是指公司的人员聘用、经营、产供销等方面，外国投资者或者外商投资企业与本国投资者或者本国企业享有同等待遇。

其次，关于准入前国民待遇。这个概念是与准入后国民待遇相对应的。准入后国民待遇是指外国投资者依据东道国法律规定，在东道国设立了投资企业后，在从事经营活动中与东道国投资企业和投资者享有相同的权利和义务。这就意味着，如果审批通过了（即准入后），外国人可以享受到国民待遇；如果审批不通过，外国人根本无法准入，自然谈不上待遇问题。

《外商投资法》对“外资三法”的重大突破就是，将准入后国民待遇修改为准入前国民待遇。即将国民待遇提前到准入前，则外国投资者或外商投资企业能否准入中国市场以及需满足何种条件，这些要求都与中国本国投资者或者公司组织一般无二。除了特定行业及特定环节有法律明确规定的情况外，一般国内公司的设立都是无须审批的。因此外资也可以享受此种准入前国民待遇。这无疑是有利于促进外商投资的。

最后，关于准入前国民待遇加负面清单。从国家经济发展和国家安全的因素考量，所有东道国都会对外资可以投资的行业进行规定。这种规定可以有两种形式：正面清单和负面清单。正面清单是将允许外商投资的领域一一列举出来，外商只能选择清单中的行业来投资。负面清单是将限制外商投资的领域一一列举，只要不在清单内的，就是外商可以投资的。显然，较之正面清单，负面清单对外商的限制是更少的。

负面清单中又具体分为两种：一是禁止外商投资的，即无论如何外商都是无法进入的；二是限制外商投资的，即外商投资需要满足一定要求并经审批方可进入的。

负面清单由国家发改委、商务部会同制定并报国务院批准，可在上述政府部门网站下载查看。现在中国有两个负面清单列表，一个是仅适用于自由贸易试验区的负面清单，另一个是适用于全国的负面清单，前者是后者的特殊规定。2020 年适用全国的负面清单，从 2019 年版的 40 条减至 33 条，开放力度进一步加大。徐立和韩言计划设立的医学检验技术开发公司不在负面清单之列，故无须经过对外贸易主管部门审批。此外，如果是在中国自由贸易试验区投资，则只需要遵守 30 条负面清单目录即可，投资环境更为宽松。

综上，如果外资进入负面清单以外的领域，可以享受准入前国民待遇。负面清单内的禁止投资领域，外资不得进入；负面清单内的限制投资领域，需满足一定条件并经审批方可进入。在极其特殊的情况下，特定外商投资经国务院有关主管部门审核并报国务院批准，可以不适用《外商投资准入负面清单》中相关领域的规定。

法条索引

《外商投资法》

第四条

国家对外商投资实行准入前国民待遇加负面清单管理制度。

前款所称准入前国民待遇，是指在投资准入阶段给予外国投资者及其投资不低于本国投资者及其投资的待遇；所称负面清单，是指国家规定在特定领域对外商投资实施的准入特别管理措施。国家对负面清单之外的外商投资，给予国民待遇。

负面清单由国务院发布或者批准发布。

中华人民共和国缔结或者参加的国际条约、协定对外国投资者准入待遇有更优惠规定的，可以按照相关规定执行。

第十一条

国家建立健全外商投资服务体系，为外国投资者和外商投资企业提供法律法规、政策措施、投资项目信息等方面的咨询和服务。

第十九条

各级人民政府及其有关部门应当按照便利、高效、透明的原则，简化办事程序，提高办事效率，优化政务服务，进一步提高外商投资服务水平。

有关主管部门应当编制和公布外商投资指引，为外国投资者和外商投资企业提供服务和便利。

第二十八条

外商投资准入负面清单规定禁止投资的领域，外国投资者不得投资。

外商投资准入负面清单规定限制投资的领域，外国投资者进行投资应当符合负面清单规定的条件。

外商投资准入负面清单以外的领域，按照内外资一致的原则实施管理。

《外商投资法实施条例》

第四条

外商投资准入负面清单（以下简称负面清单）由国务院投资主管部门会同国务院商务主管部门等有关部门提出，报国务院发布或者报国务院批准后由国务院投资主管部门、商务主管部门发布。

国家根据进一步扩大对外开放和经济社会发展需要，适时调整负面清单。调整负面清单的程序，适用前款规定。

第九条

政府及其有关部门应当通过政府网站、全国一体化在线政务服务平台集中列明有关外商投资的法律、法规、规章、规范性文件、政策措施和投资项目信息，并通过多种途径和方式加强宣传、解读，为外国投资者和外商投资企业提供咨询、指导等服务。

故事三 进入禁止或限制投资领域会如何？

徐立在大学时经常参加学院的足球训练和比赛。因为与一个英国同学 Lee 配合十分默契流畅，徐立逐渐与他熟识，并发现他就读的是医药专业。当时 Lee 还和徐立开玩笑说：“如果说你的专业是发现问题，那么我的专业就是解决问题。”Lee 经常和徐立一起吃饭，并且十分喜欢中国的文化，他也觉得中国的传统中医和现代医学有很大区别，但却独树一帜，自成体系。徐立深知 Lee 对中国的痴迷，因此 Lee 一毕业就前往中国发展也在徐立意料之中。

眼看自己也要回国，徐立想起 2019 年 8 月份左右 Lee 曾经和自己说过，他准备在中国上海自由贸易试验区投资一个项目，如今四个月过去了还没有消息，徐立便联系 Lee 询问近况。

原来，Lee 在中国曾经遇到一个病人朋友，他因免疫系统问题导致皮肤出现红斑，Lee 第一反应就是让病人内服并且外用一些针对皮肤的西药。但通过病人的进一步描述，Lee 发现病人在用西药无法根治疾病之后，求助了一位口碑很好的中医，这位中医根据病人身体情况每月开具不同的药方让其服用，病人调理了将近一年，最终完全康复。

这让 Lee 对中药药理产生了巨大的兴趣，他通过初步学习发现，中药注重从全身气血入手解决问题，是对身体整体性的把握，西药可能更偏向“头痛医头、脚痛医脚”，针对局部症状见效快，但应对系统性问题时就容易捉襟见肘。

但他也看到了煮中药的麻烦，便设想参照西药，将中草药的成分提取出来制成冲剂或者药片以便于病患服用。通过多方打听，Lee 发现一家位于上海自由贸易试验区的中国公司正致力于中药饮片的蒸、炒、炙、煅等炮制技术的应用。Lee 通过调查，认为该公司经营管理制度完善，技术成熟，市场前景良好。与此同时，公司的股东王胜持股 30%，正想退出公司，而另外两个股东都书面声明不想购买股权，Lee 便想把这 30% 的股权买过来。

Lee 可以顺利入股吗？

情景说法

根据 2019 年版的自由贸易试验区负面清单，中药饮片的蒸、炒、炙、煅等炮制技术的应用及中成药保密处方产品的生产属于负面清单中禁止外商投资的领域。

对于禁止投资领域，外国投资者不得投资。因此，无论是通过股权转让，还是通过增资的方式，Lee 都无法入股该中药公司成为公司股东。

当然，如果投资领域属于限制投资的话，需要满足负面清单中记载的限制性准入特别管理措施，如果未满足的，投资合同也是无效的；不过在法院作出生效裁判前，当事人采取必要措施满足准入特别管理措施的要求，当事人主张投资合同有效的，法院应予支持。

那么，如果外商投资负面清单领域被行政主管部门发现的，会受到何种处理？

如果是投资禁止投资领域的，外商投资者会被有关主管部门直接责令停止投资活动，限期处分股份、资产或者采取其他必要措施，恢复到实施投资前的状态；有违法所得的，还会没收违法所得。

如果是投资限制投资领域的，外商投资者将先由有关主管部门责令限期改正并采取必要措施满足准入特别管理措施的要求，经改正后符合要求的，投资有效；逾期不改正的，将按照投资了禁止投资领域的情形来处理，即责令停止投资、恢复原状、没收违法所得。

那么，Lee 想投身中药饮片生产的梦想还可以实现吗？

答案是肯定的。因为负面清单是由国家发展改革委员会和商务部根据中国实际情况随时调整的。也就是说，如果 Lee 想投资的领域被移除出负面清单，那他就可以按照内外资一致的原则享受到国民待遇了。

而根据 2020 年 6 月 23 日发布、2020 年 7 月 23 日生效的 2020 年版自由贸易试验区负面清单，中药饮片的蒸、炒、炙、煅等炮制技术的应用及中成药保密处方产品的生产已经不再列于负面清单。因此，此后在自由贸易试验区，外商可以从事这方面的投资活动。不过目前来看，中药饮片的投资开放还仅限于自由贸易试验区，因为根据 2020 年版适用于全国地区的负面清单，在非自由贸易试验区依然禁止外商投资中药饮片的上述领域。但是也可以期待，在自由贸易试验区先行试点无碍后，全国地区的负面清单将会逐渐向自由贸易试验区负面清单看齐。

法条索引

《外商投资法》

第二十八条

外商投资准入负面清单规定禁止投资的领域，外国投资者不得投资。

外商投资准入负面清单规定限制投资的领域，外国投资者进行投资应当符合负面清单规定的条件。

外商投资准入负面清单以外的领域，按照内外资一致的原则实施管理。

第三十六条

外国投资者投资外商投资准入负面清单规定禁止投资的领域的，由有关主管部门责令停止投资活动，限期处分股份、资产或者采取其他必要措施，恢复到实施投资前的状态；有违法所得的，没收违法所得。

外国投资者的投资活动违反外商投资准入负面清单规定的限制性准入

特别管理措施的，由有关主管部门责令限期改正，采取必要措施满足准入特别管理措施的要求；逾期不改正的，依照前款规定处理。

外国投资者的投资活动违反外商投资准入负面清单规定的，除依照前两款规定处理外，还应当依法承担相应的法律责任。

《外商投资法实施条例》

第三十四条

有关主管部门在依法履行职责过程中，对外国投资者拟投资负面清单内领域，但不符合负面清单规定的，不予办理许可、企业登记注册等相关事项；涉及固定资产投资项目核准的，不予办理相关核准事项。

有关主管部门应当对负面清单规定执行情况加强监督检查，发现外国投资者投资负面清单规定禁止投资的领域，或者外国投资者的投资活动违反负面清单规定的限制性准入特别管理措施的，依照外商投资法第三十六条的规定予以处理。

最高人民法院《关于适用〈中华人民共和国外商投资法〉若干问题的解释》

第三条

外国投资者投资外商投资准入负面清单规定禁止投资的领域，当事人主张投资合同无效的，人民法院应予支持。

第四条

外国投资者投资外商投资准入负面清单规定限制投资的领域，当事人以违反限制性准入特别管理措施为由，主张投资合同无效的，人民法院应予支持。

人民法院作出生效裁判前，当事人采取必要措施满足准入特别管理措施的要求，当事人主张前款规定的投资合同有效的，应予支持。

第五条

在生效裁判作出前，因外商投资准入负面清单调整，外国投资者投资不再属于禁止或者限制投资的领域，当事人主张投资合同有效的，人民法院应予支持。

故事四 限制领域中外商隐名持股是否有效？

经过徐立的提醒，Lee 查看了 2019 年版的负面清单，发现自己无法投资中药公司，大觉可惜。与此同时，王胜了解到 Lee 有意购买股权，便约 Lee 出来一起吃饭。虽然不知道王胜意欲何为，但 Lee 还是欣然赴约。

在饭局之初，王胜只是和 Lee 闲话家常，自我介绍并初步了解 Lee 的个人情况。待到饭局正酣，两人都更为放松了，王胜便向 Lee 介绍了现在中药公司的经营情况，然后才奔入主题说：“我因为自己投资规划有变并且也需要现金，因此才想退股，你投资我们公司，肯定大有可为。”

Lee 苦笑道：“我是很想入股的，但是你们这行，我们外商没法投资。”王胜摆摆手，笑道：“中国经济发展很快，现在开放力度越来越大了。我们这行也不是涉及国家安全的，对外商开放是迟早的事情。你要是真想投资，我这有个做法可以实现，你是否愿意一试？”

Lee 眼睛一亮，赶紧问道：“请问是什么方法？”

只听王胜说道：“我们可以签一个隐名持股合同，股权虽然还在我名下，但你来做实际持有者，我名下股权对应的公司分红和管理权限都归你。这样就不需要到政府部门办理公司变更登记了，等今后国家允许外资进入我们这行了，我再正式把股权完全转移到你名下。”

Lee 有些心动，正在思考之际，王胜又接着说道：“以你的学识和能力，我们公司另外两个股东一定会同意你接替我的位置。我会出面说服他们两个，这样你今后可以直接在公司参与经营管理，你不仅可以如愿以偿大展拳脚，而且公司营利情况和分红安排你也都一清二楚。”

按照这一设想，Lee 需要先与王胜签订《股权转让合同》，王胜将股权转让给自己，然后为了避免公司信息变更登记无法顺利进行，他需要再与王胜签订《股权代持协议》，让王胜继续名义上持有公司 30% 的股权，但明确实际持有人是 Lee，股权所对应的管理权和收益权都归 Lee 所有。

那么，上述《股权转让合同》和《股权代持协议》的效力分别如何？ Lee 可以通过这一交易安排取得股权吗？

情景说法

首先，根据 2019 年版的负面清单，《股权转让合同》无效。

外商在中国境内投资，包括四种情形：（1）外国投资者单独或者与其他投资者共同在中国境内设立外商投资企业；（2）外国投资者取得中国境内企业的股份、股权、财产份额或者其他类似权益；（3）外国投资者单独或者与其他投资者共同在中国境内投资新建项目；（4）法律、行政法规或者国务院规定的其他方式的投资。

Lee 想购买王胜名下的股权，属于第二种投资行为，应当遵守《外商投资法》的相关规定。由于 Lee 所投资的领域属于 2019 年负面清单规定的禁止投资的领域，因此，《股权转让合同》无效，Lee 是无法取得中药公司股权的。

其次，如果 Lee 已经实际支付了投资款项，并经得其他股东同意实际参与公司经营管理，那么对公司分红，Lee 有权以《股权代持协议》的约定为由要求王胜支付分红利益吗?

答案是可以的。根据最高人民法院《关于审理外商投资企业纠纷案件若干问题的规定（一）》第十五条的规定，合同约定一方实际投资、另一方作为外商投资企业名义股东，不具有法律、行政法规规定的无效情形的，人民法院应认定该合同有效。虽然Lee不可以取得中药公司的股权，但是《股权代持协议》约定，王胜有义务将其名下对应的股权分红支付给Lee，此种约定是双方真实自由的意思，是有效的。因此，Lee可以要求王胜按照合同的约定支付分红利益。

但是必须注意，Lee只是对王胜——而非公司享有利益分红的权利主张，这种权利产生于《股权代持协议》，具有相对性，仅在合同双方当事人之间有效。由于违反负面清单的规定，Lee无法取得股权，因此Lee无权直接向公司要求分红，也无法要求公司确认自己是股东或者变更股东信息登记。对合同以外的当事人公司而言，股东依然是王胜，股东权利也归属于王胜。

因此，由于外资准入限制，王胜无法自由将其股权转让给Lee，但可以将公司分配给他的分红收益自由处分。同样的，Lee无法取得股权，但是可以从王胜手中基于隐名持股关系取得分红收益，但也无法显名成为名义股东。

那么，需要符合什么样的条件，实际投资者在整个隐名持股关系中，才可以实际取得股权呢?

根据最高人民法院《关于审理外商投资企业纠纷案件若干问题的规定(一)》第十四条的规定，同时满足以下三个条件的，实际投资者可以请求确认其在外商投资企业中的股东身份或者请求变更外商投资企业股东。分别是：（1）实际投资者已经实际投资；（2）名义股东以外的其他股东认可实际投资者的股东身份；（3）将实际投资者变更为股东征得了外商投资企业审批机关的同意。

也就是说，如果Lee已经支付了投资款（如有付款证明，条件一）、公司另外两名股东都认可Lee的股东身份(如Lee在股东决议上签字表决，条件二)、负面清单取消对中药饮片行业的禁止投资规定或者国务院特批同意（条件三），那么Lee便可以取得公司股权。

因此，2020年7月23日，2020年版的自由贸易试验区负面清单生效，取消了中药饮片禁止投资的规定后，Lee就可以要求中药公司将王胜名下股权变更登记到自己名下，从而正式具备股东身份，享受股东权利。

法条索引

《外商投资法》

第二条

在中华人民共和国境内（以下简称中国境内）的外商投资，适用本法。

本法所称外商投资，是指外国的自然人、企业或者其他组织（以下称外国投资者）直接或者间接在中国境内进行的投资活动，包括下列情形：

（一）外国投资者单独或者与其他投资者共同在中国境内设立外商投资企业；

（二）外国投资者取得中国境内企业的股份、股权、财产份额或者其他类似权益；

（三）外国投资者单独或者与其他投资者共同在中国境内投资新建项目；

（四）法律、行政法规或者国务院规定的其他方式的投资。

本法所称外商投资企业，是指全部或者部分由外国投资者投资，依照中国法律在中国境内经登记注册设立的企业。

最高人民法院《关于审理外商投资企业纠纷案件若干问题的规定(一)》

第十四条

当事人之间约定一方实际投资、另一方作为外商投资企业名义股东，实际投资者请求确认其在外商投资企业中的股东身份或者请求变更外商投资企业股东的，人民法院不予支持。同时具备以下条件的除外：

（一）实际投资者已经实际投资；

（二）名义股东以外的其他股东认可实际投资者的股东身份；

（三）人民法院或当事人在诉讼期间就将实际投资者变更为股东征得了外商投资企业审批机关的同意。

第十五条

合同约定一方实际投资、另一方作为外商投资企业名义股东，不具有法律、行政法规规定的无效情形的，人民法院应认定该合同有效。一方当事人仅以未经外商投资企业审批机关批准为由主张该合同无效或者未生效的，人民法院不予支持。

实际投资者请求外商投资企业名义股东依据双方约定履行相应义务的，人民法院应予支持。

双方未约定利益分配，实际投资者请求外商投资企业名义股东向其交付从外商投资企业获得的收益的，人民法院应予支持。外商投资企业名义股东向实际投资者请求支付必要报酬的，人民法院应酌情予以支持。

第十六条

外商投资企业名义股东不履行与实际投资者之间的合同，致使实际投资者不能实现合同目的，实际投资者请求解除合同并由外商投资企业名义股东承担违约责任的，人民法院应予支持。

第十七条

实际投资者根据其与外商投资企业名义股东的约定，直接向外商投资企业请求分配利润或者行使其他股东权利的，人民法院不予支持。

故事五

登记程序有哪些？

徐立的离职手续办理得十分顺利，通过与李总、Lee还有韩言的交流，徐立已然做好充足准备要回国开公司施展拳脚。

眼看着2020年元旦在即，身边一片喜气洋洋。这让徐立想起了自己小时候在中国度过的属于中国人的新年。徐立想起自己已经好久没有回家过年了，更加归心似箭。

正当徐立准备购买三天后的机票回国时，韩言来电话了。

只听韩言说道："还好我今天上网查询了一下，设立外商投资企业时，中国要审查外商的身份，需要你提供身份证明。这个身份证明需要英国那边办理，你现在还在英国吧？"

徐立说："在的，正准备这两天就回去呢。这个身份证明怎么办理？这个是企业登记需要用的吗？企业登记程序有哪些？”

韩言该如何解答徐立的疑问呢？

情景说法

根据《外商投资法》第十九条，外商投资企业的组织形式、组织机构及其活动准则，适用《公司法》《合伙企业法》等法律的规定。这说明原本根据“外资三法”登记设立的“中外合作经营企业”“中外合资经营企业”“外资企业”这三种企业类型，在2020年后将无法再注册成为上述类型，而应该是按照《公司法》或《合伙企业法》的规定进行。

因此，外商投资企业的组织形式可以选择“股份有限公司”“有限责任公司”或者“合伙企业”中的一种。前两种是公司法人，投资股东在出资额范围内承担有限责任；最后一种是合伙，其中的普通合伙人需承担无限责任。

这说明中国将不再根据原本的“外资三法”对外商投资企业的组织形式、组织机构或活动准则做过多的特殊限制，这是对内外资一致原则的进一步贯彻。与此相配套，根据《外商投资法实施条例》第37条，外商投资企业的登记注册手续的办理，也与内资企业一样，都归市场监督管理部门负责，投资者需向其提交设立登记申请。

根据《市场监管总局关于贯彻落实〈外商投资法〉做好外商投资企业登记注册工作的通知》第5条，设立外商投资企业时应当提交外国投资者的主体资格证明或者身份证明，并且该证明应当经所在国家公证机关公证并经中国驻该国使（领）馆认证。如果外国自然人来华投资设立企业，提交的身份证明文件为中华人民共和国外国人永久居留身份证的，则无须公证。因此，在不具备中国永久居住证的情况下，徐立的身份证明应当经过英国公证机关公证并经中国驻英国使领馆认证。

此外，根据上述《通知》第8条，外商投资企业的注册资本（出资数额）可以用人民币表示，也可以用其他可自由兑换的外币表示。作为注册资本（出资数额）的外币与人民币或者外币与外币之间的折算，应按发生（缴款）当日中国人民银行公布的汇率的中间价计算。

当然，徐立和韩言拟设立的医学检验技术开发公司，还可能需要卫生部门的审批许可，但根据《外商投资法实施条例》第三十五条，负责实施许可的有关主管部门应当按照与内资一致的条件和程序，审核外国投资者的许可申请，不得在许可条件、申请材料、审核环节、审核时限等方面对外国投资者设置歧视性要求。这种审批与“外资三法”要求的准入前审批是不一样的，准入前审批是中国针对外资准入设置的门槛，此处的行业许可是针对特定行业，国内企业需要先经审批许可的，外资企业自然也需要满足这一条件。

法条索引

《外商投资法》

第三十一条

外商投资企业的组织形式、组织机构及其活动准则，适用《中华人民共和国公司法》《中华人民共和国合伙企业法》等法律的规定。

《外商投资法实施条例》

第三十五条

外国投资者在依法需要取得许可的行业、领域进行投资的，除法律、行政法规另有规定外，负责实施许可的有关主管部门应当按照与内资一致的条件和程序，审核外国投资者的许可申请，不得在许可条件、申请材料、审核环节、审核时限等方面对外国投资者设置歧视性要求。

负责实施许可的有关主管部门应当通过多种方式，优化审批服务，提高审批效率。对符合相关条件和要求的许可事项，可以按照有关规定采取告知承诺的方式办理。

第三十六条

外商投资需要办理投资项目核准、备案的，按照国家有关规定执行。

第三十七条

外商投资企业的登记注册，由国务院市场监督管理部门或者其授权的地方人民政府市场监督管理部门依法办理。国务院市场监督管理部门应当公布其授权的市场监督管理部门名单。

外商投资企业的注册资本可以用人民币表示，也可以用可自由兑换货币表示。

市场监管总局《关于贯彻落实〈外商投资法〉做好外商投资企业登记注册工作的通知》（国市监注〔2019〕247号）

第五条

明确外国投资者主体资格证明。在申请外商投资企业登记时，申请人向登记机关提交的外国投资者的主体资格证明或者身份证明应当经所在国家公证机关公证并经中国驻该国使（领）馆认证。如其本国与中国没有外交关系，则应当经与中国有外交关系的第三国驻该国使（领）馆认证，再由中国驻该第三国使（领）馆认证。某些国家的海外属地出具的文书，应当在该属地办妥公证，再经该国外交机构认证，最后由中国驻该国使（领）馆认证。中国与有关国家缔结或者共同参加的国际条约对认证另有规定的除外。外国自然人来华投资设立企业，提交的身份证明文件为中华人民共和国外国人永久居留身份证的，无须公证。

第七条

明确法律文件送达。申请外商投资企业设立登记的，应当向登记机关提交外国投资者(授权人)与境内法律文件送达接受人(被授权人)签署的《法律文件送达授权委托书》（填表即可）。被授权人可以是外国投资者在境内设立的分支机构、拟设立的外商投资企业（被授权人为拟设立的企业的，企业设立后委托生效）或者其他境内有关单位或者个人。外商投资企业增加新的境外投资者的，也应当向登记机关提交上述文件。外国投资者（授权人）变更境内法律文件送达接受人（被授权人）或者被授权人名称、地址等事项发生变更的，应当及时向登记机关申请更新相关信息(填表即可)。登记机关在企业登记档案中予以记载。

第八条

明确注册资本（出资数额）币种表示。外商投资企业的注册资本（出资数额）可以用人民币表示，也可以用其他可自由兑换的外币表示。作为注册资本（出资数额）的外币与人民币或者外币与外币之间的折算，应按发生（缴款）当日中国人民银行公布的汇率的中间价计算，法律、行政法规或者国务院决定另有规定的，适用其规定。

第九条

明确企业类型登记规则。登记机关应当根据申请，按照内资企业类型分别登记为“有限责任公司”“股份有限公司”“合伙企业”，并应当标明外商投资或者港澳台投资。现有中外合资经营企业、中外合作经营企业申请组织形式、组织机构变更登记前，按照原有企业类型加注规则执行。各地市场监管部门要根据《技术方案》要求，同步调整“多证合一”“证照分离”等改革中涉及的企业类型、证件类型等码表，并做好与有关政府职能部门的衔接。

收到韩言的提醒后，徐立第二天就开始办理身份证明的公证和认证手续。在中国驻英国使领馆办理认证手续时，徐立遇到了大学一起踢球的朋友 Jay。

Jay 是典型的英国绅士，长相帅气，成绩优秀，是学校工商管理学院足球院队的队长。徐立和 Jay 足球实力旗鼓相当，每次校内比赛，两人总是会在最后的决赛中狭路相逢。

徐立对 Jay 一直印象深刻。数次比赛中，Jay 也都有不俗表现。而且最让徐立佩服的是，Jay 不仅个人技术突出，而且作为队长，他充分承担起了队长的职责，将球队串联起来形成统一的整体，强化了其他队友的能力，发挥出了精神领袖的作用。虽然阵营不同，但是徐立始终很欣赏 Jay，Jay 也把徐立当作并驾齐驱的对手。因此，两人私下还是相交甚好的。

在使领馆偶遇，两人都十分开心。办理完手续后，徐立当即邀请 Jay 一起吃饭，Jay 也是欣然赴约。

在饭局上，两人畅聊了大学时光，也聊起了毕业后的情况，谈到在使领馆相遇，徐立问道："你也是去使领馆办理身份证明认证打算去中国发展的吗？" Jay 说道："是的，现在中国越来越国际化，我想利用所学在中国开设公司并磨炼一下自己管理公司的能力。你这是要回中国创业了吗？"

徐立答道："对，我父亲一直在中国，现在我也总算学有所成，而且也觉得中国的发展空间很大，所以想和母亲回国和父亲团圆，同时我就留在国内创业了。你呢，父母也都跟着你去中国吗？"

Jay 说："没有。虽然我们之前去中国旅游的时候，他们都很喜欢中国的文化和氛围，但是他们还是习惯在英国生活。所以尽管他们支持我去中国锻炼一下，但我最终还是会回到英国的。"

徐立点点头，十分理解 Jay 和他父母的想法。但他突然想到了一个问题：自己是要回国定居创业，因此自然地会把英镑兑换成人民币回国投资和消费。而 Jay 是还要回英国，而且他的主要资产也依旧在英国，那么，为了方便，Jay 是否可以依然以英镑进入中国市场投资，并将收入同样以英镑汇到英国？

情景说法

外汇可以在中国自由汇入和汇出。

根据《外商投资法》第 21 条和《外商投资法实施条例》第 22 条，外国投资者在中国从事投资，均可以以外汇形式自由汇入和汇出。主要包括以下款项。

出资费用。外商投资企业需按照《公司法》或者《合伙企业法》等相关规定，出资设立企业。自 2013 年《公司法》修改后，中国公司资本制度变更为认缴制，出资者在认购或者认缴的范围内（认购或认缴的总额形成公司的注册资本），对公司的债务承担有限责任。根据《公司法》第 27 条，股东出资设立公司，既可以用货币出资，也可以用实物、知识产权、土地使用权等可以用货币估价并可以依法转让的非货币财产作价出资。现实中，外国投资者常常采取货币形式出资。对外商而言，既可以直接使用外汇或者人民币进行出资，也可以将公司注册资本登记为外币或者人民币的形式。

利润。外国投资者投资公司所获得的利润，在按照《公司法》第166条的规定，提取法定公积金、弥补以前年度亏损和上缴税费之后，可以将税后利润分配给股东。因此，外国投资者可以将分配所得的利润以外汇的形式自由汇出。

资本收益与资产处置所得。外国投资者一旦出资设立公司，就丧失了对出资货币的所有权（出资货币已归公司所有），同时取得了所投资公司的股权。若在公司股权增值后，外国投资者打算转让股权的，股权增值部分属于资本收益，同样可以以外汇的形式自由汇出。另外，股东的资产处置所得也可以以外汇的形式自由汇出。

取得的知识产权许可使用费。如果外国投资者拥有知识产权（包括著作权、商标权、专利权），那么其将知识产权许可给他人使用时所获得的许可使用费，同样可以以外汇的形式汇出。

依法获得的补偿或者赔偿费用。外国投资者依法获得的补偿或者赔偿费用，也可以以外汇的形式汇出。

公司清算所得费用。如果最后公司不幸破产或者各股东决议解散，在注销公司登记前，需先经公司清算程序。公司财产在支付清算费用、职工的工资、社会保险费用和法定补偿金，缴纳所欠税款，清偿公司债务后的剩余财产，有限责任公司按照股东的出资比例分配，股份有限公司按照股东持有的股份比例分配。分配给外国投资者股东的清算所得费用，也可以以外汇形式汇出。

法条索引

《外商投资法》

第十七条

外商投资企业可以依法通过公开发行股票、公司债券等证券和其他方式进行融资。

第二十一条

外国投资者在中国境内的出资、利润、资本收益、资产处置所得、知识产权许可使用费、依法获得的补偿或者赔偿、清算所得等，可以依法以人民币或者外汇自由汇入、汇出。

《外商投资法实施条例》

第二十二条

外国投资者在中国境内的出资、利润、资本收益、资产处置所得、取得的知识产权许可使用费、依法获得的补偿或者赔偿、清算所得等，可以依法以人民币或者外汇自由汇入、汇出，任何单位和个人不得违法对币种、数额以及汇入、汇出的频次等进行限制。

外商投资企业的外籍职工和香港、澳门、台湾职工的工资收入和其他合法收入，可以依法自由汇出。

《公司法》

第二十七条

股东可以用货币出资，也可以用实物、知识产权、土地使用权等可以用货币估价并可以依法转让的非货币财产作价出资；但是，法律、行政法规规定不得作为出资的财产除外。

对作为出资的非货币财产应当评估作价，核实财产，不得高估或者低估作价。法律、行政法规对评估作价有规定的，从其规定。

第一百六十六条

公司分配当年税后利润时，应当提取利润的10%列入公司法定公积金。公司法定公积金累计额为公司注册资本的50%以上的，可以不再提取。公司的法定公积金不足以弥补以前年度亏损的，在依照前款规定提取法定公积金之前，应当先用当年利润弥补亏损。

公司从税后利润中提取法定公积金后，经股东会或者股东大会决议，还可以从税后利润中提取任意公积金。公司弥补亏损和提取公积金后所余税后利润，有限责任公司依照本法第三十四条的规定分配；股份有限公司按照股东持有的股份比例分配，但股份有限公司章程规定不按持股比例分配的除外。

股东会、股东大会或者董事会违反前款规定，在公司弥补亏损和提取法定公积金之前向股东分配利润的，股东必须将违反规定分配的利润退还公司。公司持有的本公司股份不得分配利润。

第一百八十六条

清算组在清理公司财产、编制资产负债表和财产清单后，应当制定清算方案，并报股东会、股东大会或者人民法院确认。

公司财产在分别支付清算费用、职工的工资、社会保险费用和法定补偿金，缴纳所欠税款，清偿公司债务后的剩余财产，有限责任公司按照股东的出资比例分配，股份有限公司按照股东持有的股份比例分配。

清算期间，公司存续，但不得开展与清算无关的经营活动。公司财产在未依照前款规定清偿前，不得分配给股东。

故事七 必须向政府报告投资信息吗？

2020年1月初，徐立终于办理好了一切手续，回到了中国上海。第二天，等候多时的韩言迫不及待地和徐立见面，两人最后敲定公司设立事宜。韩言激动地说："我终于想到我们公司叫什么名字了，你看'未央'二字怎么样？"徐立略感疑惑，说道："听起来很有古风味道，倒是挺不错，不过它有什么寓意吗？"

韩言说道："它主要有两个典型意思，一个是'未尽'的意思，比如说'夜未央'就是指夜色还未浓；另一个是'长乐未央'的意思，长乐宫和未央宫是汉朝时期刘邦先后建成的两座宫殿，象征着汉朝国运绵长，对寻常人家则寓意着平安喜乐、延年益寿。"徐立一听，不住地点头："原来如此，那第二个意思和我们公司很契合呀。"

韩言笑道："对呀！不仅如此，它的第一个意思其实也是与我们的目标相一致的。中国最早的医学典籍《黄帝内经》中有言，‘圣人不治已病，治未病；不治已乱，治未乱’。意思就是与其渴而穿井，不如未雨绸缪。这和我们医学检验的旨趣正是不谋而合。所以‘未央’就是希望我们公司可以让人们在病情未萌芽或还未爆发前便检测出来，方便提前、准确治疗，以求得平安喜乐、延年益寿。”

听完这个解释，徐立一拍大腿，不停地夸赞：“这个好！那我们公司就叫这个名字！中国文化真是博大精深，原来起个名字都可以如此讲究。”

徐立说道：“这回确实是长见识了。现在公司名字也定下来了，我的身份证明也都准备好啦，我们接下来该去哪里注册登记公司呢？”

韩言说：“因为国民待遇原则，所以外资企业和中国企业都一样，都要到市场监督管理部门登记，而且都通过同一个企业登记系统和企业信用信息公示系统上报信息。外资企业要通过上述系统报送更加具体详细的投资信息，方便中国政府对外商投资进行安全审查。”

徐立疑惑：“信息报送有什么特殊要求呢？而且还要进行安全审查？那如果审查决定认为外商投资危害了中国安全，可以对决定提出异议吗？”

情景说法

由于准入前国民待遇加上负面清单的外商投资管控制度，外商进入中国市场的门槛大大降低，充分体现了中国鼓励和欢迎外商投资者的热情和诚心。

但是出于国家安全以及国内市场秩序的考虑，在准入门槛降低的同时，也需对外商投资的公司情况有宏观的把握。因此，《外商投资法》特地设置了两个与负面清单相配套的制度，即信息报告制度和安全审查制度。

首先，信息报告是指按照确有必要的原则，外国投资者或者外商投资企业应当通过企业登记系统以及企业信用信息公示系统向商务主管部门报送投资信息。

根据《外商投资信息报告办法》的规定，徐立在中国新设立外商投资企业，办理设立登记时需要通过企业登记系统提交初始报告，报送企业基本信息、投资者及其实际控制人信息、投资交易信息等信息。

公司设立完毕后，外商投资企业还应于每年1月1日至6月30日通过国家企业信用信息公示系统提交上一年度的年度报告。当年设立的外商投资企业，自下一年起报送年度报告。年度报告应当报送企业基本信息、投资者及其实际控制人信息、企业经营和资产负债等信息，涉及外商投资准入特别管理措施的，还应当报送获得相关行业许可信息。

当然，为了保护企业的信息安全，《外商投资法实施条例》第25条明确要求，有关行政机关应当建立健全内部管理制度，采取有效措施保护履行职责过程中知悉的外国投资者、外商投资企业的商业秘密；依法需要与其他行政机关共享信息的，应当对信息中含有的商业秘密进行保密处理，防止泄露。

其次，安全审查是指中国基于国家安全的考虑，有权对影响或者可能影响国家安全的外商投资进行安全审查。依法作出的安全审查决定为最终决定。外商投资者或者外商投资企业不能复议或者上诉。这表明了中国政府在维护国家安全方面的态度和立场。当然，绝大多数外商投资只要按照中国法律来华正常从事市场交易活动，一般是不会受到安全审查制度的影响的。

法条索引

《外商投资法》

第三十四条

国家建立外商投资信息报告制度。外国投资者或者外商投资企业应当通过企业登记系统以及企业信用信息公示系统向商务主管部门报送投资信息。

外商投资信息报告的内容和范围按照确有必要的原则确定；通过部门信息共享能够获得的投资信息，不得再行要求报送。

第三十五条

国家建立外商投资安全审查制度，对影响或者可能影响国家安全的外商投资进行安全审查。

依法作出的安全审查决定为最终决定。

《外商投资法实施条例》

第二十五条

行政机关依法履行职责，确需外国投资者、外商投资企业提供涉及商业秘密的材料、信息的，应当限定在履行职责所必需的范围内，并严格控制知悉范围，与履行职责无关的人员不得接触有关材料、信息。

行政机关应当建立健全内部管理制度，采取有效措施保护履行职责过程中知悉的外国投资者、外商投资企业的商业秘密；依法需要与其他行政机关共享信息的，应当对信息中含有的商业秘密进行保密处理，防止泄露。

第三十八条

外国投资者或者外商投资企业应当通过企业登记系统以及企业信用信息公示系统向商务主管部门报送投资信息。国务院商务主管部门、市场监督管理部门应当做好相关业务系统的对接和工作衔接，并为外国投资者或者外商投资企业报送投资信息提供指导。

第三十九条

外商投资信息报告的内容、范围、频次和具体流程，由国务院商务主管部门会同国务院市场监督管理部门等有关部门按照确有必要、高效便利的原则确定并公布。商务主管部门、其他有关部门应当加强信息共享，通过部门信息共享能够获得的投资信息，不得再行要求外国投资者或者外商投资企业报送。

外国投资者或者外商投资企业报送的投资信息应当真实、准确、完整。

商务部、市场监管总局令2019年第2号《外商投资信息报告办法》

第三条

商务部负责统筹和指导全国范围内外商投资信息报告工作。

县级以上地方人民政府商务主管部门以及自由贸易试验区、国家级经济技术开发区的相关机构负责本区域内外商投资信息报告工作。

第四条

外国投资者或者外商投资企业应当通过企业登记系统以及国家企业信用信息公示系统向商务主管部门报送投资信息。

市场监管部门应当及时将外国投资者、外商投资企业报送的上述投资信息推送至商务主管部门。

商务部建立外商投资信息报告系统，及时接收、处理市场监管部门推送的投资信息以及部门共享信息等。

第九条

外国投资者在中国境内设立外商投资企业，应于办理外商投资企业设立登记时通过企业登记系统提交初始报告。

外国投资者股权并购境内非外商投资企业，应在办理被并购企业变更登记时通过企业登记系统提交初始报告。

第十条

外国投资者提交初始报告，应当报送企业基本信息、投资者及其实际控制人信息、投资交易信息等信息。

第十四条

外商投资企业应于每年1月1日至6月30日通过国家企业信用信息公示系统提交上一年度的年度报告。

当年设立的外商投资企业，自下一年起报送年度报告。

第十五条

外商投资企业提交年度报告，应当报送企业基本信息、投资者及其实际控制人信息、企业经营和资产负债等信息，涉及外商投资准入特别管理措施的，还应当报送获得相关行业许可信息。

第十九条

外国投资者或者外商投资企业发现其存在未报、错报、漏报有关投资信息的，应当及时进行补报或更正。外商投资企业对《企业信息公示暂行条例》第九条所列年度报告公示信息的补报或者更正应当符合该条例有关规定。

商务主管部门发现外国投资者或者外商投资企业存在未报、错报、漏报的，应当通知外国投资者或者外商投资企业于20个工作日内进行补报或更正。

更正涉及公示事项的，更正前后的信息应当同时公示。

故事八

何种产业可享受国家优惠？

在陆续敲定公司相关事项的过程中，徐立发现有“经营范围”这一记载事项，他有些不解，便询问道：“是只有列举在‘经营范围’里面的事项，公司才可以经营吗？”韩言答道：“是的。如果超过经营范围的话，公司会受到警告或者处罚的。”徐立说：“那我们公司是不是应该尽可能多列举一些进去？另外，我们以后和别的公司签合同的时候难道还得仔细查看他的经营范围？如果它超范围经营了，我们的交易合同不是就要无效了？”

韩言笑道：“那倒不至于。即使超范围经营了，民事关系上依然不受影响，合同本就该有效的，还是有效的，除非进入了国家禁止或者限制经营的领域。不过超越经营范围签订合同的一方在行政管理上还是会受到市场监督管理部门的警告处罚。”徐立点点头：“这样规定还是很合理的。”

韩言递过来一份文件，说：“我把我们目前可能接触的经营范围都列举了出来，正好你看看有没有遗漏的。另外还有一个问题，我本来还想着晚点和你商量来着，就是关于我们的生意伙伴的问题。”说到这里，韩言不禁扶了下额头，深呼吸了一下，说道：“我很早之前就开始接触和联系一些有发展前景的医学技术或者器械，筛选出来了五六个值得长期合作的项目。不过我们刚开始，启动资金有限，逐步推进比较好。所以到时候还得和你商量看看我们先开展什么项目。估计还得纠结一番。”

徐立看到一向开朗的韩言如此烦恼的样子，便拍了下他肩膀打趣说道：“没关系，就算万事开头难，但是车到山前必有路，我们兄弟齐心，其利断金。”

韩言被徐立的自信所感染，也笑道：“这倒也是，倒是我多虑了。不过，还有件事情你可能不知道，就是中国政府为了推进某些产业的发展，列了一个产业目录，我们从事目录中的产业经营，是可以享受到国家提供的优惠待遇的。”

徐立“哦？还有这样的激励措施，那我们要投资的项目是属于国家鼓励的产业吗？如何查看国家鼓励的产业有哪些呢？”

情景说法

根据《鼓励外商投资产业目录（2019年版）》，医药制造业中有13项是属于鼓励产业的。其中，“疫苗、细胞治疗药物等生产用新型关键原材料、大规模细胞培养产品的开发、生产”便属其一。因此，未央公司的经营项目属于投资国家鼓励产业。

根据《外商投资法》第14条和《外商投资法实施条例》第11条，国家可以根据国民经济和社会发展需要，制定鼓励外商投资产业目录，列明鼓励和引导外国投资者投资的特定行业、领域、地区。该目录由国务院投资主管部门会同国务院商务主管部门等有关部门拟订，报国务院批准后由国务院投资主管部门、商务主管部门发布。

因此，外商投资者在意欲从事投资前，可前往商务部等官方网站查询或者电话咨询鼓励投资目录情况，从而根据自身需要和实际情况，选择更加合适的投资项目。如果投资的是鼓励产业，则可以享受到国家给予的诸如税收减免、政策补贴、融资优惠、用地便利等在财政、税收、金融、用地等方面的优惠待遇。

如果公司设立时经营范围登记的是鼓励产业，但是从事的却是经营范围之外的其他业务的，将会构成超范围经营。一方面，公司显然无法申请获得鼓励产业享有的优惠待遇；另一方面，超出经营范围成立的交易，根据《合同法解释（一）》第十条，除非违反了国家关于限制经营、特许经营以及法律、行政法规禁止经营的规定，否则合同不会单单因为超范围经营而无效，但如果合同具有其他无效事由的，则会因为其他无效事由被认定为无效合同。然而，就算不存在无效情形，合同依然有效的，那也只是在民事关系上使得合同双方仍受到合同的约束以保障交易安全，却并不影响行政管理机关以公司超范围经营这一违法事实为由，对公司进行行政处罚。

因此，建议外商投资者在填写公司经营范围时，尽量填写完整、周全，如有新增业务，应及时申请公司信息变更登记。

法条索引

最高人民法院《关于适用〈中华人民共和国合同法〉若干问题的解释（一）》

第十条

当事人超越经营范围订立合同，人民法院不因此认定合同无效。但违反国家限制经营、特许经营以及法律、行政法规禁止经营规定的除外。

《外商投资法》

第十三条

国家根据需要，设立特殊经济区域，或者在部分地区实行外商投资试验性政策措施，促进外商投资，扩大对外开放。

第十四条

国家根据国民经济和社会发展需要，鼓励和引导外国投资者在特定行业、领域、地区投资。外国投资者、外商投资企业可以依照法律、行政法规或者国务院的规定享受优惠待遇。

《外商投资法实施条例》

第十一条

国家根据国民经济和社会发展需要，制定鼓励外商投资产业目录，列明鼓励和引导外国投资者投资的特定行业、领域、地区。鼓励外商投资产业目录由国务院投资主管部门会同国务院商务主管部门等有关部门拟订，报国务院批准后由国务院投资主管部门、商务主管部门发布。

第十二条

外国投资者、外商投资企业可以依照法律、行政法规或者国务院的规定，享受财政、税收、金融、用地等方面的优惠待遇。

外国投资者以其在中国境内的投资收益在中国境内扩大投资的，依法享受相应的优惠待遇。

故事九

未经有关部门批准、登记的投资合同，是否有效？

2020 年 1 月 7 日，敲定了所有主体细节后，徐立和韩言正式启动了公司注册申请流程，根据投资指南和公司登记部门的要求，他们准备并提交了公司注册申请材料。随后，他们又根据工作人员的提示，着手准备医疗器械生产许可证和医疗器械经营许可证的申请材料。

原来，他们注册的未央公司涉及医疗器械的生产销售，而医疗器械涉及公共卫生和人民生命健康，因此，企业如果想从事相关方面的生产经营，须依法获得行政许可。中国将医疗器械根据风险程度实行分类管理制度，一类医疗器械备案即可，二类和三类须经注册。换言之，前者可以“先斩后奏”，后者未经申请注册在案不得擅自生产经营。当然，上述许可证的审批，属于“后置审批”，是可以在公司成功设立后再向食品药品监督管理部门申请的，许可证只会影响到公司能否从事医疗器械的生产经营，不会影响到公司的正常设立。

在等待审批的过程中，徐立想起了和自己一同来中国的Jay，寻思着向他取取经，学习一下管理公司的经验技巧，便联系了Jay。不料Jay正陷入麻烦之中。

原来，Jay来到中国后，遇到两个人正准备注册人工智能产品研究公司，Jay知道中国如今5G技术水平发展迅速，也有意与二人合作。经过沟通，三人一拍即合，签订了《投资合同》。为了保障公司初始运营资金充足，三方在《投资合同》中明确约定，在本合同签订后10日内，三方各自先行出资100万元；剩余认缴金额各自于两年内出资完毕。

不料在《投资合同》报经行政主管部门审查批准的过程中，在同意批复未下达时，那两个合作伙伴因为有了更好的人选，突然反悔，不愿意与Jay合资设立外商投资企业，更不愿意遵守《投资合同》的约定。Jay怒不可遏，认为三方已然签订了合同，另两人反悔属于违约行为。但该二人却声称："《投资合同》还未经批复同意，因此并未生效。另外我们也已经提出了撤销申请。因此，《投资合同》是无效的。"

请问，Jay是否能够反驳上述二人的说法并追究他们的法律责任？

情景说法

未经有关机关批准或登记的投资合同，并不会因此而当然无效。

根据最高人民法院《关于审理外商投资企业纠纷案件若干问题的规定(一)》第1条，投资合同是指外国投资者因直接或者间接在中国境内进行投资而形成的相关协议，主要有以下四种类型。

设立外商投资企业合同。这种类型比较常见，是指外国投资者与中方投资者为设立外商投资企业而签订的合同，包括但不限于合作意向、合作内容、合作方式及期限、争议解决方式等内容。

股份转让合同或股权转让合同。这是指外商投资企业按照《公司法》设立后，外商投资者如果要退出该外商投资企业的，可以将名下的股份（对应的是股份有限公司）或者股权（对应的是有限责任公司），转让给公司其他股东或者在股东均不行使优先购买权的情况下依法转让给公司外的第三人，第三人既可以是中国人，也可以是外商。外商投资者因此与受让股份或者股权的人签订的转让合同即属于投资合同。

财产份额或者其他类似权益转让合同。这种合同适用于外商投资企业按照《合伙企业法》设立的情形。此时，作为合伙人的外商投资者为转让其名下财产份额或者其他类似权益而订立的转让合同也属于投资合同。

新建项目合同。是指外商投资者拟与其他投资者合作开发某一项目时，就合作事宜签订的项目合同，它也属于投资合同。

基于对外商投资的管理需要，上述投资合同往往需要报经有关部门登记或者批准。但根据合同法的原理，一般情况下，合同是在一方提出要约并且另一方承诺后生效，现实中常表现为双方在合同上签字或盖章。那么，双方已经签订的合同，尚未经过有关部门登记或批准时，效力如何？

为了贯彻内外资平等保护原则和促进交易，最高人民法院《关于审理外商投资企业纠纷案件若干问题的规定（一）》第2条明确指出，外商投资负面清单之外的领域形成的投资合同，当事人以合同未经有关行政主管部门批准、登记为由主张合同无效或者未生效的，人民法院不予支持。

换言之，如果投资合同涉及的是负面清单内的领域，则合同本身将会因为违反负面清单的强制性规定而无效；如果涉及的是负面清单之外的领域，根据准入前国民待遇原则，外资与内资相同，报经批准或登记的规范要求属于管理性规定，不会影响到合同的效力，若无其他合同无效事由的，合同经双方签字或盖章后便已经有效，合同当事人应受合同约束并遵守合同约定。

因此，Jay有权主张投资合同有效，并以另两人违反合同约定为由要求对方承担违约责任。

法条索引

最高人民法院《关于审理外商投资企业纠纷案件若干问题的规定（一）》

第一条

本解释所称投资合同，是指外国投资者即外国的自然人、企业或者其他组织因直接或者间接在中国境内进行投资而形成的相关协议，包括设立外商投资企业合同、股份转让合同、股权转让合同、财产份额或者其他类似权益转让合同、新建项目合同等协议。

外国投资者因赠与、财产分割、企业合并、企业分立等方式取得相应权益所产生的合同纠纷，适用本解释。

第二条

对外商投资法第四条所指的外商投资准入负面清单之外的领域形成的投资合同，当事人以合同未经有关行政主管部门批准、登记为由主张合同无效或者未生效的，人民法院不予支持。

前款规定的投资合同签订于外商投资法施行前，但人民法院在外商投资法施行时尚未作出生效裁判的，适用前款规定认定合同的效力。

故事十 外商投资企业并购内资企业需遵守什么样的规定？

虽然受疫情影响，全球经济下行。但中国依靠强大的制度优势和应变调整能力，在全球经济普遍负增长的情况下，实现了正增长。这不仅得益于中国在疫情之初果断推行强而有力的疫情防控措施避免了疫情的进一步扩大，以短期的经济暂停换得了后期的安全复苏；也得益于中国政府为了缓解疫情带来的不利影响而不断出台的一系列扶持政策。

以上海为例，上海市政府就印发了全力防控疫情、支持服务企业平稳健康发展若干政策措施的文件。对抗战在防疫前线的重点企业，政府大力支持，通过防疫物品税收减负、财政补贴、贷款优惠、防疫物资快速通道、专项资金支持新产品研发等项目，鼓励企业全力抗疫。同时还切实通过减免租金、税收等方式为企业减负，通过降低银行贷款利率或调整银行还款计划等方式为企业提供资金助力，通过允许灵活用工、调整企业社会保险缴纳时间、实施员工线上培训补贴培训费、对不裁员企业返还失业保险金等方式稳定就业，通过保障供应口罩等防疫物资、多渠道开展线上招聘、免费提供线上办公服务等措施促进复工复产，通过线上统一窗口业务办理、修复企业信用记录、确保法律服务咨询及调解等方式优化企业营商环境。

可以说，这一系列措施，为企业抗击疫情、复工复产注入了强心剂，在这样的营商环境下，加上徐立和韩言的悉心经营，未央公司日益发展壮大。此时，上海另一家医学检验公司对外发出了愿意被股权收购的公告，最终价高者得。韩言经过研究和考察认为，未央可以考虑收购股权并购该公司。

徐立虽然觉得这样可行，但还是提出了心中的疑惑："我们是外商投资企业，国内对外资并购国内企业会不会有限制？"

韩言说道："应该不会吧。被收购公司的经营范围不属于负面清单里面的，其中部分业务涉及行政许可的可以事后办理许可手续，而且我们两个公司的规模都不是很大，合并也不会产生行业垄断问题，所以应该是不受限制的，最多在并购之后需要进行信息报告吧。"

请问，韩言的判断对吗？外商投资企业并购内资企业要遵守哪些法律规定呢？

情景说法

韩言的判断是对的。

外商投资需遵守的第一个法律规定就是关于负面清单的规定。因此，外资在并购内资企业时，只要并购后的企业经营范围不属于负面清单领域内，则外资与内资一样，都有权按照市场交易情况参与并购活动。

无论是内资还是外资，为了防止因并购导致行业垄断局面出现，反垄断法规定了经营者集中这一限制情形。经营者集中是指经营者通过合并、资产购买、股份购买、合同约定(联营、合营)、人事安排、技术控制等方式取得对其他经营者的控制权或者能够对其他经营者施加决定性影响的情形。在强强联合的并购情形下，如果符合《关于经营者集中申报标准的规定》载明情形的，参与集中的经营者需先向国家反垄断机构申报并经过审查后，方可实施集中。

外商投资者并购境内企业后，相当于新设立了外商投资企业，需遵守关于信息报告的规定，在办理被并购企业变更登记时通过企业登记系统提交初始报告。

除上述法律规定外，《外商投资法》第6条以总括性的条款，明确“在中国境内进行投资活动的外国投资者、外商投资企业，应当遵守中国法律法规，不得危害中国国家安全、损害社会公共利益”。这对外商提出了原则性的要求。

另外，为方便政府管理，外商投资者在从事经营活动前，需遵守中国关于国家安全审查制度的规定，并且依照规定办理中国出于对某些项目或者行业的管制需要而要求的核准、备案或者行政许可的手续。在从事经营活动时，也要遵守法律、行政法规有关劳动保护、社会保险的规定，依照法律、行政法规和国家有关规定办理税收、会计、外汇等事宜，并接受相关主管部门依法实施的监督检查。

至于企业内部管理，除了要符合《公司法》或《合伙企业法》等组织法关于企业组织的规定，外商投资企业职工还应按照《外商投资法》第8条的规定依法建立工会组织，开展工会活动，维护职工的合法权益。外商投资企业应当为本企业工会提供必要的活动条件。

法条索引

《外商投资法》

第六条

在中国境内进行投资活动的外国投资者、外商投资企业，应当遵守中国法律法规，不得危害中国国家安全、损害社会公共利益。

第八条

外商投资企业职工依法建立工会组织，开展工会活动，维护职工的合法权益。外商投资企业应当为本企业工会提供必要的活动条件。

第二十九条

外商投资需要办理投资项目核准、备案的，按照国家有关规定执行。

第三十条

外国投资者在依法需要取得许可的行业、领域进行投资的，应当依法办理相关许可手续。

有关主管部门应当按照与内资一致的条件和程序，审核外国投资者的许可申请，法律、行政法规另有规定的除外。

第三十二条

外商投资企业开展生产经营活动，应当遵守法律、行政法规有关劳动保护、社会保险的规定，依照法律、行政法规和国家有关规定办理税收、会计、外汇等事宜，并接受相关主管部门依法实施的监督检查。

第三十三条

外国投资者并购中国境内企业或者以其他方式参与经营者集中的，应当依照《中华人民共和国反垄断法》的规定接受经营者集中审查。

第三十七条

外国投资者、外商投资企业违反本法规定，未按照外商投资信息报告制度的要求报送投资信息的，由商务主管部门责令限期改正；逾期不改正的，处10万元以上50万元以下的罚款。

第三十八条

对外国投资者、外商投资企业违反法律、法规的行为，由有关部门依法查处，并按照国家有关规定纳入信用信息系统。

商务部、市场监管总局令2019年第2号《外商投资信息报告办法》

第九条

外国投资者在中国境内设立外商投资企业，应于办理外商投资企业设立登记时通过企业登记系统提交初始报告。

外国投资者股权并购境内非外商投资企业，应在办理被并购企业变更登记时通过企业登记系统提交初始报告。

有限责任公司

一起开一家公司

茱莉在一家咖啡店打工。一个盛夏的午后，茱莉工作时邂逅了一位在巴西做进出口贸易的中国小伙张瑞明，这个异国他乡的小伙子风趣幽默，又十分体贴，每天下午三点都会准时来咖啡店喝一杯拿铁，他说："三点，咖啡店人最少，你可以和我多说几句话。"一来二往，茱莉渐渐被张瑞明打动，二人正式确立了恋爱关系。听张瑞明说，长春的净月潭特别的美，随着对张瑞明感情的升温，茱莉愈发地想去恋人的家乡看一看，走走张瑞明走过的路。一年后，由于张瑞明在巴西生意的不顺，他决定离开巴西回国发展，茱莉得知此情况后，不由分说决定为爱走天涯，便和张瑞明一起离开巴西前往中国。

张瑞明带着茱莉回到中国长春后，二人很快在净月坛边举办了浪漫的婚礼，在亲人、朋友的祝福下，茱莉觉得自己幸福极了，满心期待往后的生活。

故事一

最常见的公司形式是什么？

回到长春的第一年，张瑞明与茱莉一直在朋友来福创办的贸易公司工作，经过二人共同的努力，他们的经济状况得到了很大的改善。在朋友的介绍下，张瑞明还接到了一笔美籍客户金额不菲的大订单，利润提成足以弥补先前张瑞明在巴西的大部分损失。眼看着二人的生活慢慢步入正轨，张瑞明父母也感到分外的欣慰，二老还拿出 100 万元人民币作为张瑞明与茱莉的购房资金，帮助二人早日安家稳定下来。要知道 100 万元对于张瑞明的家庭来说并不是小数，张瑞明暗暗下定决心一定要努力赚钱，早日将父母辛苦存下的钱还给他们。

就在这时，张瑞明却接到了美籍客户的电话，电话里美籍客户表达了对张瑞明工作的认可，但遗憾的是公司对于供应商的规模有着严格的要求，张瑞明所在的公司注册资本太低难以达标，恐怕难以继续合作。听闻这个消息，张瑞明的心情顿时跌落谷底。茉莉看见张瑞明难过的样子十分痛心，为了让张瑞明快点振作，茉莉提议：既然来福的公司的规模不符合要求，不如我们筹办一个属于自己的贸易公司，为自己打工！张瑞明听了茉莉的提议，再三考虑后决定将其付诸实践，二人一致决定先用父母资助的 100 万元发展事业，以后再考虑买房之事。对于这家筹划中的新公司二人满怀憧憬，张瑞明还为公司取了个新名字——“明莉有限责任公司”，以此表达自己与茉莉满满的爱。

由于张瑞明自年少时期便常年生活在国外，对于有限责任公司设立的相关情况并不熟悉，究竟什么叫“有限责任”？在中国设立“有限责任公司”又有什么条件呢？

情景说法

张瑞明与茉莉若想成立有限责任公司，首先应当充分了解有限责任公司的法律性质。依据中国《公司法》的规定，有限责任公司是指在中国境内设立，以股东认缴出资额为限对公司承担责任的公司。因为股东承担的责任是有限的，所以被称为有限责任公司。其设立条件包括以下几方面。

1. 股东人数与资格要求。首先，张瑞明与茉莉的有限责任公司，人数应为 1 人以上 50 人以下，当人数为最少的 1 人时，公司则为一人有限责任公司。其次，有限责任公司的股东可以是自然人也可以是法人（依照公司法设立的，有独立的财产，能够依自己的名义享有民事权利和承担民事义务，并以自己的全部财产对公司的债务承担民事责任的企业组织），但国有独资公司的情况除外，因此除张瑞明与茉莉外的其他自然人或法人也可以成为公司股东。

2. 公司的资本要求。有限责任公司的注册资本是公司在登记机关的全体股东认缴的出资额。认缴，即不需要实际缴纳。创始人根据实际情况决定公司应有多少注册资本，之后按照一定的计划缴纳完成即可。根据现行《公司法》，有限责任公司的注册资本与出资期限都没有限制性规定，即张瑞明与茉莉投资 1 元人民币也可以注册有限责任公司。除此之外，有限责任公司的股东还可以采用多种出资方式，如：货币出资、实物出资、知识产权出资、土地使用权出资。股东以货币形式出资的，应当将货币存入有限责任公司所开设的银行账户，以非货币形式出资的，应当办理相应的财产权转移手续。没有依据约定履行出资义务，应当向已足额出资的股东承担违约责任；公司成立后，以非货币形式出资的财产的实际价值显著低于公司章程所规定的价额，应当由提供该非货币出资的股东将章程中规定的数额和财产实际价值之间的差额补足；股东拒不履行差额补足义务的，公司设立时的其他股东应当对债权人承担连带责任。

需要注意的是，根据国务院颁布的《公司登记管理条例》第十四条的规定：股东不得以劳务、信用、自然人姓名、商誉、特许经营权或者设定担保的财产等作价出资，这主要是因为这些事项的价值很难量化，在公司出现问题时，也难以明确股东应承担的责任。因此，虽然公司法本身并未明确股东能否以劳务、信用等方式出资，但由于国务院的行政规定命令禁止，实务中股东无法以劳务出资等形式办理工商登记。

3. 章程要求。张瑞明与茉莉欲设立有限责任公司，应在全体出资者自愿协商的基础上共同制定公司章程，且经全体出资者同意，在公司章程上签名、盖章。

4. 名称、机构以及场地要求。首先，张瑞明与茉莉欲设立有限责任公司，应准备合法有效的公司名称，除应符合企业名称的规定外（例如不能包含其他企业的名称），还必须在公司名称中标明“有限责任公司”或“有限公司”。其次，设立有限责任公司还应建立符合有限责任公司要求的组织机构，如股东会、董事会、监事会、经理或股东会、执行董事、一至二名监事、经理。再者，有限责任公司的公司注册地址还必须具体、真实，不能虚构一个与自己业务毫无关联的注册地址。

法条索引

《公司法》

第二条

本法所称公司是指依照本法在中国境内设立的有限责任公司和股份有限公司。

第三条

公司是企业法人，有独立的法人财产，享有法人财产权。公司以其全部财产对公司的债务承担责任。

第二十三条

设立有限责任公司，应当具备下列条件：

（一）股东符合法定人数；

（二）股东出资达到法定资本最低限额；

（三）股东共同制定公司章程；

（四）有公司名称，建立符合有限责任公司要求的组织机构；

（五）有公司住所。

第二十四条

有限责任公司由50个以下股东出资设立。

第二十五条

有限责任公司章程应当载明下列事项：

（一）公司名称和住所；

（二）公司经营范围；

（三）公司注册资本；

（四）股东的姓名或者名称；

（五）股东的出资方式、出资额和出资时间；

（六）公司的机构及其产生办法、职权、议事规则；

（七）公司法定代表人；

（八）股东会会议认为需要规定的其他事项。股东应当在公司章程上签名、盖章。

第二十七条

股东可以用货币出资，也可以用实物、知识产权、土地使用权等可以用货币估价并可以依法转让的非货币财产作价出资；但是，法律、行政法规规定不得作为出资的财产除外。

故事二 设立公司需要做何准备？

张瑞明经过多方咨询，总算是搞清了在国内设立有限责任公司的基本条件。原来，国内取消了早年有限责任公司最低注册资本 3 万元的要求，自己与茱莉即使用 1 元人民币也可以设立公司。且根据国家规定，有限责任公司设立时发起人首次出资比例和缴足出资的期限都不再受到限制，公司股东可以先对注册资本实行认缴而无须立即缴足注册资本。这一规定无疑让在创业门槛徘徊的张瑞明与茱莉高兴不已。张瑞明立即决定，对于筹划中的公司，自己将认缴注册资本 100 万元，待资金充足后再予以实缴注册资本，这样一来，不仅可以一定程度上体现公司的实力、吸引更多有价值的客户，也可以极大缓解公司的资金压力，将更多的资金用在公司的运营与市场开发中，以解决自己创业初期最大的经济困扰。

看着远赴异国他乡，与自己共同吃苦、创业却无半句怨言的茱莉，张瑞明暗下决心：决定绝不做“嘴巴上的巨人，行动中的矮子”，明天就去工商部门把公司给注册起来，用行动让自己与茱莉的美梦成真。就在这时，前来串门的表姐张琪听闻了张瑞明的想法后却不以为然，张琪说：“自己当初设立琪琪服装有限责任公司时，由于材料准备的不充分以及对审批流程的不了解，前前后后出入有关行政部门多次，造成了非常大的麻烦，虽然现在国家放宽了对有限责任公司注册资本、注册期限方面的限制，但有限责任公司的行政审批流程却依然具有明确、严格的程序要求，还是应该先对相关审批流程、材料要求做好充分的了解与准备后再考虑注册公司事项。”

张瑞明与茱莉觉得表姐的话十分有道理，对于设立有限责任公司一事，还是应当事先做好充分的准备工作才行，毕竟有备而无患嘛！

情景说法

“罗马不是一天建成的”，公司也不是一天就能成立的，设立有限责任公司的具体程序又有哪些呢？

根据《公司登记管理条例》的相关规定，张瑞明设立有限责任公司的主要步骤有：

第一，张瑞明需取得预先经过核准的公司名称。

第二，张瑞明需进行设立公司的登记审批手续。事实上，除了法律法规中明确规定必须经审批的公司类型如高新技术、先进技术等，一般有限责任公司的设立只需直接到工商管理部门注册登记即可。

第三，张瑞明需缴纳出资并取得经法定验资机构验资后的证明文件。有限责任公司除具有人合因素外，还具有一定的资合性，股东必须按照章程的规定，缴纳所认缴的出资。股东的出资还应当按照法律的规定，采取法定的出资形式，并经法定的验资机构出具验资证明。

第四，张瑞明需向公司登记机关申请设立登记。需要向公司登记机关提交的文件包括：（1）公司法定代表人签署的设立登记申请书；（2）全体股东指定代表或者共同委托代理人的证明；（3）公司章程；（4）依法设立的验资机构出具的验资证明，法律、行政法规另有规定的除外；（5）股东首次出资是非货币财产的，应当在公司设立登记时提交已办理其财产权转移手续的证明文件；（6）股东的主体资格证明或者自然人身份证明；（7）载明公司董事、监事、经理的姓名、住所的文件以及有关委派、选举或者聘用的证明；（8）公司法定代表人任职文件和身份证明；（9）企业名称预先核准通知书；（10）公司住所证明；（11）国家工商行政管理总局规定要求提交的其他文件。

第五，完成上述步骤后，张瑞明还应去登记机关进行登记并领取营业执照。登记机关在审查设立申请后，对符合公司法规定条件的申请，依法核准登记，并发给公司营业执照，营业执照的签发日期便为有限责任公司的成立日期，张瑞明只需要按照通知去领取即可。

另外，为了公司的日常经营，张瑞明还应凭登记机关颁发的营业执照申请开立银行账户、刻制公司印章、申请纳税登记等。如此，张瑞明的有限责任公司的注册和审批流程便完成了。

法条索引

《公司法》

第六条

设立公司，应当依法向公司登记机关申请设立登记。符合本法规定的设立条件的，由公司登记机关分别登记为有限责任公司或者股份有限公司；不符合本法规定的设立条件的，不得登记为有限责任公司或者股份有限公司。

法律、行政法规规定设立公司必须报经批准的，应当在公司登记前依法办理批准手续。

公众可以向公司登记机关申请查询公司登记事项，公司登记机关应当提供查询服务。

第二十九条

股东缴纳出资后，必须经依法设立的验资机构验资并出具证明。

《公司登记管理条例》

第十七条

设立公司应当申请名称预先核准。法律、行政法规或者国务院决定规定设立公司必须报经批准，或者公司经营范围中属于法律、行政法规或者国务院决定规定在登记前须经批准的项目的，应当在报送批准前办理公司名称预先核准，并以公司登记机关核准的公司名称报送批准。

第十八条

设立有限责任公司，应当由全体股东指定的代表或者共同委托的代理人向公司登记机关申请名称预先核准；设立股份有限公司，应当由全体发起人指定的代表或者共同委托的代理人向公司登记机关申请名称预先核准。

申请名称预先核准，应当提交下列文件：

（一）有限责任公司的全体股东或者股份有限公司的全体发起人签署的公司名称预先核准申请书；

（二）全体股东或者发起人指定代表或者共同委托代理人的证明；

（三）国家工商行政管理总局规定要求提交的其他文件。

第十九条

预先核准的公司名称保留期为6个月。预先核准的公司名称在保留期内，不得用于从事经营活动，不得转让。

第二十条

设立有限责任公司，应当由全体股东指定的代表或者共同委托的代理人向公司登记机关申请设立登记。设立国有独资公司，应当由国务院或者地方人民政府授权的本级人民政府国有资产监督管理机构作为申请人，申请设立登记。法律、行政法规或者国务院决定规定设立有限责任公司必须报经批准的，应当自批准之日起90日内向公司登记机关申请设立登记；逾期申请设立登记的，申请人应当报批准机关确认原批准文件的效力或者另行报批。

申请设立有限责任公司，应当向公司登记机关提交下列文件：

（一）公司法定代表人签署的设立登记申请书；

（二）全体股东指定代表或者共同委托代理人的证明；

（三）公司章程；

（四）股东的主体资格证明或者自然人身份证明；

（五）载明公司董事、监事、经理的姓名、住所的文件以及有关委派、选举或者聘用的证明；

（六）公司法定代表人任职文件和身份证明；

（七）企业名称预先核准通知书；

（八）公司住所证明；

（九）国家工商行政管理总局规定要求提交的其他文件。

法律、行政法规或者国务院决定规定设立有限责任公司必须报经批准的，还应当提交有关批准文件。

第二十一条

设立股份有限公司，应当由董事会向公司登记机关申请设立登记。以募集方式设立股份有限公司的，应当于创立大会结束后30日内向公司登记机关申请设立登记。

申请设立股份有限公司，应当向公司登记机关提交下列文件：

（一）公司法定代表人签署的设立登记申请书；

（二）董事会指定代表或者共同委托代理人的证明；

（三）公司章程；

（四）发起人的主体资格证明或者自然人身份证明；

（五）载明公司董事、监事、经理姓名、住所的文件以及有关委派、选举或者聘用的证明；

（六）公司法定代表人任职文件和身份证明；

（七）企业名称预先核准通知书；

（八）公司住所证明；

（九）国家工商行政管理总局规定要求提交的其他文件。

以募集方式设立股份有限公司的，还应当提交创立大会的会议记录以及依法设立的验资机构出具的验资证明；以募集方式设立股份有限公司公开发行股票的，还应当提交国务院证券监督管理机构的核准文件。

法律、行政法规或者国务院决定规定设立股份有限公司必须报经批准的，还应当提交有关批准文件。

第二十二条

公司申请登记的经营范围中属于法律、行政法规或者国务院决定规定在登记前须经批准的项目的，应当在申请登记前报经国家有关部门批准，并向公司登记机关提交有关批准文件。

第二十三条

公司章程有违反法律、行政法规的内容的，公司登记机关有权要求公司作相应修改。

第二十四条

公司住所证明是指能够证明公司对其住所享有使用权的文件。

第二十五条

依法设立的公司，由公司登记机关发给《企业法人营业执照》。公司营业执照签发日期为公司成立日期。公司凭公司登记机关核发的《企业法人营业执照》刻制印章，开立银行账户，申请纳税登记。

故事三

为什么说股东会是最高权力机构？

春节前，明莉有限责任公司的营业执照总算办下来了，看着手里的营业执照，张瑞明与茱莉更加坚定了未来的道路，内心也对未来的生活充满了期待。考虑到临近假期，二人决定先安安心心地享受春节，毕竟这是茱莉第一次在中国过春节，第一次感受中国春节文化。

除夕之夜，整个长春都裹上了红色的新衣，处处张灯结彩。茱莉在张瑞明的陪伴下第一次游了庙会、赶了集市，还帮着张瑞明的母亲准备了一桌丰盛的年夜饭。席间，一家人围着桌子一边吃团圆饭一边唠家常好不热闹，可张瑞明一向活泼开朗的弟弟张瑞凯却一反常态地沉默不语，在众人的关心询问之下，张瑞凯终于说出了实情，原来张瑞凯所在的公司年前出了些状况，现在公司内部正闹得不可开交，据说年后公司将有较大的人事变动，1/3 的员工将面临下岗危机。

究其缘由，原来张瑞凯所在的公司三年内都没有依照章程的约定召开股东大会，引起了公司股东们的强烈不满，加上近两年公司盈利状况较前两年下降较多，多数股东都觉得自己的权利受到了损害，对公司抱有较大意见，短短半年内，股东们甚至多次联名写信要求召开股东会议。即便如此，公司股东会议依旧没有如愿召开，最终导致了如今公司内部混乱的局面。

到底什么是**股东会**？它的作用又是什么呢？自己的有限责任公司是否也需要定期举行股东会呢？

情景说法

股东会作为公司的权力机关，对公司的重大事项具有决定权，是股东民主与股东权利得以发挥的重要平台。为了明莉有限责任公司的发展，张瑞明的公司也应依照法律规定召开股东会。

第一，股东会主要有三种形式，即首次股东会议、定期会议以及临时会议。张瑞明的公司刚成立时应召开首次股东会议，且应由出资最多的股东召集、主持；而定期会议则是依据公司章程的规定定期召开的；临时会议是经过有1/10以上表决权的股东、1/3以上的董事、监事会或者不设监事会的公司的监事提议召开的。

第二，股东会具有的主要职能有：（1）决定公司的经营方针和投资计划；（2）选举和更换非由职工代表担任的董事、监事，决定有关董事、监事的报酬事项；（3）审议批准董事会的报告；（4）审议批准监事会或者监事的报告；（5）审议批准公司的年度财务预算方案、决算方案；（6）审议批准公司的利润分配方案和弥补亏损方案；（7）对公司增加或者减少注册资本作出决议；（8）对发行公司债券作出决议；（9）对公司合并、分立、解散、清算或者变更公司形式作出决议；（10）修改公司章程；（11）公司章程规定的其他职权。同时，对于前款所列事项股东以书面形式一致表示同意的，可以在全体股东签名、盖章的表示同意的情况下，不召开股东会会议而直接作出决定。

第三，股东会的召集及主持主体包括董事会、监事会和股东，但是三者在召集股东会方面有顺序要求，在前者不履行或者无法履行召集职务时，后者才有权召集。股东会召集主体的顺序依次是：（1）有限责任公司设立董事会的，股东会会议由董事会召集，董事长主持；（2）董事长不能履行职务或者不履行职务的，由副董事长主持；（3）副董事长不能履行职务或者不履行职务的，由半数以上董事共同推举一名董事主持；（4）有限责任公司不设董事会的，股东会会议由执行董事召集和主持；（5）董事会或者执行董事不能履行或者不履行召集股东会会议职责的，由监事会或者不设监事会的公司的监事召集和主持；（6）监事会或者监事不召集和主持的，代表1/10以上表决权的股东可以自行召集和主持。就本故事具体情况而言，明莉有限公司若因公司规模限制尚未设立董事会，那么，董事长张瑞明应当依法召集和主持股东会会议。

股东会的召集程序：根据《公司法》第41条，召开股东会会议，应当于会议召开15日前通知全体股东。但是，公司章程另有规定或者全体股东另有约定的除外。其通知内容须包括：股东会会议的时间、地点、审议的事项等内容。

法条索引

《公司法》

第三十六条

有限责任公司股东会由全体股东组成。股东会是公司的权力机构，依照本法行使职权。

第三十七条

股东会行使下列职权：

（一）决定公司的经营方针和投资计划；

（二）选举和更换非由职工代表担任的董事、监事，决定有关董事、监事的报酬事项；

（三）审议批准董事会的报告；

（四）审议批准监事会或者监事的报告；

（五）审议批准公司的年度财务预算方案、决算方案；

（六）审议批准公司的利润分配方案和弥补亏损方案；

（七）对公司增加或者减少注册资本作出决议；

（八）对发行公司债券作出决议；

（九）对公司合并、分立、解散、清算或者变更公司形式作出决议；

（十）修改公司章程；

（十一）公司章程规定的其他职权。

对前款所列事项股东以书面形式一致表示同意的，可以不召开股东会会议，直接作出决定，并由全体股东在决定文件上签名、盖章。

第三十八条

首次股东会会议由出资最多的股东召集和主持，依照本法规定行使职权。

第三十九条

股东会会议分为定期会议和临时会议。定期会议应当依照公司章程的规定按时召开。代表1/10以上表决权的股东，1/3以上的董事，监事会或者不设监事会的公司的监事提议召开临时会议的，应当召开临时会议。

第四十条

有限责任公司设立董事会的，股东会会议由董事会召集，董事长主持；董事长不能履行职务或者不履行职务的，由副董事长主持；副董事长不能履行职务或者不履行职务的，由半数以上董事共同推举一名董事主持。

有限责任公司不设董事会的，股东会会议由执行董事召集和主持。

董事会或者执行董事不能履行或者不履行召集股东会会议职责的，由监事会或者不设监事会的公司的监事召集和主持；监事会或者监事不召集和主持的，代表1/10以上表决权的股东可以自行召集和主持。

第四十一条

召开股东会会议，应当于会议召开15日前通知全体股东；但是，公司章程另有规定或者全体股东另有约定的除外。股东会应当对所议事项的决定做成会议记录，出席会议的股东应当在会议记录上签名。

故事四 董事会需要履行什么义务？

张瑞凯最近总是心神不宁，虽然现在仍在春节长假中，但怎么也放松不下来。想到春节前公司混乱的局面不仅导致了自己年终奖金减半，还有可能影响自己节后的正常工作，甚至还可能面临下岗，张瑞凯就感到分外的压抑。

听部门经理说，公司股东会议迟迟难以召开主要是由于公司吴董事长滥用职权造成的。吴董事长一心想要独揽大局、一权独大，他根本不想召开董事会会议而受董事会约束。三年以来，吴董事长从来没有履行过召集董事会议的义务，也正因此间接导致了公司股东会难以按章程规定举行、股东权利受损、公司内部混乱等连锁反应。由此看来，公司董事会在公司经营决策中的地位可谓非同一般，究竟什么是董事会？董事会的职责又是什么呢？张瑞凯心头升起了一个个的疑问。

情景说法

董事会是由股东会或职工选举产生，对外代表公司行使经营决策权的法定的常设机关，董事会受股东委托对外代表公司，对内任免高级职员和决定重大事务。董事会的合理设置、正常运行关系公司的生死存亡，有着举足轻重的意义。下面我们就来详细讨论《公司法》对有限责任公司董事会的要求。

第一，董事会的主要成员一般由公司内部成员出任。根据法律规定，两个以上的**国有企业**或者两个以上的其他**国有投资主体**投资设立的有限责任公司，其董事会成员中应当有公司职工代表；其他有限责任公司董事会成员中可以有公司职工代表。

最常见的董事会成员都是公司的大股东，一般情况下，公司最大的股东也是董事长。

第二，董事会人数的要求。一般情况下，董事会成员应为 3 ～ 13 人，但规模较小、股东较少的有限责任公司可以不设董事会，只设执行董事就可以。需要注意的是，为了防止董事会僵局出现，而最终导致董事会无法达成决议，公司最好将董事会成员人数设置为单数，并对出现相同票数的情况作出规定，比如在章程中约定若某成员放弃投票而最终导致相同票数的情况下，董事长投票的一方为决议方等。

第三，董事会的任期。董事任期可由公司章程予以规定，但每届任期不得超过 3 年，任期届满后可连选连任。若董事任期届满未及时改选，或发生董事在任期内辞职导致董事会成员低于法定人数的情况，则在选出新的董事就任前，原董事仍应当依法律、行政法规和公司章程的规定，履行董事的职务。

第四，公司董事会应具有的职权包括：（1）召集股东会会议，并向股东会报告工作；（2）执行股东会的决议；（3）决定公司的经营计划和投资方案；（4）制订公司的年度财务预算方案、决算方案；（5）制订公司的利润分配方案和弥补亏损方案；（6）制订公司增加或者减少注册资本以及发行公司债券的方案；（7）制订公司合并、分立、解散或者变更公司形式的方案；（8）决定公司内部管理机构的设置；（9）决定聘任或者解聘公司经理及其报酬事项，并根据经理的提名决定聘任或者解聘公司副经理、财务负责人及其报酬事项；（10）制定公司的基本管理制度。除此之外，公司章程还可以对以上十项职权进行细化，或赋予董事会除上述内容的其他职权。因此，本故事中的涉案公司的董事会应当依法行使上述职权，召集股东会议、执行股东会决议等，并行使公司章程赋予的其他权利，充分发挥董事会的功能优势，在吴董事长不作为的情况下，主动召集股东会议。

最后，董事会会议应由董事长召集和主持；董事长不能履行职务或者不履行职务的，由副董事长召集和主持；副董事长不能履行职务或者不履行职务的，应由半数以上董事共同推举一名董事召集和主持。在本故事中，若张瑞凯所在公司董事长为了私人利益而不履行召开会议义务，副董事长或半数以上董事可以共同推举一名董事召集和主持董事会会议。

法条索引

《公司法》

第四十四条

有限责任公司设董事会，其成员为 3 人至 13 人；但是，本法第五十条另有规定的除外；两个以上的国有企业或者两个以上的其他国有投资主体投资设立的有限责任公司，其董事会成员中应有公司职工代表，其他有限责任公司董事会成员中可以有公司职工代表。董事会中的职工代表由公司职工通过职工代表大会、职工大会或者其他形式民主选举产生。

董事会设董事长一人，可以设副董事长。董事长、副董事长的产生办法由公司章程规定。

第四十五条

董事任期由公司章程规定，但每届任期不得超过三年。董事任期届满，连选可以连任。

第四十六条

董事会对股东会负责，行使下列职权：

（一）召集股东会会议，并向股东会报告工作；

（二）执行股东会的决议；

（三）决定公司的经营计划和投资方案；

（四）制订公司的年度财务预算方案、决算方案；

（五）制订公司的利润分配方案和弥补亏损方案；

（六）制订公司增加或者减少注册资本以及发行公司债券的方案；

（七）制订公司合并、分立、解散或者变更公司形式的方案；

（八）决定公司内部管理机构的设置；

（九）决定聘任或者解聘公司经理及其报酬事项，并根据经理的提名决定聘任或者解聘公司副经理、财务负责人及其报酬事项；

（十）制定公司的基本管理制度；

（十一）公司章程规定的其他职权。

第四十七条

董事会会议由董事长召集和主持；董事长不能履行职务或者不履行职务的，由副董事长召集和主持；副董事长不能履行职务或者不履行职务的，由半数以上董事共同推举一名董事召集和主持。

第四十八条

董事会的议事方式和表决程序，除本法有规定的外，由公司章程规定。

董事会应当对所议事项的决定做成会议记录，出席会议的董事应当在会议记录上签名。

董事会决议的表决，实行一人一票。

第四十九条

有限责任公司可以设经理，由董事会决定聘任或者解聘。经理对董事会负责，行使下列职权：

（一）主持公司的生产经营管理工作，组织实施董事会决议；

（二）组织实施公司年度经营计划和投资方案；

（三）拟订公司内部管理机构设置方案；

（四）拟订公司的基本管理制度；

（五）制定公司的具体规章；

（六）提请聘任或者解聘公司副经理、财务负责人；

（七）决定聘任或者解聘除应由董事会决定聘任或者解聘以外的负责管理人员；

（八）董事会授予的其他职权。

公司章程对经理职权另有规定的，从其规定。

经理列席董事会会议。

第五十条

股东人数较少或者规模较小的有限责任公司，可以设一名执行董事，不设董事会。执行董事可以兼任公司经理。

执行董事的职权由公司章程规定。

故事五 监事会有哪些权力？

张瑞凯最近的烦心事，很快也传到了邻居老王耳朵里。老王年长张瑞凯 5 岁，是一家有限责任公司的老总，也是张瑞凯的好哥们儿。

听老王说，有限责任公司的保障机制除了有股东会、董事会外，还应当有依法设立的监事会。但在现实中，由于大多公司内董事会和经理职权的膨胀，监事会往往形同虚设，难以起到“监督”的作用。这次张瑞凯公司的内部危机，也多半是因为公司管理不规范、管理层滥用职权造成的。

本故事中老王说的监事会是依法产生，对董事和高级管理人员的经营管理行为及公司财务进行监督的常设机构。其在成立、运行过程中产生的法律风险与相应的防范措施又有哪些呢？

情景说法

监事会是监督公司管理人员正确行使管理职权的重要保障，是代表公司股东对公司日常管理进行监督的常设机构。实际上，这种结构也是符合机构日常运行逻辑的，任何权力都需要监督才能够更好地行使，监事会就相当于公司的纪律委员，监督公司的日常活动，使之符合公司章程和相关的法律规范，对违规违法的地方进行处置。但是，监事会本身在成立、运行过程中也会产生一些法律问题。

1. 监事会成员人数一般至少为 3 人，但股东较少或规模较小的有限责任公司仅设立 1 名至 2 名监事即可。因此，公司监事会成员人数应严格依照法律规定设定，不足法定人数的，将难以发挥监事会的职能。同时，监事会成员的任期虽为法律规定的 3 年，但可连选连任。当监事会成员任期届满未及时改选或监事会成员在任期内辞职导致监事会成员人数低于法定人数这两种情况发生时，在改选出新的监事会成员前，原监事会成员仍应履行法律、法规、公司章程所规定的职责。

2. 监事会至少要有 1/3 的职工代表。监事会成员中应包括股东代表及职工代表，具体比例由公司章程规定，但职工代表的人数不得少于 1/3。这是出于对职工权益的保护，让职工有充分的发声的机会。因此，应严格依照法律规定选举职工代表就任监事会成员，若没有职工代表或职工代表不足监事会成员的 1/3，那么监事会的构成就违反了法律规定，其作出的决议可能归于无效。

3. 监事会主席应按照法律规定行使职权。监事会应设主席一人，且应由全体监事过半数选举产生，以充分保证监事会主席选举的民主性、公正性。监事会主席应当根据法律规定及时召开和主持监事会会议，监事会每年至少召开一次会议，也可以在监事的提议下召开监事会临时会议。如有监事会主席不履行或不能履行职责的情况发生，应由过半数的监事共同推举一名监事召开和主持监事会会议。

除此之外，监事会在公司运营中具有的主要职权包括：

1. 检查公司财务权。公司的财务状况对公司经营状况具有重大的影响，因此，对公司日常的财务状况进行监督是监事会的主要职权之一。

2. 职务行为监督权、人员罢免建议权。监事会作为公司的重要监督机构，对董事、高级管理人员执行公司职务的行为进行监督，对于违反法律、行政法规、公司章程以及股东会决议的董事、高级管理人员可向股东会提出罢免的建议。在本故事中，当公司出现董事长不履行法定义务危及股东权益时，监事会完全可以行使对董事长的罢免权，确保公司的正常经营。

3. 损害行为纠正权。当公司的董事、高级管理人员为了自己的利益作出损害公司利益的行为时，监事会应当要求其改正，行使损害行为纠正权。

4. 临时股东会召开提议权。当董事会不履行召集、主持股东会会议的义务时，监事会可以召集、主持股东会会议。如本故事中，张瑞凯所在公司的董事会不作为时，公司的监事会应当及时提出召开临时股东会的提议，最大限度地保障股东权益。

5. 提出议案权。监事会可根据公司的实际情况向股东会提出相应的议案，从而更好地发挥监督职能，避免本故事中董事长“独大”的情况出现。

6. 诉权。当公司出现本故事中的类似违反法律、行政法规或公司章程的情况，给公司造成损害时，公司股东可以书面请求监事会向人民法院提起诉讼，要求侵害人赔偿公司损失。

7. 公司章程规定的其他职权。公司章程可在法律、法规的规定下，赋予监事会法定职权以外的其他职权。

因此，在本故事中，若公司的董事长不履行召集股东会义务，且公司副董事长、董事会都无法按照法律规定、章程履行会议职能，以至于公司正常经营受到影响时，公司的监事会仍可以发挥法定职能，对于董事、高级管理人员侵犯公司财产、侵害股东权利、滥用职权、不履行法定义务等行为予以纠正，行使临时股东会召开提议权、提出议案权、诉权、纠正权等，以此最大限度地避免公司进入最终无法运营的情况，及至陷入破产的境地。

法条索引

《公司法》

第五十一条

有限责任公司设立监事会，其成员不得少于 3 人。股东人数较少或者规模较小的有限责任公司，可以设 1 名至 2 名监事，不设立监事会。

监事会应当包括股东代表和适当比例的公司职工代表，其中职工代表的比例不得低于1/3，具体比例由公司章程规定。监事会中的职工代表由公司职工通过职工代表大会、职工大会或者其他形式民主选举产生。

监事会设主席一人，由全体监事过半数选举产生。监事会主席召集和主持监事会会议；监事会主席不能履行职务或者不履行职务的，由半数以上监事共同推举一名监事召集和主持监事会会议。

董事、高级管理人员不得兼任监事。

第五十二条

监事的任期每届为 3 年。监事任期届满，连选可以连任。

监事任期届满未及时改选，或者监事在任期内辞职导致监事会成员低于法定人数的，在改选出的监事就任前，原监事仍应当依照法律、行政法规和公司章程的规定，履行监事职务。

第五十三条

监事会、不设监事会的公司的监事行使下列职权：

（一）检查公司财务；

（二）对董事、高级管理人员执行公司职务的行为进行监督，对违反法律、行政法规、公司章程或者股东会决议的董事、高级管理人员提出罢免的建议；

（三）当董事、高级管理人员的行为损害公司的利益时，要求董事、高级管理人员予以纠正；

（四）提议召开临时股东会会议，在董事会不履行本法规定的召集和主持股东会会议职责时召集和主持股东会会议；

（五）向股东会会议提出提案；

（六）依照本法第一百五十二条的规定，对董事、高级管理人员提起诉讼；

（七）公司章程规定的其他职权。

第五十四条

监事可以列席董事会会议，并对董事会决议事项提出质询或者建议。

监事会、不设监事会的公司的监事发现公司经营情况异常，可以进行调查；必要时，可以聘请会计师事务所等协助其工作，费用由公司承担。

第五十五条

监事会每年度至少召开一次会议，监事可以提议召开临时监事会会议。

监事会的议事方式和表决程序，除本法有规定的外，由公司章程规定。

监事会决议应当经半数以上监事通过。

监事会应当对所议事项的决定作成会议记录，出席会议的监事应当在会议记录上签名。

故事六

股东如何履行出资义务?

明莉有限责任公司成立后,公司与先前的客户建立了长期稳定的合作关系。除此之外,张瑞明还凭借业内良好的口碑与厚道的为人为公司拉到了多笔国内外订单。在张瑞明与茱莉的共同努力下,明莉有限责任公司实现了经营规模的成倍增长,张瑞明和茱莉也赚到了在中国创业的第一桶金。

张瑞明的发小李凯眼看着自己的好哥们儿事业越来越成功,由衷地为张瑞明感到高兴。相比之下,自己却时运不佳,创业连连失败。无奈之下,李凯竟突然萌发了要与张瑞明合作的念头。经过几天考虑后,李凯正式向张瑞明提出了自己的合作方案:虽然李凯现在没有充足的现金出资入股明莉公司,但其名下有一套价值不菲的房产可供公司经营使用,他可以以实物出资的形式入股。张瑞明与茱莉在充分了解了李凯的合作意愿后爽快地答应了，考虑到个人力量有限，张瑞明相信团结合作才能将明莉有限责任公司做得更强、更大，且公司每个月都要为经营场地支付上万块的租金，本着开源节流的原则，李凯的提议可极大地为公司节省开支，在很大程度上分担张瑞明与茱莉创业初期的风险。既然双方都有合作意愿，张瑞明与李凯很快便签订了《合作协议书》，一个星期后，李凯将其名下的该套房屋的钥匙交到了张瑞明与茱莉的手里，并陪同张瑞明一起到工商管理局办理了股东变更备案登记手续。

此时，虽然李凯与张瑞明、茱莉签订了《合作协议书》，且将房屋实际投入公司的生产与经营，但房屋的权属并未进行相应的变更，在此情况下李凯的出资行为是否受法律保护呢？

情景说法

在本故事中，虽然李凯将其名下房屋实际交付明莉有限责任公司经营使用，但其并未与明莉有限责任公司办理房产变更手续，从实质上来说，其依然对房屋享有所有权，未履行完毕对明莉有限责任公司的出资义务，构成**出资瑕疵**。明莉有限责任公司有权依据《合作协议书》要求李凯履行配合义务，办理房屋产权变更手续或要求李凯以其他方式完成出资义务，如置换出资或现金补足等。

实际上，股东出资瑕疵引发的法律纠纷在实务中经常发生，股东出资的真实性对于公司、股东以及债权人来说都极为重要。对于公司而言，股东出资是公司获取独立人格的必备条件，是公司得以发展和运营的物质基础；对于股东而言，股东出资则是其享有股权的依据，也是其对公司承担有限责任的依据；对于债权人而言，股东出资还是公司债务的担保，是债权人实现债权的物质基础和债务人的信用基础。因此，股东出资若存在瑕疵，将会给公司的日常经营、市场交易造成极为严重的影响。

对此，笔者就股东出资瑕疵的几种表现形式总结如下：（1）出资不足，即股东未依照法律和章程规定按期足额缴纳所认缴的出资额，或以非货币形式出资时，非货币财产的评估价低于应缴出资额。（2）拒绝出资，即股东在公司章程上签名或填写认购书后拒绝出资。（3）虚假出资，即本故事所述状况中股东以实物、知识产权、土地使用权出资，但仅提供使用，并未配合办理财产权转移手续；或以公司收入作为个人出资、将公司的往来款作为股东个人财产进行增资扩股。（4）抽逃出资，即股东在公司成立后又将所缴纳的出资款暗中撤回，但仍享有股东身份的。

同时，依照《公司法》及相关司法解释的规定，若有限责任公司股东出现上述四种出资瑕疵情况，应当承担的法律后果包括：（1）向公司承担补足出资的责任，若是以非货币的形式出资的，应办理财产转移的手续。（2）向其他依法出资的股东承担违约责任，即在补足出资后，依据发起人之间的协议，其出资瑕疵对于其他的股东构成了违约，要对其他股东也承担责任。（3）向公司债权人承担补充清偿责任，这种情况主要适用在公司负债不能清偿，而股东的出资期限已到时，其他的债权人可以主张有出资瑕疵的股东以其未缴纳的出资来承担公司的债务，以其未缴纳的出资额清偿债务人之后，就相当于其承担了出资义务。（4）限制部分股东权利或取消股东身份，这需要其他的股东通过股东会，依据公司的章程来对未履行出资义务的股东的利润分配请求权、新股优先认购权等进行限制。（5）如果情节严重对公司造成了巨大损失，还有可能承担一定的行政及刑事责任。要注意的是，股东的出资义务在任何时候都应当承担，尤其不能以超出了诉讼时效为由逃避应承担的出资义务。

由此可见，在有限责任公司设立、运营过程中，股东的出资瑕疵问题不容忽视，本故事中，张瑞明若想公司得以持续稳健的发展，应尽早要求李凯配合完成房屋过户手续，使其在真正意义上履行出资义务。

法条索引

《公司法》

第二十七条

股东可以用货币出资，也可以用实物、知识产权、土地使用权等可以用货币估价并且可以依法转让的非货币财产作价出资；但是，法律、行政法规规定不得作为出资财产的除外。

第二十八条

股东应当按期足额缴纳公司章程中规定的各自所认缴的出资额。股东以货币出资的，应当将货币出资足额存入有限责任公司在银行开设的账户；以非货币财产出资的，应当依法办理其财产权的转移手续。

股东不按照前款规定缴纳出资的，除应当向公司足额缴纳外，还应当向已按期足额缴纳出资的股东承担违约责任。

最高人民法院《关于适用〈中华人民共和国公司法〉若干问题的规定（三）》

第十三条

股东未履行或者未全面履行出资义务，公司或者其他股东请求其向公司依法全面履行出资义务的，人民法院应予支持。

公司债权人请求未履行或者未全面履行出资义务的股东在未出资本息范围内对公司债务不能清偿的部分承担补充赔偿责任的，人民法院应予支持；未履行或者未全面履行出资义务的股东已经承担上述责任，其他债权人提出相同请求的，人民法院不予支持。

股东在公司设立时未履行或者未全面履行出资义务，依照本条第一款或者第二款提起诉讼的原告，请求公司的发起人与被告股东承担连带责任的，人民法院应予支持；公司的发起人承担责任后，可以向被告股东追偿。

股东在公司增资时未履行或者未全面履行出资义务，依照本条第一款或者第二款提起诉讼的原告，请求未尽公司法第一百四十七条第一款规定的义务而使出资未缴足的董事、高级管理人员承担相应责任的，人民法院应予支持；董事、高级管理人员承担责任后，可以向被告股东追偿。

第十四条

股东抽逃出资，公司或者其他股东请求其向公司返还出资本息、协助抽逃出资的其他股东、董事、高级管理人员或者实际控制人对此承担连带责任的，人民法院应予支持。

公司债权人请求抽逃出资的股东在抽逃出资本息范围内对公司债务不能清偿的部分承担补充赔偿责任、协助抽逃出资的其他股东、董事、高级管理人员或者实际控制人对此承担连带责任的，人民法院应予支持；抽逃出资的股东已经承担上述责任，其他债权人提出相同请求的，人民法院不予支持。

第十六条

股东未履行或者未全面履行出资义务或者抽逃出资，公司根据公司章程或者股东会决议对其利润分配请求权、新股优先认购权、剩余财产分配请求权等股东权利作出相应的合理限制，该股东请求认定该限制无效的，人民法院不予支持。

第十九条

公司股东未履行或者未全面履行出资义务或者抽逃出资，公司或者其他股东请求其向公司全面履行出资义务或者返还出资，被告股东以诉讼时效为由进行抗辩的，人民法院不予支持。

公司债权人的债权未过诉讼时效期间，其依照本规定第十三条第二款、第十四条第二款的规定请求未履行或者未全面履行出资义务或者抽逃出资的股东承担赔偿责任，被告股东以出资义务或者返还出资义务超过诉讼时效期间为由进行抗辩的，人民法院不予支持。

故事七 法定代表人超越职权订立合同对公司有效吗？

2018年元旦，张瑞明带茱莉去青海自驾游，一家人愉快地度过了元旦假期。令人惊喜的是，茱莉在观光时竟然无意间发现当地的一家种植园的工作人员经常在野外采摘野生黑枸杞，这种黑枸杞色泽乌黑、发亮，营养成分也为一般人工养殖黑枸杞的两三倍，可谓市场上难得的好货。不仅如此，其价格也比同类型的野生黑枸杞便宜了三成。张瑞明与茱莉立马决定以公司名义与种植园签订50万元的买卖合同，大批量收购黑枸杞。想到若将如此优质的黑枸杞出口到国外，公司当年的利润一定可以翻上一番，张瑞明夫妇就不由得窃喜起来：真是没想到旅游之中也可发现大商机。

旅游归来，当二人兴高采烈地将消息告知李凯时，没想到却遭遇了李凯的强烈反对。李凯觉得二人只是在旅游，并没有用公司名义对外进行交易的权利，而且虽然张瑞明是明莉贸易有限责任公司的法人代表，但公司的经营范围是以进出口汽车配件为主，黑枸杞类的食用产品根本不在公司的日常经营范围内，张瑞明私自以公司名义签订的买卖合同是越权行为，应当无效或由张瑞明个人承担相应的法律后果。

张瑞明与茱莉之前一点也没想到李凯会强烈反对，在他们看来，眼下黑枸杞市场需求如此之大，在很多地区甚至都被卖出了2000元一斤的高价，无论这批黑枸杞出不出口，他们也一定可以稳赚不赔。就当双方各执己见之时，一封种植园的催缴付款通知也接踵而至，按照约定，明莉贸易有限责任公司应于收到催缴付款通知后的7日内付清50万元的货款，否则，种植园有权要求明莉贸易有限责任公司承担违约责任。对此，张瑞明与茱莉感到骑虎难下，不知该怎么办才好。

对于李凯所称的张瑞明**超越权限**与种植园签订的货物买卖合同是越权行为，应当无效或由其个人承担所有法律后果的言论是否有法律依据呢？

情景说法

就本故事的情况而言，涉及李凯所称张瑞明超越法定代表人权限与种植园签订的货物买卖合同的法律效力问题。张瑞明作为明莉贸易有限责任公司的法人代表，当其超越法人代表权限与种植园订立黑枸杞买卖合同，且种植园一方并不知晓其超越权限的情况时，该代表行为也是有效的，在法律上可以理解为“表见代理”。

首先，张瑞明是本着为公司发展的目的与他人订立合同的，其并不存在恶意；其次，虽然张瑞明所在公司的经营范围不包含进出口食用产品，但张瑞明是以公司的名义进行相应的买卖行为，且张瑞明具有公司的法定代表人身份，足以让交易对方相信张瑞明具有代表公司签订买卖合同的权利；最后，本故事中张瑞明与他人买卖合同的标的为黑枸杞食用产品，并非法律所明令禁止买卖之物，且交易相对人即种植园一方对于张瑞明的超越权限签订合同的行为也完全不知情，在此情况下交易方并不能被认定为具有恶意。因此，该买卖合同自张瑞明与种植园负责人签字或盖章之时便已成立并生效，李凯所主张的合同无效或张瑞明个人承担相应法律责任的要求并无法律依据，张瑞明和种植园可以继续依照合同的约定履行合同义务，行使合同权利，进行黑枸杞的买卖交易。

总体来说，公司或者其他组织的法定代表人、负责人超越权限与他人订立的合同存在法律瑕疵的几种情况主要包括：（1）公司或者其他组织的法定代表人、负责人具有恶意；（2）违反国家限制经营、特许经营以及法律、行政法规禁止经营的规定；（3）交易相对人明知公司或者其他组织的法定代表人、负责人超越权限的。在这三种情况下，公司或者其他组织的法定代表人、负责人超越权限与他人订立的合同是法定无效的，除此三种情况外，公司或者其他组织的法定代表人、负责人超越权限与他人订立的合同，应当认定为有效的，公司应按照合同的规定履行义务。然而，需要注意的是，法定代表人超越权限的法律行为，一般除了违反法律法规规定的，都是有效的，由公司对外承担责任，但若公司内部有追责机制，对于法定代表人因超越权限的法律行为造成损失的，公司内部可以据此要求法定代表人承担赔偿责任。

法条索引

《民法典》

第四百九十条

当事人采用合同书形式订立合同的，自当事人均签名、盖章或者按指印时合同成立。在签名、盖章或者按指印之前，当事人一方已经履行主要义务，对方接受时，该合同成立。

法律、行政法规规定或者当事人约定合同应当采用书面形式订立，当事人未采用书面形式但是一方已经履行主要义务，对方接受时，该合同成立。

第五百零四条

法人的法定代表人或者非法人组织的负责人超越权限订立的合同，除相对人知道或者应当知道其超越权限外，该代表行为有效，订立的合同对法人或者非法人组织发生效力。

故事八

有股东想转让股权怎么办？

李凯10岁时，父亲在一场大病中离开了人世。从此，失去了顶梁柱的李凯一家生活得更为艰辛。虽然从小到大李凯一直成绩优异，但高中毕业后，李凯为了供3个弟弟妹妹继续上学，毅然决然地放弃了进入名牌大学深造的机会，四处奔波打工，担起整个家庭的重负。然而，由于时运不济，多年来李凯的事业一直未有起色，不仅如此，直到而立之年，李凯也尚未成家立业。

直到四年前，李凯结识了一位名叫刘芳的女子。二人在两个月的接触后便确定了恋人关系，并经过一年多的交往顺利地结为夫妻。婚后，虽然李凯的事业依旧不温不火，但想到生活中多了个彼此关心体贴的伴儿，心中也不由得多了份欣慰与满足。儿子李杰出生后，李凯的人生也貌似迎来了转机：这一年，李凯顺利入伙了明莉有限责任公司，短短的半年内，李凯与刘芳不仅买了人生第一辆小轿车，还萌发了换房的想法。二人坚信，未来的生活一定会一直这样幸福下去。

直到这一天，在公司清点货物忙得不可开交的李凯忽然听闻噩耗，妻子刘芳每日都会乘坐的公司班车因司机疲劳驾驶而发生了严重的车祸，刘芳大脑受损，生命垂危，急需高额的医疗费进行手术并维持后续的康复治疗。想到自己近年来所有的积蓄不是投入了公司的运营中，就是用来偿还房屋贷款，实在没有足够的资金可供妻子治疗使用，李凯顿时一筹莫展。正当李凯不知如何是好之时，闻讯赶来的张瑞明夫妇亲手将 10 万元现金交到了李凯的手中，对于张瑞明夫妇的雪中送炭，李凯分外感激。

然而，李凯前前后后筹得的治疗费只够付一半治疗费，眼看着妻子刘芳情况紧迫急需治疗而自己却无计可施，李凯感到万分无奈。考虑再三后，李凯委婉地向张瑞明夫妇表达了想要**转让公司股权**的意愿。

若李凯想要成功转让公司股权，他需要注意哪些法律问题呢？

情景说法

有限责任公司的股权可以在**股东之间**相互转让，也可向**股东以外**的人转让，但人合性质决定了有限责任公司股权在转让时要受到严格限制。李凯若想将其所持有股权转让给股东外的第三人，需有全体股东过半数同意，且其他股东需放弃对李凯所持股权的**优先购买权**。

所谓股东优先购买权是指股东向股东以外的人转让股权，要经过其他股东的过半数同意，如果其他的股东也想买受其股权，在同等条件下，可以优先获得。具体的程序是：股东想要对外转让股权时，应就其股权转让事项以**书面通知**的形式，向其他股东征求意见。其他股东自接到书面通知之日起满 30 日未答复的，应视为同意转让该股权。若股东半数以上不同意转让的，不同意的股东应当购买该转让的股权；不购买的，视为同意转让。经股东同意转让的股权，在同等条件下，其他股东有优先购买权，也就是在价格和支付方式都不差于外部人员的情形下，可以优先获得。如本故事中，若张瑞明知晓李凯对第三人转让股权的具体价格时认为其也愿意以同等价位受让李凯转让股权，那么，张瑞明可行使优先购买权，并最终获得李凯所转让的股权。

如果是两个以上股东主张行使优先购买权的，则可以协商确定各自的购买比例；协商不成的，按照该股权**转让时**各自的出资比例行使优先购买权。如果公司章程对股权转让另有规定的，可从其规定。

因此，李凯有权依照法律规定转让公司股权，张瑞明若不行使优先购买权，李凯可以将其股权转让给第三人。如若公司存在多名股东，如张三、李四等多人的情况下，李凯还需征求其他股东过半数的同意后方可进行股权的转让，若张三、李四都想购买，他们可以协商或者按照在公司的持股比例进行购买。

以上是股东对外转让股权时的程序，要注意的是，如果是在股东内部进行转让，则既不用通知其他股东，其他股东也没有优先购买权。

法条索引

《公司法》

第七十一条

有限责任公司的股东之间可以相互转让其全部或者部分股权。

股东向股东以外的人转让股权，应当经其他股东过半数同意。股东应就其股权转让事项书面通知其他股东征求同意，其他股东自接到书面通知之日起满30日未答复的，视为同意转让。其他股东半数以上不同意转让的，不同意的股东应当购买该转让的股权；不购买的，视为同意转让。

经股东同意转让的股权，在同等条件下，其他股东有优先购买权。两个以上股东主张行使优先购买权的，协商确定各自的购买比例；协商不成的，按照转让时各自的出资比例行使优先购买权。

公司章程对股权转让另有规定的，从其规定。

两个以上股东主张行使优先购买权的，协商确定各自的购买比例；协商不成的，按照转让时各自的出资比例行使优先购买权。公司章程对股权转让另有规定的，从其规定。

故事九

转让股份前必须告知其他股东吗？

没想到，张瑞明与茱莉在得知李凯欲转让公司股份后纷纷表示理解，并爽快地同意了李凯的要求。二人同时表示，由于手头的资金刚刚投资了一套房产，可供使用的流动资金实在有限，恐怕没有足够的资金购买李凯名下的公司股份，考虑到李凯情况的紧迫性，张瑞明夫妻二人均同意李凯将其所持有的公司股份转让给第三人。李凯对于张瑞明、茱莉的理解感动不已。想当初，在自己经济最困难的时候张瑞明同意自己以实物出资成为股东，帮自己渡过难关。如今，在公司发展的关键阶段张瑞明又如此豁达地同意自己离开，真是患难见真情。

正当李凯四处拜托亲友寻找买主之时，他接到了堂弟的电话。原来，李凯堂弟的朋友赵轩早有投资贸易公司的打算，在了解了事情的缘由后，这个朋友对李凯名下的股份产生了兴趣。在堂弟的引荐下，李凯、赵轩二人很快碰上了面，经商议，李凯决定以 150 万元人民币的价格把自己在明莉有限责任公司的股份卖给赵轩，二人还约定好将于两日后与赵轩签订正式的《股权转让协议》，履行相应的变更登记手续。同时，赵轩表示，若协议可以顺利签订，自己会将 150 万元立马打入李凯账户。看着妻子的治疗费用有了着落，李凯心头悬着的一块大石头总算是可以放下了。

然而，虽然张瑞明先前已向李凯表达了同意其转让公司股权的意思表示，是否就意味着李凯与李轩预签订的转让协议以及具体转让事项，就不用告诉张瑞明了呢？

情景说法

上述故事涉及了股权转让时股东的**通知义务**，即股东在对外转让股权前，应当以书面形式正式告知其他股东股权转让事项，并征得半数以上股东的同意，其他股东则由此获得行使优先购买权的机会。因此，就算张瑞明等其他股东口头同意了李凯将股权转让给第三人并放弃优先购买权，但李凯与第三人转让股权的具体事宜如转让价格等，也应当最终以书面的形式对其他股东即本故事中的张瑞明等人进行通知，并将该通知文件送至张瑞明等其他股东可真实接收到的具体地址。

通知行为作为股东转让人将所持股权对外转让的**前置程序**，是十分必要的，也具有非常重要的法律意义，如张瑞明等其他股东虽然先前表示了不对李凯所出让的股权行使优先购买权，但如经李凯通知，知晓具体转让价格等交易条件、事宜后，认为自己在同等条件下也愿受让李凯所出让的股权，那么张瑞明等其他股东此时仍有权对李凯所转让的股权，主张与第三人同等条件下的优先购买权。因此，李凯在与赵轩签订转让协议之前，仍对张瑞明等其他股东负有通知具体交易事项的义务。

需要注意的是，公司法并未对通知义务的具体履行作出详细规定，导致实务中纠纷频发，因此，李凯在履行通知义务时应注意以下几点：

1. 在通知文件的内容中最好明确股权转让的拟受让人姓名或名称、拟转让股权的类型、数量、价格、履行期限、履行方式等股权转让主要内容。若未具体通知上述情况，则可能对其他股东及时、合法地行使优先购买权造成障碍，从而影响后续交易的稳定性。

2. 需注意通知义务的履行方式。公司法明确规定股东应采用**书面通知**的形式通知其他股东，而实务中，书面通知的具体方式又是多种多样的，如可以使用邮件、书信、短信等多种告知方式。不仅如此，通知义务的履行主体也不仅限于转让股东一方，在实务中还普遍存在着受让股份的第三方为转让股东履行通知义务的情形，且在争议发生时，受让股份方的通知行为大多得到了法院的支持，被认定为具有法律效力。由此可见，法院支持的是通知对象明确、证据存留明晰为前提的灵活多样的书面通知形式，且在审判实践中，如因其他股东拒收通知函、通知文件或遇到无法找到收件股东而导致通知函被退回的情况下，法院均视为股权转让人的通知义务已经实际履行。

法条索引

《公司法》

第七十二条

有限责任公司的股东之间可以相互转让其全部或者部分股权。

股东向股东以外的人转让股权，应当经其他股东过半数同意。股东应就其股权转让事项书面通知其他股东征求同意，其他股东自接到书面通知之日起满30日未答复的，视为同意转让。其他股东半数以上不同意转让的，不同意的股东应当购买该转让的股权，不购买的，视为同意转让。

经股东同意转让的股权，在同等条件下，其他股东有优先购买权。两个以上股东主张行使优先购买权的，协商确定各自的购买比例；协商不成的，按照转让时各自的出资比例行使优先购买权。

公司章程对股权转让另有规定的，从其规定。

故事十 谁应当承担股东责任？

在明莉有限责任公司成立后的两年里，公司规模不断扩大，发展也越来越顺利。回顾两年创业史，张瑞明深感创业的艰辛，同时，也分外感谢茱莉对自己事业的支持与付出。为了表示对茱莉的感谢，张瑞明决定，要以茱莉的名义为公司增资，让茱莉正式成为明莉有限责任公司的股东。张瑞明的决定，获得了茱莉以及股东赵轩的同意与支持。既然大家都没有反对意见，张瑞明便将增资事宜纳入了日程。然而，经过咨询当地工商部门后，张瑞明与茱莉得知，茱莉虽然已与张瑞明结婚，但其仍具有外籍身份，作为外国人的她若想在中国成为有限责任公司的股东将涉及极为复杂的工商审批手续，且根据我国商务部发布的《外商投资限制产业目录》的相关规定，若茱莉这个外籍人士参与内资企业的增资，那么，该内资企业的法律性质则将发生改变，其将变为外商投资企业。从内资企业到外商投资企业法律性质的改变也将为企业带来一定程度上的经营范围限制。从长远角度看，可能会在一定程度上影响公司未来的发展。对于企业性质改变带来的影响，张瑞明与茱莉在了解情况后愈发地不知所措，二人原本只是单纯地想为公司增资、扩大公司的规模，没想到茱莉的特殊身份可能给企业带来这么大的影响，难道二人这个想法就没法实现了吗？

就在二人为这个问题困惑时，茱莉的妹妹索菲竟然也来到了中国，让茱莉与张瑞明惊喜的是，索菲也找了一个中国男友郭源，并已到谈婚论嫁的地步，二人决定在中国定居。然而，郭源由于文化水平并不高，迟迟没有找到工作，茱莉为了帮助妹妹索菲与妹婿的生活，也为了实现茱莉的股东身份，与张瑞明商议后决定，以妹婿郭源的名义为茱莉代持明莉有限责任公司股份，并由茱莉实际出资 100 万元人民币，成为明莉有限责任公司的实际股东，同时，茱莉与张瑞明也会相应地给妹婿郭源一定的经济报酬。郭源听了茱莉的建议之后，立马答应了茱莉的代持要求，有了这份经济收入，索菲与自己在中国的未来生活可算是有保障了。

对于外国人委托中国人**代持股份**事宜，张瑞明与茱莉又应该对哪些法律问题予以注意，以此确保股权代持的法律效力呢？

情景说法

股东资格是民事主体作为股东的身份和地位，它是取得和行使股东权利，承担股东义务的前提和基础。关于股东资格确认的依据，实践中主要有三种：（1）以是否实际出资作为股东资格确认的依据；（2）以股东名册的记载作为确认股东资格的依据；（3）以公司登记机关的登记内容作为股权确认的根据。而在实践中具体适用哪一标准确认股东资格，需要根据争议当事人的不同情况而定。

若公司与股东之间发生股权纠纷，一般应以股东名册作为认定股东资格的依据；若均为股东的当事人发生纠纷，则应当侧重审查投资的事实。

对于茱莉与郭源间的代持关系，一般情况下，我们称之为“隐名股东”与“显名股东”的关系。有限责任公司的实际出资人（隐名股东）与名义出资人

（显名股东）订立合同，约定由实际出资人出资并享有投资权益，以名义出资人为名义股东，实际出资人与名义股东对该合同效力发生争议的，只要不存在《民法典》规定的导致合同无效的情形，该合同应具有法律效力。导致合同无效的情形包括：一方以欺诈、胁迫的手段订立合同，损害国家利益；恶意串通、损害国家、集体或者第三人利益；以合法形式掩盖非法目的；损害社会公共利益；违反法律、行政法规的强行规定的。因此，茉莉与郭源间的代持行为是合法的。

同时，根据合同的相对性，即合同仅在订立合同的人之间产生效力，因此，名义股东与实质股东之间的私下约定并不能对抗公司，但在公司或公司的绝大多数股东均明知代持事项而未表示异议的情况下，实际股东可以直接向公司主张权利。因此，茉莉与明莉有限责任公司之间最好也通过协议的方式明确相应的权利与义务，明确认可茉莉作为实际出资人的股东身份，并声明知晓茉莉与代持股东郭源之间的代持事宜，避免日后发生不必要的纠纷。

法条索引

最高人民法院《关于适用〈中华人民共和国公司法〉若干问题的规定（三）》

第二十三条

当事人依法履行出资义务或者依法继受取得股权后，公司未根据公司法第三十一条、第三十二条的规定签发出资证明书、记载于股东名册并办理公司登记机关登记，当事人请求公司履行上述义务的，人民法院应予支持。

第二十四条

有限责任公司的实际出资人与名义出资人订立合同，约定由实际出资人出资并享有投资权益，以名义出资人为名义股东，实际出资人与名义股东对该合同效力发生争议的，如无合同法第五十二条规定的情形，人民法院应当认定该合同有效。

前款规定的实际出资人与名义股东因投资权益的归属发生争议，实际出资人以其实际履行了出资义务为由向名义股东主张权利的，人民法院应予支持。名义股东以公司股东名册记载、公司登记机关登记为由否认实际出资人权利的，人民法院不予支持。

实际出资人未经公司其他股东半数以上同意，请求公司变更股东、签发出资证明书、记载于股东名册、记载于公司章程并办理公司登记机关登记的，人民法院不予支持。

故事十一 有限公司想扩大规模怎么办?

自从茱莉、张瑞明夫妇拓展了明莉有限责任公司的黑枸杞业务并将这些货投放到广州、深圳等南方市场后，这批从青海而来的野生黑枸杞在南方市场上很快被一抢而空。由于黑枸杞内含有大量的花青素，注重养生的南方人对于黑枸杞的抗衰老、改善睡眠等多种功效很是推崇。在强大的市场需求推动下，众多药材批发商、食品批发商也纷纷向明莉有限公司表示出长期合作的意愿。甚至部分商家表示，愿意以更高的价格收购更多的货物，并希望明莉有限责任公司提供稳定的供货渠道。在这短短的半年内，明莉有限责任公司也因为黑枸杞业务的成功迎来了营业额的快速增长。

眼看着黑枸杞市场的供不应求，张瑞明夫妇在获得公司其他股东同意的前提下，立即以明莉有限责任公司的名义与青海的种植园续签了为期 3 年的合作合同，并约定在此期间种植园不能与他人签订黑枸杞买卖合同，明莉有限责任公司应当为种植园野生黑枸杞业务的唯一合作伙伴。张瑞明夫妇下定决心要长远规划经营黑枸杞批发生意，慢慢将黑枸杞的生意拓展至全国，甚至进一步拓展黑枸杞的海外市场，将其出口至其他国家。随后，张瑞明又大胆作出决定，为了公司更长远的发展，自己将对公司进行增资，同时，公司还将更改备案登记中的相关内容，进一步拓展营业范围，发展复合型产业。

那么，公司**增资扩股**的具体方式以及增资扩股的过程中又应该注意些什么呢？

情景说法

有限责任公司的增资扩股，是指有限责任公司为扩大生产经营规模，优化股权比例和结构，提高公司资信度和竞争力，依法增加注册资本金的行为。增资扩股有三种方式：第一，以公司未分配利润、公积金转增注册资本；第二，公司原股东增加出资；第三，新股东投资入股。一般情形下，原有的股东有权按照之前实缴的出资比例进行认缴出资，但是全体股东也可以共同约定其他的情形。所以在公司增资扩股的过程中公司的原有股东将可能面临着权益被稀释的风险，由此可能引起原股东在公司中享有的投票权比例的变化，甚至最终可能导致原股东对公司控制权大小比例的变化。为了避免该情况的发生，在没有新股东加入的情况下，明莉有限公司为了维持原股东既有的股东地位，可以相应地赋予原股东按照实缴的出资比例认缴出资的优先权，以此确保张瑞明原先的实际控制人地位不变。

需要注意的是，在增资扩股的过程中，股东应谨慎避免因为股份出资带来的争议。股东或公司应当提供充足的证据证明出资已经实际到位，若无法提供有关的证据，则可能在司法实践中面临被认定为未实际出资的情形。除此之外，股东不仅需要提供必要的验资证明，还须提供银行的进账单或者其他资金证明，若股东以实物进行出资，还应当提供实物已经实际过户至公司名下的相关证据。总的来说，股东增资瑕疵的情况有以下几种，需注意避免：（1）出资不足，即股东未依照法律和章程规定按期足额缴纳所认缴的出资额，或以非货币形式出资时，非货币财产的评估价低于应缴出资额。（2）拒绝出资，即股东在公司章程上签名或填写认购书后拒绝出资。（3）虚假出资，即股东以实物、知识产权、土地使用权出资，但仅提供使用并未配合办理财产权转移手续；或以公司收入作为个人出资、将公司的往来款作为股东个人财产进行增资扩股的。（4）抽逃出资，即股东在公司成立后又将所缴纳的出资款暗中撤回，但仍享有股东身份的。

同时，若采用上述第三种出资方式即新股东投资入股的方式进行公司的增资扩股，新股东股东资格的相关证明文件也是必不可少的，涉及的主要文件包括工商登记、公司章程、股东名册、出资证明书、实际出资和行使股东权利书等，确保这些文件的齐全可以避免新股东因出资问题惹上纠纷。需要注意的是，新股东在签订全面的增资扩股协议时，还应当在履行出资义务的过程中做好充分的证据准备工作，以确保能够充分证明自己出资到位，避免日后不必要的争议发生，也避免影响公司的正常经营。

法条索引

《公司法》

第二十九条

股东交纳出资后，必须经依法设立的验资机构验资并出具证明。

第三十二条

有限责任公司应当置备股东名册，记载下列事项：

（一）股东的姓名或者名称及住所；

（二）股东的出资额；

（三）出资证明书编号。

记载于股东名册的股东，可以依股东名册主张行使股东权利。

公司应当将股东的姓名或者名称向公司登记机关登记；登记事项发生变更的，应当办理变更登记。未经登记或者变更登记的，不得对抗第三人。

第四十三条

股东会的议事方式和表决程序，除本法有规定的外，由公司章程规定。

股东会会议作出修改公司章程、增加或者减少注册资本的决议，以及公司合并、分立、解散或者变更公司形式的决议，必须经代表2/3以上表决权的股东通过。

最高人民法院《关于适用〈中华人民共和国公司法〉若干问题的规定（三）》

第二十四条

当事人依法履行出资义务或者依法继受取得股权后，公司为根据公司法第三十二条、第三十三条的规定签发出资证明书、记载于股东名册并办理公司登记机关登记，当事人请求公司履行上述义务的，人民法院应予支持。

故事十二

一个人可以设立有限公司吗？

张瑞明的妹妹张艺在大学期间攻读了服装设计专业。毕业那年，张艺因故错过了找工作的最佳时机。眼看自己求职整整两月尚未谋得称心的岗位，张艺感到分外焦虑。

就在张艺心灰意冷之时，家乡老母亲的一通电话为张艺带来了惊喜。电话中张艺通过母亲得知，家中的老房经过拆迁已分得了近 200 万元的拆迁款，母女二人对于这个难得的好消息都兴奋不已。同时，母亲也表示希望张艺对于工作之事不要有太大负担，若张艺当真找不到心仪的工作，自己愿意拿出 30 万元拆迁费资助张艺自主创业。其实，张艺自打进入设计学院的第一天起，就一直梦想着可以拥有自己的服装品牌，设计自己喜欢的服饰。如今母亲的一番话，正是说到了自己心坎里，张艺暗下决心：既然找不到合适的工作，那不如闯出属于自己的天地。

经过一番筹划，张艺决定在网络购物平台上开一家服装店，并亲自担任服装设计师，做自己的原创品牌。经过店铺商标设计、首页装修、无线端装修等一系列准备工作后，张艺自己的服装网店终于开张了。与其他卖家不同的是，张艺面对每一位客户不仅热情，还积极帮他们找到合适的搭配。经过两年的运营，张艺的“艺装艺服”网店由于其优质的产品与服务质量，竟然从一颗心的“菜鸟”，发展到两个蓝冠的金牌卖家，而且拥有了一大批粉丝。不仅如此，张艺还接到了多笔实体店订单，眼看着服装业务越做越大，张艺决定正式成立一家服装公司，慢慢地将自己的服装产业从线上扩展到线下。

张艺想要创办有限公司，但出资人只有她一人，这个**只有一名股东**的有限责任公司又要注意些什么法律问题呢？

情景说法

根据《公司法》的规定，有限责任公司一般要求2人至50人一起设立，但是也不排除只有一个股东的情形，在有限责任公司只有一名股东的情况下，有限责任公司又可称为一人有限公司。其是在中国境内设立的、组织结构较为简单的公司形式。在此模式下，张艺一个人也可以设立有限责任公司。

若设立一人有限责任公司，张艺可以自由选择投资方式，根据自己的意愿选择出资财产的类型（如：货币出资、实物出资、知识产权出资、土地使用权出资等，但根据相关规定，以劳务、信用等形式出资的情况除外），还能最大限度利用有限责任原则规避经营风险，实现经济效率最大化。如根据《公司法》对有限责任公司的规定，若张艺设立一人有限责任公司，则应当以自己认缴的资金额对公司承担“有限责任”，如若张艺认缴的注册资本为40万元，那么公司对债权人所承担的责任也应当在40万元范围内，不应超过这个限度。在一人公司模式下，张艺“一人独大”，可避免多数股东情况下的相互计较与算计，做事更有效率，也能掌控决策权。

虽然设立一人有限责任公司的好处多多，但同时也存在诸多的弊端：首先，一人有限责任公司的收益和盈亏都是由张艺自己承担；其次，一个自然人只能投资设立一家一人公司，不能再投资设立第二家一人公司，且一个自然人设立的一人公司，也不能作为股东再去投资设立一人公司（法人股东除外），这是为了防止股东利用公司的有限责任而设立许多一人公司来逃避法律责任；最后，在整个公司的运作过程中，张艺一人需承担起董事、总经理等多种职能，并实际控制公司，因此，一人有限责任公司缺乏一定的股东制衡机制与机构制约机制。

除此之外，一人有限责任公司还容易造成张艺个人财产与公司财产的混同，即出现股东与公司之间资产不分、人事交叉、业务相同，以及与其交易的第三人无法分清是与股东个人还是与公司进行交易的几种情况，法律上将其称作"法人人格混同"。若出现前述几种情况，股东又无法证明公司财产独立于自己财产的，股东应对公司所有的对外债务承责任，也就是在出现人格混同的情形时，股东应该承担无限责任。因此，张艺的一人公司应建立清晰而规范的财务制度，制作完整规范的财务账簿，对于相关收支进行符合财务规则的记录，尽量避免公司与股东间的关联交易。同时，公司与股东之间的财务收支往来，还须有明确的财务依据，避免个人财产与公司财产的混同。

需要注意的是，一人有限责任公司由于其特殊性，无须设立股东会、董事会、监事会，但每一会计年度终了时仍需编制财务会计报告，并经会计师事务所审计。

法条索引

《公司法》

第五十条

股东人数较少或者规模较小的有限责任公司，可以设一名执行董事，不设董事会。执行董事可以兼任公司经理。执行董事的职权由公司章程规定。

第五十一条

有限责任公司设监事会，其成员不得少于3人。股东人数较少或者规模较小的有限责任公司，可以设1至2名监事，不设监事会。

第五十一条

有限责任公司设监事会，其成员不得少于3人。股东人数较少或者规模较小的有限责任公司，可以设1至2名监事，不设监事会。

第六十三条

一人有限责任公司的股东不能证明公司财产独立于股东自己的财产的，应当对公司债务承担连带责任。

个人独资企业的投资人以其个人财产对企业债务承担无限责任，投资人在申请企业设立登记时明确以其家庭共有财产作为个人出资的，应当依法以个人财产对企业债务承担清偿责任。

故事十三

国有资本有哪些经营形式？

虽然张艺在事业上小有成就，但张艺的母亲却依然对女儿放不下心，要知道女儿已经28岁了，与她同龄的朋友大多都已经结婚生子，而自己的女儿竟然连个男朋友都没有，既然如今事业上已经稳定，那个人问题也得抓紧解决才行。想到女儿平时少有机会认识异性朋友，张母决定发动所有亲朋好友的力量为女儿觅得佳偶，为张艺安排相亲。

经过一番筛选，隔壁王阿姨的侄子王帅与同事老刘家的外甥洪三“成功晋级”。

要说这张帅与洪三，实在是难分伯仲。但从工作方面看，张帅任职于**国有独资企业**而洪三任职于**国有独资公司**，张母实在是搞不懂，这国有独资企业与国有独资公司听起来都差不多，但二者究竟有什么区别呢？

情景说法

国有独资企业是指企业全部资产归于国家所有，国家依照所有权和经营权分离的原则授予企业经营管理权，让其自主经营、自负盈亏、独立核算的企业。需要注意的是，虽然是国有的产业，国有独资企业还应以其经营管理的财产对外承担有限责任，这是其重要的特点之一。国有独资公司，是指按照《公司法》规定，由国家授权的投资机构或者国家授权的部门，单独投资设立的国有独资有限责任公司。

关于国有独资企业与国有独资公司的主要区别，笔者总结如下，具体包含四点内容。

（1）国有独资企业与国有独资公司遵循不一样的法律规定，分别是《全民所有制企业法》与《公司法》。广义上的国有企业包括全民所有制形式的国有企业（大部分已改制为国有公司）以及公司形式的国有公司。而国有独资公司则是由国家单独出资、由国务院或者地方人民政府授权国资委或其他部门履行出资人职责的公司，其法人格独立，财产独立于国家财产。

（2）国有独资企业是由政府出资，隶属于政府，接受政府的任命的企业，并实行严格的职工选举制度，同时，在企业厂长的选任上，需要经过政府的审核程序才可任职；而国有独资公司则不然，其是以“归属清晰、权责明确、保护严格、流转顺畅”的现代产权制度为原则，采用以资产为纽带的现代国有产权管理制度。可见，二者的管理体系是截然不同的。

（3）国有独资企业的治理结构分为两种：国有重点大型企业的监事会由国务院派出，对国务院负责，代表国家对国有重点大型企业实施监督，一般的国有企业董事会则由同级政府派出。而国有独资公司监事会由国有资产监督管理机构委派，二者的治理结构不同。

（4）国有独资企业的厂长（经理）是上级任命的，在企业生产经营中处于中心地位。而国有独资公司的总经理是由董事会聘任的，对董事会、企业的日常经营管理工作负责。因此，二者的管理者角色不同。

由此可见，虽然国有独资企业与国有独资公司名称上仅有两字之差，但区别却是显而易见的。

故事十四

有限公司解散后要履行哪些程序？

自从张瑞明拓展了公司的食品业务，凭借他敏锐的市场洞察能力，明莉有限责任公司的经营规模迅速扩大，不到两年，公司的利润就高达800多万元人民币，眼看着公司赚了这么多钱，张瑞明夫妻二人心里乐开了花。

为了庆祝公司取得的成功，张瑞明、茱莉以及股东赵轩决定办一场热闹的庆功宴，带上各自的亲友好好庆祝一番。大老板张瑞明还给每个到场的来宾包了份大红包，让大家共同分享成功的喜悦。酒过三巡，到场的张凡也忍不住和大家分享起了自己的“好运”。原来，张凡在三个月前投资了40万元买入××酒股票，仅仅两个月的时间，便足足赚了60万元，要知道这笔收益可是相当于张凡一年半的工资啊，在座的各位听了张凡的话无不表示由衷的羡慕。而张凡的此番言语，更是无意中大大地触动了股东赵轩，赵轩当即与张瑞明私下提议要用公司获得的收益投资股票市场，丰富公司的投资方式，更好地让“钱生钱、利滚利”。

第二天，张瑞明、茱莉以及赵轩便围绕是否用公司收益进行股票投资展开了激烈的讨论，持有保守型投资理念的茱莉认为股票投资风险太大，入市须谨慎；而张瑞明与赵轩则认为风险和收益是并存的，况且现在股票市场一路飘红，股民一片叫好，若他们错过了这个好时期，岂不是亏大了！况且明莉有限公司的业务类型目前仍较为单一，是时候扩展下公司的其他投资方式了。在张瑞明与赵轩的一再劝说下，茱莉最终“缴械投降”，同意了张瑞明与赵轩的决议。

于是，张瑞明及赵轩将公司 200 万元的流动资金全部投入股市当中，没想到在一个月内，股票竟然纯获利 90 万元，这下可把张瑞明等人给乐坏了，尝到甜头的众人一再决定，将公司剩下的 600 万元流动资金全部投入股票市场，以求更大的经济回报。然而，好景不长，没想到在 600 万元投入股票市场的第三天，全球股票市场大幅度缩水，明莉有限责任公司所持有的股票也受到了极大的影响，800 万元的股票在短短的半个月内总额竟然缩水到了 100 万元。3 个月后，明莉有限责任公司因为巨大投资失误，资金漏洞越来越大。无奈之下，张瑞明与茱莉只好四处借贷。可就在这时，公司股东赵轩却抽走了所有的资金。更令人无奈的是，明莉有限公司的经营状况出现问题的消息走漏后，本来快谈妥的几个贷款全部告吹，走投无路的张瑞明，只能将公司解散。

本故事中，明莉有限公司要进行的解散又要经历怎样的程序呢？

情景说法

本故事中，明莉有限责任公司由于投资不善、合伙人抽离资金等问题最终导致了难以继续维持。但是公司破产不是简单的股东卷铺盖走人，而是需要经过清算程序，并且最终完成注销登记才算是真正解散。

总的来说，明莉有限责任公司要经历的大致流程有以下几步。

第一，明莉有限公司需向法院申请破产。需要注意的是，我国实行的是绝对的破产申请主义，即破产程序只能由法定破产申请权人提出申请而开始，法院不得依职权主动开始破产程序，且债权人或债务人均可成为申请破产的主体。申请人均应提供相应的证据，以确认债务人达到破产界限。

第二，法院在裁定或认可明莉公司破产后，需指定破产管理人。人民法院需要在《人民法院报》上公告案件受理情况，告知公司债权人在指定期间内向管理人申报债权，同时通知债权人会议召开的时间、地点。根据法律规定，债权申报期间最短为 30 天，最长为 90 天。对于公司账目中记载的已知债权人，人民法院以书面的方式通知其申报债权，通知可以通过邮寄、转让等方式送达，告知已知债权人申报债权的时间、方式，以及在申报债权时需要携带的材料。

第三，指定破产管理人。公司进入破产程序后，原有的公司法定代表人、董事、总经理、监事等人员不再行使原有职权，公司需要交给破产管理人管理。只有在当地高级人民法院破产管理人名册中备案的中介机构才能担任破产管理人，如符合条件的律师事务所、审计事务所、评估机构以及清算事务所等。其主要职责是管理破产企业，负责破产企业的清算、重整或者和解，并决定破产企业的日常事务。

第四，对明莉有限公司进行审计、评估。破产企业管理人需要委托审计、评估机构对企业财务进行审计，对企业资产进行评估，以确定企业的资产负债率和企业的财产价值，为下一步的财产处置提供依据。

第五，接受债权申报。人民法院受理破产案件后，应在《人民法院报》上公告，管理人根据债权人的申报制作债权登记表，记录债权人的申报情况，包括债权人名称、债权数额、债权形成时间及形成原因等。公司的债权人自公告之日起，或自接到债权申报通知书之日起，即可向破产管理人申报债权。

第六，召开债权人会议。债权人会议是破产程序中的最高权力机构。依法申报债权的债权人为债权人会议的成员，有权参加债权人会议，行使表决权。

第七，破产的和解与整顿。该部分不是破产的必经程序。当债务人的上级主管部门认为应对该企业进行整顿的，可以提出申请，或者直接由该企业与债权人会议达成和解协议。和解协议一旦公告即具有法律效力。对企业进行整顿的期限不得超过两年，且期间不得发生以下几种情形：（1）不执行和解协议的。（2）财务状况继续恶化，债权人会议提出终结的。（3）在法院受理故事前 6 个月至破产宣告之日的期间内，企业有隐匿、私分或者无偿转让财产；非正常压价出售财产；对原来没有财产担保的债务提供财产担保；对未到期的债务提前清偿；放弃自己的债权等行为。经过整顿(和解)，企业能够清偿债务的，人民法院应当终结该企业的破产程序并予以公告。否则，法院应当宣告该企业破产，重新进行债权登记。

第八，破产宣告与清算。人民法院依法宣告企业破产以后，应当在15日内成立由企业主管部门、政府财政部门等人员组成的清算组，对该破产企业进行清算。破产财产由宣告破产时破产企业经管的全部财产、在破产宣告后至破产程序终结前取得的财产及其他财产组成，具体按如下顺序进行清偿：（1）破产企业所欠职工工资和劳动保险费用（目前还包括法律、法规规定应付职工的其他费用）；（2）破产企业所欠的税款；（3）破产债权。破产财产不足以满足同一顺序的满足要求的，按照比例进行分配。企业破产财产分配完毕，由清算组向法院申请终结破产程序并向登记机关办理注销登记。需要注意的是，未得到清偿的债权不再进行清偿，但如果在破产程序终结之后一年内查出破产企业隐匿财产等其他破产财产的，仍可由人民法院追回并补充分配给债权人。

第九，明莉有限责任公司的清算活动结束后，清算组应当制作清算报告，报股东会、股东大会或者获得人民法院的确认，并报送公司的登记机关，申请注销公司登记，公告公司终止。

经过上述步骤后，明莉有限责任公司将最终完成破产清算程序，结束自己的“公司使命”。

法条索引

《公司法》

第一百八十条

公司因下列原因解散：

（一）公司章程规定的营业期限届满或者公司章程规定的其他解散事由出现；

（二）股东会或者股东大会决议解散；

（三）因公司合并或者分立需要解散；

（四）依法被吊销营业执照、责令关闭或者被撤销；

（五）人民法院依照本法第一百八十二条的规定予以解散。

第一百八十一条

公司有本法第一百八十条第（一）项情形的，可以通过修改公司章程而存续。依照前款规定修改公司章程，有限责任公司须经持有 2/3 以上表决权的股东通过，股份有限公司须经出席股东大会会议的股东所持表决权的 2/3 以上通过。

第一百八十二条

公司经营管理发生严重困难，继续存续会使股东利益受到重大损失，通过其他途径不能解决的，持有公司全部股东表决权 10% 以上的股东，可以请求人民法院解散公司。

第一百八十三条

公司因本法第一百八十条第（一）项、第（二）项、第（四）项、第（五）项规定而解散的，应当在解散事由出现之日起 15 日内成立清算组，开始清算。有限责任公司的清算组由股东组成，股份有限公司的清算组由董事或者股东大会确定的人员组成。逾期不成立清算组进行清算的，债权人可以申请人民法院指定有关人员组成清算组进行清算。人民法院应当受理该申请，并及时组织清算组进行清算。

第一百八十四条

清算组在清算期间行使下列职权：

（一）清理公司财产，分别编制资产负债表和财产清单；

（二）通知、公告债权人；

（三）处理与清算有关的公司未了结的业务；

（四）清缴所欠税款以及清算过程中产生的税款；

（五）清理债权、债务；

（六）处理公司清偿债务后的剩余财产；

（七）代表公司参与民事诉讼活动。

第一百八十五条

清算组应当自成立之日起 10 日内通知债权人，并于 60 日内在报纸上公告。债权人应当自接到通知书之日起 30 日内，未接到通知书的自公告之日起 45 日内，向清算组申报其债权。

债权人申报债权，应当说明债权的有关事项，并提供证明材料。清算组应当对债权进行登记。在申报债权期间，清算组不得对债权人进行清偿。

第一百八十六条

清算组在清理公司财产、编制资产负债表和财产清单后，应当制定清算方案，并报股东会、股东大会或者人民法院确认。

公司财产在分别支付清算费用、职工的工资、社会保险费用和法定补偿金，缴纳所欠税款，清偿公司债务后的剩余财产，有限责任公司按照股东的出资比例分配，股份有限公司按照股东持有的股份比例分配。

清算期间，公司存续，但不得开展与清算无关的经营活动。公司财产在未依照前款规定清偿前，不得分配给股东。

第一百八十七条

清算组在清理公司财产、编制资产负债表和财产清单后，发现公司财产不足清偿债务的，应当依法向人民法院申请宣告破产。

公司经人民法院裁定宣告破产后，清算组应当将清算事务移交给人民法院。

第一百八十八条

公司清算结束后，清算组应当制作清算报告，报股东会、股东大会或者人民法院确认，并报送公司登记机关，申请注销公司登记，公告公司终止。

第一百八十九条

清算组成员应当忠于职守，依法履行清算义务。

清算组成员不得利用职权收受贿赂或者其他非法收入，不得侵占公司财产。

清算组成员因故意或者重大过失给公司或者债权人造成损失的，应当承担赔偿责任。

第一百九十条

公司被依法宣告破产的，依照有关企业破产的法律实施破产清算。

公司治理

用法律为公司保驾护航

看着墙上十年前在马来西亚拍的照片，周亮鹏陷入了沉思……吉隆坡的棕榈树和槟城的海港，让这位饱经风雨的中年男士想起了当年在马来西亚的美好时光，那时候他满腔热血、志向远大。谁曾想，随后他却遭遇了诸多家庭变故，令人唏嘘。好在天道酬勤，功夫不负有心人，他在事业上逐渐又有了起色。周亮鹏不禁感叹：“人生起伏，三分天注定，七分靠打拼。”为什么他会有如此感叹呢？接下来，让我们一起看看周亮鹏的创业故事。

故事一

谁是真正的股东？

周亮鹏，20 世纪 70 年代生人，出生于福建晋江市的一个小山村。他 15 岁的时候，随父母一起到了马来西亚。成年后，正逢中国改革开放如火如荼的时期，他往来于马来西亚和中国之间，靠着服装外贸生意，赚得盆满钵满。30 岁的时候，他遇见了一位福建女人张春娣，很快他们便结了婚，并有了两个孩子。他决心回到祖国定居发展，夫妻二人共同经营公司。张春娣精明能干，负责公司财务、行政，而周亮鹏则负责开拓业务等一些生意场上的事。结婚 12 年，日子不咸不淡地过着，一家四口倒也算美满幸福。有一段时间周亮鹏总觉得老婆怪怪的，但也没有多想。谁知有一日，他突然发现老婆留下一封信就携公司账上所有现金与一个叫李大力的男人私奔了，留给周亮鹏两个未成年的孩子和一家账务混乱的公司。他向来对张春娣十分信任，也很少过问公司财务，谁知就这样一下子成了中年失业男，他觉得自己的人生太失败了。一段时间的自暴自弃之后，他看着两个可爱又可怜的孩子，觉得还是要振作起来，于是咬着牙从大哥那借了一笔钱打算重新开始。

说来也巧，就在周亮鹏为了孩子决心东山再起的时候，老友刘明就带着机遇找上了他。刘明是周亮鹏的福建老乡，当年白手起家成立了美美服装加工厂，算是中国第一批乡镇企业家。现在他是美美服装有限责任公司的大股东，和周亮鹏一直有生意上的往来。也许是因为老乡这层关系，两人一见如故又彼此欣赏，在生意方面也曾多次帮助过对方，互相还是很信任的。

美美服装公司有一位股东王乐道，因为一些私人原因要退出公司，于是托刘明这位创始人把他手里的股份转手。刘明这一想，干脆拉老乡周亮鹏入股，彼此之间也算是知根知底的老朋友了，有信任基础。而且刘明对周亮鹏家中发生的变故也多少知道一些，想着能拉他一把也是好的。美美服装公司在业界早就打出了名气，盈利状况一直很好，而且服装行业也是周亮鹏在行的，这些年积累的人脉和经验都能够有用武之地。周亮鹏当然明白刘明的用心，心中感激，他细算了一下手中的资本，觉得可以一试。

很快，在刘明的牵头下，周亮鹏就与王乐道签订了股权转让协议，约定将王乐道手中美美服装公司 15% 的股权转让给周亮鹏。

案例评析

在本故事中，周亮鹏并不是通过向美美服装公司出资入股的股东，而是通过购买原股东手中的股份成为了新股东。无论是通过什么途径成为一家公司的股东，都要首先明确自己的股东身份是否能够被法律认可，即具有法律效力，这是享有完整股东权利、避免纠纷的前提。千万不要以为自己手握股权投资或转让协议就万事大吉了！

股东地位的取得有两种途径：一是通过股权投资，即在公司成立或者增资、发行新股的时候成为公司的股东；二是继承或受让（即通过股权转让）别人原有的股份。在本案中，周亮鹏就是通过受让王乐道的股权成为美美服装公司的新股东的。成为股东需要同时满足以下两个条件。

一是**向公司出资或者认购股份**（通过股权转让可以达到一样的效果）。

对股东身份的认定首先要看股东是否实际向公司投入了资金。这里需要注意，实际投入资金不可以简单地理解为把钱打进公司或者原股东账户，而一定要以股权投资协议或股权转让协议中所规定的权利义务为准，这也是最有力地证明自己股东身份的证据之一。例如，如果股东协议中写道，甲认缴 A 公司 15% 的股权，共计 900 万元人民币整。甲分期支付该笔款项，分别于 2018 年 1 月 1 日、10 月 1 日，2020 年 1 月 1 日各支付 300 万元人民币。所谓**认缴**（相对于**实缴**），就是不必立刻把所有钱都支付，而是先认领这些股份，再根据协议中规定的期限慢慢支付。当签订了股权投资协议之后，根据协议将出资全部付清时，就有权利要求公司出具出资证明书。不过就算没有依据合同按期支付出资款，也不会当然地导致股东身份立刻失效。但是，这样将会承担未履行股东出资义务而引发的一系列责任，甚至被公司股东会除名。当通过股权转让的方式成为股东时，要重点确保协议的有效性，防止因协议被撤销或者无效而自然失去股东身份。股权转让后，公司应当注销原股东的出资证明书，向新股东签发出资证明书。

二是**在公司章程或股东名册上记载股东姓名**。

需要注意，根据公司章程来确认股东身份的方式，只能局限于有限责任公司的股东和股份有限公司的发起人。因为我国公司法仅仅要求有限责任公司的公司章程记载股东姓名或名称，股份有限公司的公司章程只记载发起人的姓名或名称。对于股份有限公司的除发起人以外的其他股东，只能依赖于公司设置的股东名册来确认股东身份。

总的来说，股东姓名或名称是认定股东资格的最重要的依据，但是，也有很多文件中记载股东姓名或名称，而这些文件在认定股东资格过程中所起的作用又是不一致的，这些文件具体包括但不限于：（1）公司章程；（2）出资证明书；（3）股东名册；（4）商事登记文件；（5）股权转让协议；（6）公司股票；（7）其他文件。这些文件是认定公司股东资格的主要证据和核心依据。需要注意的是，公司章程和股东名册属于公司的内部文件，并不对公众开放，所以它们的效力也仅限于公司内部；而工商登记状态则是可通过工商局网站查询到的，因而具有公信力。因此，当一家公司因公司章程或股东名册上的股东信息与工商登记的股东信息不一致而与非股东的第三人产生纠纷时，法律会以工商登记信息为准来确认股东身份。

相关法条

《公司法》

第三十一条

有限责任公司成立后，应当向股东签发出资证明书。

第三十二条

有限责任公司应当置备股东名册，记载下列事项：

（一）股东的姓名或者名称及住所；

（二）股东的出资额；

（三）出资证明书编号。

记载于股东名册的股东，可以依股东名册主张行使股东权利。

公司应当将股东的姓名或者名称向公司登记机关登记；登记事项发生变更的，应当办理变更登记。未经登记或者变更登记的，不得对抗第三人。

第七十三条

依照本法第七十一条、第七十二条转让股权后，公司应当注销原股东的出资证明书，向新股东签发出资证明书，并相应修改公司章程和股东名册中有关股东及其出资额的记载。对公司章程的该项修改不需再由股东会表决。

故事二 谁可以拿到股权？

周亮鹏经老友刘明牵线，打算从美美服装公司原股东王乐道处接手刘明的15%的股份，与老友并肩作战，在他熟悉的服装行业重新闯出一片天地。周亮鹏与王乐道在第二次见面的时候就签了股权转让协议，一切看起来都很顺利。

但就在周亮鹏准备办理工商变更登记手续的时候，事情起了波折。原来，就在一天前，王乐道突然告诉刘明，他已经把手里的股权卖给了美美服装公司的另一个小股东王安，至于周亮鹏这边，只能终止交易了。

刘明对这种公然毁约的行为感到震惊又无奈，他想不通，明明已经签好了合同，王乐道就不怕周亮鹏起诉他吗？但他也不希望自己公司的股东之间打官司，于是一直对王乐道好言相劝，又是动之以情又是利弊分析：“你来这一手可不厚道啊。到底咋回事你和我说说，是不是价格方面还不满意？我们再商量商量嘛……”但王乐道的态度却似乎非常坚决，没听刘明聊上几句，就找了个借口把电话挂了。无奈之下，刘明只能把事情告诉了周亮鹏。“没事，我有合约怕什么，对付这种不守信用的人大不了法庭见！”周亮鹏听完事情经过也非常气愤，一边宽慰老友，一边计划着联系律师。

在他的思维里，法院一定会判他胜诉，因为根据最朴素的“先来后到”原则，对方这是再明显不过的违约了。殊不知，在法律的世界里，“先来后到”并不永远意味着正确。就譬如这次出现的“一股二卖”的问题，并没有周亮鹏想得那么简单。

案例分析

在这个故事里，王乐道**先后**和周亮鹏、王安签订了股权转让协议，而且转让对象都是他手中的美美服装公司 15% 的股权。这就是股权转让环节常会遇到的一个争议——“一股二卖”问题。如何判断“股死谁手”，《公司法》对股权转让作出了严格而详细的规定，但即便如此，“一股二卖”的情形仍屡见不鲜。那么，这两份股权转让协议到底哪份才是真正有效且能被强制执行的呢？周亮鹏和王安到底谁才能成为公司的新股东？在遭遇“一股二卖”时，该如何应对呢？

第一，这两份股权转让协议是否都能够生效？股权转让给公司股东以外的人时，股权转让协议经其他股东同意后才能生效。这是法律赋予有限责任公司的股东的同意权（法律并没有规定股份有限公司股东的同意权，但不排除公司章程中规定的可能性，还是要仔细查看相关规定）。也就是说，在本案中，由于周亮鹏之前并不是美美服装公司的股东，他与王乐道签署的股权转让协议，必须经过公司股东大会决议，其他股东过半数同意后才可生效（这里的“其他股东过半数”的要求是公司法的规定，但公司章程可以作适当调整或规避，所以具体要求还是要结合公司法规定与公司章程一起确定）。后期周亮鹏也要凭借这份公司决议才能办理工商变更登记手续。而王安本身就是公司股东，所以他和王乐道的协议无须通过公司其他股东同意即可生效。

第二，对于两份股权转让协议，哪一份应该被优先履行？假定周亮鹏和王乐道的交易也已经经其他股东过半数同意，那么接下来就该比较两份已生效的股权转让协议的履行效力的优先级。换句话说，就是谁的协议应该被法院判定优先执行，谁能够成为最后赢家。在这个问题上，需要介绍一个新的知识点——股东的**优先购买权**。公司法规定，当有限责任公司的股东向非股东转让股权时，其他股东对这部分股权享有优先购买权。也就是说，在同等条件下，当其他股东也想购买这部分股权时，即使转让股东与非股东之间的股权转让协议已经生效，也必须将这部分股权拱手让出。除非其他股东已经事先签署了放弃优先购买权的声明或者超过了法律规定的行使权利的期限而未表示购买。至此，周亮鹏应该已经明白，自己是打不赢这场官司了，只能自认倒霉，往后只能加强防范法律风险的意识。

故事到这里已经告一段落，但除了上文中股东与非股东买家之间的纷争，其实还有另一种情况下的“一股二卖”，也会引发很多问题。当股权已经被转让给一位非股东买家 A 但尚未向公司登记机关办理变更登记，原股东将仍然登记在他名下的股权又转让给另一位非股东买家 B 时，又该如何解决两次股权转让的效力问题呢？在上一个故事中，我们已经知道，股东身份的确认需要将股东的姓名或名称登记在股东名册上，还要进行工商变更登记。股东名册是确认股东身份或者资格的法定证明文件，但工商登记是任何人都可查到的信息，因而具有公信力，即对善意第三人的对抗效力。也就是说，在本案中，即使 A 的名字已经被登记到股东名册上了，但只要 B 先一步完成工商变更登记，他就会成为该公司的新股东。但前提是 B 并不知晓 A 与原股东之间的股权转让协议的存在，即他没有和原股东恶意串通。当然，A 还是可以根据协议追究原股东的违约责任的。

总结来说，作为想要转让股权的股东，应该严格依照《公司法》规定和公司章程按法定程序进行转让，维护公司合法权益，尊重其他股东的同意权和优先购买权；作为股权收购一方，应对整个转让过程予以充分关注，备齐公司决议、其他股东放弃优先购买权声明等重要文件，尽快完成工商变更登记，确保转让程序的合法性和转让协议的有效性，从而实现股权的顺利流转。

法条链接

《公司法》

第七十一条

有限责任公司的股东之间可以相互转让其全部或者部分股权。

股东向股东以外的人转让股权，应当经其他股东过半数同意。股东应就其股权转让事项书面通知其他股东征求同意，其他股东自接到书面通知之日起满30日未答复的，视为同意转让。其他股东半数以上不同意转让的，不同意的股东应当购买该转让的股权；不购买的，视为同意转让。

经股东同意转让的股权，在同等条件下，其他股东有优先购买权。两个以上股东主张行使优先购买权的，协商确定各自的购买比例；协商不成的，按照转让时各自的出资比例行使优先购买权。

公司章程对股权转让另有规定的，从其规定。

第七十二条

人民法院依照法律规定的强制执行程序转让股东的股权时，应当通知公司及全体股东，其他股东在同等条件下有优先购买权。其他股东自人民法院通知之日起满20日不行使优先购买权的，视为放弃优先购买权。

第三十二条

有限责任公司应当置备股东名册，记载下列事项：

（一）股东的姓名或者名称及住所；

（二）股东的出资额；

（三）出资证明书编号。

记载于股东名册的股东，可以依股东名册主张行使股东权利。

公司应当将股东的姓名或者名称向公司登记机关登记；登记事项发生变更的，应当办理变更登记。未经登记或者变更登记的，不得对抗第三人。

最高人民法院《关于适用〈中华人民共和国公司法〉若干问题的规定（三）》

第二十七条

股权转让后尚未向公司登记机关办理变更登记，原股东将仍登记于其名下的股权转让、质押或者以其他方式处分，受让股东以其对于股权享有实际权利为由，请求认定处分股权行为无效的，人民法院可以参照物权法第一百零六条的规定处理。

原股东处分股权造成受让股东损失，受让股东请求原股东承担赔偿责任、对于未及时办理变更登记有过错的董事、高级管理人员或者实际控制人承担相应责任的，人民法院应予支持；受让股东对于未及时办理变更登记也有过错的，可以适当减轻上述董事、高级管理人员或者实际控制人的责任。

故事三

想保密自己的股东身份怎么办？

出师不利，一上来就被优先购买权砸了个空欢喜，到手的股权和机会飞了。周亮鹏在家沉默了好几天，也好好反省了一番：时代变了，自己必须好好提高一下法律意识。

话分两头，要说刘明还真是一个仗义人，眼瞧着自己牵线给老友架的桥就这么断了，他心里愧疚得很，总是琢磨着要再帮周亮鹏一把。正好这时，公司总经理的儿子刘阅给美美服装接了一笔不小的订单，而这笔交易正是来自马来西亚。刘阅一看乐了，一个大胆的决策应运而生。要说公司这些年虽然情况不错，每年的盈利也都很稳定，但俗话说不进则退，他总有一种停滞不前的隐隐不安感。内地的劳动力成本这些年以肉眼可见的速度在上涨，身边陆续有同行把厂子移到了马来西亚、菲律宾这些人力成本相对低的国家。美美服装公司和马来西亚的生意往来也不少，之前有股东提议开拓东南亚市场，但最终股东会还是对当地比较复杂的外商投资环境和陌生的宗教背景望而却步了。如果这次，可以吸纳周亮鹏这个对马来西亚商业环境相当熟悉而且还在当地拥有很多人脉资源的投资人加入公司，岂不是一举两得?

好事多磨，经过公司相当一段时间的对于开拓东南亚市场计划的可行性研究，最终股东会作出了增资以支持业务开拓的决定，周亮鹏在这一轮增资中终于成为了美美服装公司的股东。当得知顺利完成工商变更登记手续时，周亮鹏长长地舒了一口气。但在办理入股的过程中，他发现了一个小细节，就是股东名册上竟然没有刘明的名字，比较眼熟的是一个叫刘兴的人，他掌握着美美服装公司最多数股权。正好这时，刘明打来电话祝贺，周亮鹏就将自己的疑惑说了出来："我说大明，你是还有个儿子叫刘兴吗？"电话那头的刘明愣了一下，随后哈哈大笑了起来，说道："嗨，没有的事，那是我一个老乡的儿子，老实巴交的一个孩子。"这么一说，周亮鹏似乎明白了，老友这是在玩儿**隐名股东**的套路呢。原来，刘明当初创立美美服装公司的时候，已经是一家一人有限责任公司的股东了。根据《公司法》规定，一个自然人只能投资设立一个一人有限责任公司。该一人有限责任公司不能投资设立新的一人有限责任公司。刘明把美美服装公司一直当作家族产业在经营，一开始并不想外人来入股，于是他就花了笔小钱，将自己一个老乡的孩子安排为名义股东，再通过股份代持协议成为公司的实际控制人。后期，为了公司进一步发展，才慢慢让一些朋友融资进来成为新股东，美美服装公司也就不再是一人有限责任公司了。

案例分析

在一般情况下，公司章程或者股东名册上记载的股东就是实际出资人或者依法继承、受让股权的人。但是在实践中，往往会出现"名不符实"的情况。当出现公司章程或者股东名册上记载的名字与声称为公司股东的人不一致的情形时，就有可能是隐名股东持股。

隐名股东，又称为匿名股东，顾名思义，是指实际出资或者认购股份的人出于某些目的以他人的名义履行出资义务或者认购股份。与此相对应的概念就是显名股东，或者称为名义股东。这里所谓的"隐名"或"显名"是指其姓名是否在公司章程或者股东名册中予以记载。

隐名股东往往会和显名股东签订《股权代持协议》来确保自己对公司的实际控制和权利。**股权代持**，是商界很常见的一种现象，为什么会出现这种现象呢？原因有很多，有为了获取某些优惠政策的（如利用国家关于下岗职工再就业、大中专毕业生创业减免税收等优惠政策设立公司），有实际出资人不愿意公开自身的经济状况等信息的，也有为了规避法律的某些禁止性规定的。例如部分境外投资者为规避我国关于外商投资企业准入制度，以隐名出资方式进入一些关系国计民生的领域；又如部分股东向他人转让股权，为规避《公司法》"股东向股东以外的人转让股权，应当经其他股东过半数同意"的规定，双方协商不在股东名册及工商登记上进行变更登记。

在本案例中，刘明也是为了规避法律关于一人有限责任公司设立主体的规定，才进行了隐名出资的操作。为了规避法律强制性规定而设立的隐名出资人，由于行为本身具有违法性，存在一定法律风险，妨碍隐名股东的资格认定，甚至会影响公司的法人资格等。故事中的刘明特意选择了家乡一位完全不具有商业意识的人作为显名股东，以保证他对公司的控制力，但这也不能帮助他规避掉此类法律风险。

隐名股东并不是一个严格的法律概念，在我国法律条文中也没有这一名词。不过，隐名股东的权利却是受到法律保护的，《股权代持协议》只要不违反《民法典》中关于合同无效的有关规定，就具有法律效力。但这并不意味着隐名出资是毫无风险的，相反，被代持人将自己的股权交给他人代持，将自己股权登记在他人名下，等于把巨额的股权财富拱手交在他人手上，风险之大显而见之。在此指出三大常常被大众忽视的风险。

第一，无法对抗善意的第三人。隐名股东与显名股东之间实质是合同关系，仅制约合同双方，对第三方并无拘束力。如果发生显名股东未经隐名股东同意转让出资的情况，倘若第三人被认定为善意第三人，那么面对损失，隐名股东除追究显名股东的违约责任之外，别无他法。

第二，无法向公司主张利益。投资权益不等同于股东权益，隐名股东主张权益所指向的对象仅为基于合同关系的显名股东而非公司。如果隐名股东与显名股东之间发生纠纷——此类纠纷占隐名股东纠纷的大多数，隐名股东想要公司承认其股东地位则必须经其他股东半数以上同意，这基本上等同于新股东入股公司，可见隐名股东想要“显名”，阻碍重重。

第三，显名股东的离婚或死亡风险。离婚和死亡，显然不是显名股东的恶意行为，但这些都是不确定因素。离婚了，可能发生夫妻财产分割；死亡了，就会产生遗产继承。能妥善解决还好，如果到了夫妻对簿公堂，或者继承人诉至法院的地步，隐名股东作为代持股权的实际所有人，免不了会被牵涉其中。

总而言之，在选择使用隐名出资这一方式时，要慎之又慎。风险的揭示并非对于隐名股东的否定，隐名股东的存在一定上反映了一部分人想要投身资本市场的渴求。但权利和义务必然是相对应的，隐名股东在承担了股东最重要的出资义务的同时，想要更好地保障自身的权益，必须重视对于风险的把控，签订完善的委托持股协议，更多地参与公司的运作等皆为可行之法。其中，一份严密的、内容丰富的股权代持协议更是重中之重。

法条链接

《公司法》

第三十二条

有限责任公司应当置备股东名册，记载下列事项：

（一）股东的姓名或者名称及住所；

（二）股东的出资额；

（三）出资证明书编号。

记载于股东名册的股东，可以依股东名册主张行使股东权利。

公司应当将股东的姓名或者名称向公司登记机关登记；登记事项发生变更的，应当办理变更登记。未经登记或者变更登记的，不得对抗第三人。

第五十九条

一人有限责任公司的注册资本最低限额为人民币 10 万元。股东应当一次足额缴纳公司章程规定的出资额。

一个自然人只能投资设立一个一人有限责任公司。该一人有限责任公司不能投资设立新的一人有限责任公司。

最高人民法院《关于适用〈中华人民共和国公司法〉若干问题的规定（三）》

第二十五条

有限责任公司的实际出资人与名义出资人订立合同，约定由实际出资人出资并享有投资权益，以名义出资人为名义股东，实际出资人与名义股东对该合同效力发生争议的，如无合同法第五十二条规定的情形，人民法院应当认定该合同有效。

前款规定的实际出资人与名义股东因投资权益的归属发生争议，实际出资人以其实际履行了出资义务为由向名义股东主张权利的，人民法院应予支持。名义股东以公司股东名册记载、公司登记机关登记为由否认实际出资人权利的，人民法院不予支持。

实际出资人未经公司其他股东半数以上同意，请求公司变更股东、签发出资证明书、记载于股东名册、记载于公司章程并办理公司登记机关登记的，人民法院不予支持。

故事四

股东可以查阅公司所有资料吗？

在办理完工商变更登记，正式成为美美服装公司股东的第二天，周亮鹏就马不停蹄地赶往马来西亚洽谈之前公司接到的那笔大单。凭借着与当地商人打交道多年积攒的人脉和经验，他在短短十天内就敲定了所有重要的交易问题，着实在股东会面前证明了自己这个“新人”兼东南亚地区业务主管的实力。

在和刘明的一次聊天中，刘明透露出他要去北方出差四五天。

“你这是要去干嘛啊，我们公司在北方也有业务？”周亮鹏表示不解。

“不是不是，是我自己投的一家公司，叫米大公司，我去履行一下‘金主’的**知情权**，视察一下。”刘明拍着周亮鹏的肩膀，突然想到了什么似的，抬眼说道，“对了，我想起来了，你不是一直说要和我学点做股东必备的法律知识吗，这知情权就重要得很，里面的门道也多。像这家小公司，其实我当初投资它也只是为了帮我爸还一个人情，这些年还真没怎么管过，前两年赚了点小钱，后面就不温不火，这些年一直在亏本。继续干下去也没有什么意思，这次我要退股了，亲兄弟还得明算账，我得先好好查查他们的账簿再看怎么谈退股的条件。这些年大米产业蛮赚钱的，这个公司一直亏本，肯定有问题。我要专门请个会计和我一块儿去查一查这些年的账。”

周亮鹏一听觉得没戏，不赞同地摇着头：“老兄啊，我觉得这事情悬，既然账目有问题，公司还会给你看？肯定都藏好了让你找不到，更别说你请的什么会计了。”刘明这时意味深长地对着周亮鹏一笑，胸有成竹地说道：“这你就不懂了吧，这是股东知情权，法律有保护的。哼，不给我看，我有的是办法治他们。”

除了参与公司重大决策和参与年底分红，也就是大部分人所熟知的股东表决权和分红权之外，刘明口中的“股东知情权”又是怎么一回事呢？刘明可以自己聘请会计帮忙查看账目吗？要是这个权利遭受阻碍，刘明应该怎么“治他们”？

案例分析

对于公司股东而言，知情权是一项十分重要的权利，甚至可以说它是股东领取公司分红、参与公司重大决策以及选择经营管理者的前提和基础。

股东如果自己直接参与经营管理的，充分及时地掌握公司方方面面的经营状况，自然没有问题；但若所有权和经营权分离，将日常管理权委托给董事会和经理，股东就处于一种信息不对称的弱势地位，这种情形下，“知情权”对于维护股东权益就显得至关重要了。比如在本故事中，米大公司的实际控制权掌握在大股东的手中，作为小股东的刘明基本不参与公司的经营管理，每年只享受分红权。由此可见，刘明和公司所获得的有关公司经营管理、盈利分红等方面的信息是明显不对称的。所以，当米大公司的连年亏损与市场连年盈利的状况相悖离时，这才引起了他的怀疑。

为了更好地落实他在退股过程中的所获得的权益，选择对公司的财务状况进行一次全盘而深入的了解是明智之举。但实际经营中，很多公司和股东对此都重视不够，结果导致股东的各项权利不能很好地落实。

所谓股东知情权，是指公司股东了解公司信息的权利，这是一项法律明文规定的权利。按照公司类型不同，股东知情权也可分为有限责任公司股东知情权和股份有限公司股东知情权，两者在法律上的规定也略有不同。

股东知情权主要有以下内容：

1. 股东查阅、复制公司重要文件权

查阅是指在公司文件存放场所的阅读，复制是指股东用抄写、复印的方法记录或复制文件的内容，并将其带出公司文件存放的场所。公司章程是股东行使权利、履行义务的法律依据。股东会会议记录、董事会会议决议、监事会会议决议是公司重大决策产生的根据。财务会计报告包括以月、季和年为单位的经营计划、预算方案、资产负债表、利润表、现金流量表和有关编制说明，以及年度亏损弥补方案和利润分配方案等。这些文件都在股东知情权覆盖的范围。

2. 查阅会计账簿权

会计账簿是指记载公司资产存量、营业支出和收入以及核算盈亏的会计账册和记账凭证，是编制公司财务会计报告的根据。会计账簿不同于财务会计报告，后者是结果，表现为数据和说明；前者是过程，表现为凭据和数据的来源。所以股东查阅公司会计账簿具有特殊的意义。但另一方面，股东作为与公司同时存在的另一民事主体，查阅公司会计账簿的必要性和目的可能受到质疑，甚至可能侵害公司或其他股东的利益。所以，法律上并没有将其作为一项绝对权利，即如果公司认为股东要求查阅公司会计账簿的目的不正当，可以拒绝提供查阅。但如果出现一方要求查阅，另一方拒绝提供查阅的矛盾时，法律给予股东寻求诉讼解决的权利，即股东可以向法院提起诉讼，由法院依法判决是否应当提供查阅。

在本故事中，如果刘明提出要行使股东知情权被拒绝，他可以向法院提起诉讼，并向法庭证明自己要求查阅公司会计账簿的必要性与目的正当性。

3. 股东会知情权

有限责任公司的股东拥有参加股东会的权利，因此事先必须得到会议时间和地点的通知，这一点是不可改变的。股东会会议通知权，是股东享有的一项知情权，应当得到尊重。至于有限责任公司的股东会提前多少天通知股东、是否告知股东会议将要审议的事项，及未列于通知中的事项股东会议可否审议等，遵从公司章程的规定，法律上并未作强制规定。

4. 股东大会知情权

对股份有限公司召开股东大会的时间、地点及审议事项的通知，法律上作出了严格的规定，不像有限责任公司那样主要由股东在公司章程中约定，这主要是考虑保护股份有限公司小股东的利益，特别是社会公众股东的利益。

5. 股份有限公司股东对公司特殊人员报酬的知情权

公司应当定期向股东披露董事、监事、高级管理人员从公司获得报酬的情况。董事、监事、高级管理人员从公司获得的报酬除工资外，还应包括公司为其提供的通信费、交通费、房租、各种补助和津贴、保险费、执行费等。由于这些人员掌握公司财务支出的管理权，由公司定期将其报酬情况向股东通报是非常必要的。

那么，如何依据法律行使股东知情权呢？从实务操作角度看，可以从以下几个角度出发。

第一，股东行使查阅、复制公司章程、股东会会议记录、董事会会议决议、监事会会议决议和财务会计报告的权利，并无时间、形式等方面的要求，股东可以随时提出要求，对此公司有义务满足。

第二，股东可以在公司章程中明确规定知情权的具体范围和实现方式，比如章程中可以规定公司应每月向股东提交会计报表或者财务会计报告等会计资料。

第三，当股东要求行使公司会计账簿查阅权时，应当提出书面请求，书面申请一般应表明股东身份、写明请求查阅某个期间的账簿以及查阅目的。公司如果拒绝，应当在收到该请求之日起 15 日内书面答复股东并说明理由。

第四，当股东知情权被侵犯时，可以向公司住所地基层法院提起诉讼，要求判令公司允许股东查询或者复制相关资料。

第五，实践中，股东如果因为精力或能力有限，需要委托他人代为查阅会计账簿，而查阅会计账簿的行为确实非同小可，如果股东利益和公司商业秘密发生冲突，又如何平衡呢？法律规定，股东请求委托他人查阅公司有关档案材料的，应说明理由并征得公司同意。公司不同意股东委托的他人查阅时，人民法院可以根据公司或者股东的申请指定专业人员查阅，专业人员查阅后向股东出具查阅报告。

因此，刘明可以委托专业人员——一般是会计师和律师，在他们的陪同下行使自己的股东知情权。

最后，如果股东委派了监事，通过行使监事权利也可以达到了解公司信息的目的。

相关法条

《公司法》

第三十三条

股东有权查阅、复制公司章程、股东会会议记录、董事会会议决议、监事会会议决议和财务会计报告。

股东可以要求查阅公司会计账簿。股东要求查阅公司会计账簿的，应当向公司提出书面请求，说明目的。公司有合理根据认为股东查阅会计账簿有不正当目的，可能损害公司合法利益的，可以拒绝提供查阅，并应当自股东提出书面请求之日起15日内书面答复股东并说明理由。公司拒绝提供查阅的，股东可以请求人民法院要求公司提供查阅。

第四十一条

召开股东会会议，应当于会议召开15日前通知全体股东；但是，公司章程另有规定或者全体股东另有约定的除外。

股东会应当对所议事项的决定做成会议记录，出席会议的股东应当在会议记录上签名。

第九十七条

股东有权查阅公司章程、股东名册、公司债券存根、股东大会会议记录、董事会会议决议、监事会会议决议、财务会计报告，对公司的经营提出建议或者质询。

第一百零二条

召开股东大会会议，应当将会议召开的时间、地点和审议的事项于会议召开20日前通知各股东；临时股东大会应当于会议召开15日前通知各股东；发行无记名股票的，应当于会议召开30日前公告会议召开的时间、地点和审议事项。

第一百六十五条

有限责任公司应当依照公司章程规定的期限将财务会计报告送交各股东。股份有限公司的财务会计报告应当在召开股东大会年会的20日前置备于本公司，供股东查阅；公开发行股票的股份有限公司必须公告其财务会计报告。

最高人民法院《关于适用〈中华人民共和国公司法〉若干问题的规定（四）》

第七条

股东依据公司法第三十三条、第九十七条或者公司章程的规定，起诉请求查阅或者复制公司特定文件材料的，人民法院应当依法予以受理。

公司有证据证明前款规定的原告在起诉时不具有公司股东资格的，人民法院应当驳回起诉，但原告有初步证据证明在持股期间其合法权益受到损害，请求依法查阅或者复制其持股期间的公司特定文件材料的除外。

故事五

股东如何退出公司？

话分两头，周亮鹏又飞回炎热的马来西亚继续忙活之前那笔大单的收尾工作，而他的老友刘明已经来到冰雪覆盖的东北开启了行使股东权利之旅。刘明投资的这家公司，主营业务是农产品的生产和批发。其实刘明最初投资这家公司，只是为了帮父亲还当年在东北插队下乡时的一位乡亲的照拂之恩，比起所谓的股权投资，更像是一次借款。这些年来，米大公司每年也都会定期送来不少“股东福利”，倒让父亲在南方也能随时吃上一口正宗东北黑土大米，一解思念之苦。前些天，米大公司那边传来消息，说这些年很感激刘明的帮助，希望能够把之前这笔钱连本带息地还给刘明。刘明一听，心想那也好，反正自己也从来没有参与过那边的经营，得到的分红加起来也没多少，不如趁着这次机会把钱拿回来。

到了米大公司所在地，乡亲的儿子张磊，也就是米大公司现在的实际控制人，热情地接待了刘明。刘明查阅了米大公司的会计账簿，发现这些年米大的经营情况大致和他收到的讯息是一致的。两个人很快就退股一事达成一致，只是刘明提出自己一时找不到什么人能够接手自己手中的股权。对此张磊显然早有安排，他提出，可以用公司回购刘明的股权的方式完成这次退股，也就是说需要刘明配合行使自己的**回购请求权**。在米大公司的公司章程中，明确规定了只要在股东会上过半数股东表决同意，公司就可以以回购的方式收回希望退股的股东手中的股权；另一方面，股东对公司通过的重大事项存在异议时，也可以行使自己的回购请求权，要求公司以合理的价格回购自己的股份。

股东的回购请求是一项怎样的股东权利呢？公司到底可以在什么情况下回购股东的股份呢？

案例分析

所谓股东股份回购请求权，指的是在特定的情形下，对公司股东会议（大会）决议持反对意见的股东，可以要求公司以合理公平的价格收购自己股份。法律之所以这样规定，是为了保护小股东的权利，让那些由于所持股份不占优势而无法真正参与公司经营决策的股东，至少拥有退出公司的权利。无论是有限公司的股东还是股份公司的股东，无论是中小股东还是天使投资人，为了避免大股东侵害自身利益或套利离场，股份回购请求权都应当受到股东的关注。

首先，法律上针对有限责任公司规定了三种可触发股东的回购请求权的情形，分别是：（1）公司连续 5 年不向股东分配利润，而公司该 5 年连续盈利，并且符合公司法规定的分配利润条件的；（2）公司合并、分立、转让主要财产的；（3）公司章程规定的营业期限届满或者章程规定的其他解散事由出现，股东会通过决议修改章程使公司存续的。需要注意的是，在这三种情况下，想要行使请求权的股东必须已经对股东会议决议表示明确的反对。如果股东对决议并无异议，便不能行使回购股份的请求权。

但在以上三种**法定情形**之外，有限责任公司和其股东还可以**自由约定**在其他情形下进行股份回购。在本故事中，米大公司就希望以公司回购股份的方式安排刘明退出公司，双方之间只要达成合意，交易就成立并且产生法律效力。

另一方面，法律对于股份有限公司回购本公司股份的限制就相对严格了。法律原则上是不允许股份有限公司回购本公司股份的，但也列明了几种例外情况：（1）减少公司注册资本；（2）与持有本公司股份的其他公司合并；（3）将股份奖励给本公司职工；（4）股东因对股东大会作出的公司合并、分立决议持异议，要求公司收购其股份的。并且公司法对这些例外情况下的回购时间、数额等方面做了较为详细的规定。

虽然限制股份有限公司对本公司股权的回购是公司法的一般原则，但也并非完全受到禁止，除了立法上规定的例外情况，为了适应公司动态运作的客观需要，司法实践中在特定情况下也允许股份有限公司回购自己的股份，将其作为公司运作过程中的应急性临时变通措施。比如，有时公司回购自己的股份可使股本结构向合理的方向调整，为将来资本的运作创造一定的空间。当公司运营一段时间后，为了使公司的财务结构配合其商业政策的需要，公司会考虑减少公司的资本金，而回购自己的股份加以注销则是公司减资常用的方法。减资后会使资本结构更趋于合理化，从而使公司具有良好的发展前景。

相关法条

《公司法》

第七十四条

有下列情形之一的，对股东会该项决议投反对票的股东可以请求公司按照合理的价格收购其股权：

（一）公司连续5年不向股东分配利润，而公司该5年连续盈利，并且符合本法规定的分配利润条件的；

（二）公司合并、分立、转让主要财产的；

（三）公司章程规定的营业期限届满或者章程规定的其他解散事由出现，股东会会议通过决议修改章程使公司存续的。

自股东会会议决议通过之日起60日内，股东与公司不能达成股权收购协议的，股东可以自股东会会议决议通过之日起90日内向人民法院提起诉讼。

第一百四十二条

公司不得收购本公司股份。但是，有下列情形之一的除外：

（一）减少公司注册资本；

（二）与持有本公司股份的其他公司合并；

（三）将股份奖励给本公司职工；

（四）股东因对股东大会作出的公司合并、分立决议持异议，要求公司收购其股份的。

公司因前款第（一）项至第（三）项的原因收购本公司股份的，应当经股东大会决议。公司依照前款规定收购本公司股份后，属于第（一）项情形的，应当自收购之日起 10 日内注销；属于第（二）项、第（四）项情形的，应当在 6 个月内转让或者注销。

公司依照第一款第（三）项规定收购的本公司股份，不得超过本公司已发行股份总额的 5%；用于收购的资金应当从公司的税后利润中支出；所收购的股份应当在一年内转让给职工。

公司不得接受本公司的股票作为质押权的标的。

最高人民法院《关于适用〈中华人民共和国公司法〉若干问题的规定（二）》

第五条

人民法院审理解散公司诉讼案件，应当注重调解。当事人协商同意由公司或者股东收购股份，或者以减资等方式使公司存续，且不违反法律、行政法规强制性规定的，人民法院应予支持。当事人不能协商一致使公司存续的，人民法院应当及时判决。

经人民法院调解公司收购原告股份的，公司应当自调解书生效之日起 6 个月内将股份转让或者注销。股份转让或者注销之前，原告不得以公司收购其股份为由对抗公司债权人。

故事六

股东不缴纳出资怎么办？

经过了两个月的忙碌，周亮鹏总算搞定了在马来西亚的全部工作，他在返程前来到了大哥飞泽家中。大家坐在一起聊天，但聊着聊着，周亮鹏注意到大哥虽脸上一直带着笑意，但似乎神情中隐隐藏着一丝焦虑。

“飞泽哥，你怎么了，心里有事？”周亮鹏停下话头，拍拍大哥的腿问道。

“唉，其实也没什么大事……你来得也巧，我这刚接了一个电话，小林（飞泽公司的得力干将）打给我的。”飞泽沉吟道，“我不是和你说过最近公司有好几个大的项目在手里嘛，流动资金有点紧张，本来没什么问题的，正好有一个股东的最后一笔分期出资该兑现了，可没想到这家伙沾上了‘赌’字，现在为了躲债人影都找不着了，更别说原本该出给公司的钱了。”

周亮鹏听完也眉头一紧，觉得这件事情挺棘手的，但只可惜自己的事业也才刚刚回到正轨，实在没有资本可以帮大哥一把。他不禁往下深想了一层，要是以后自己的公司也遇到了类似的情况，有**股东不履行出资义务**，那又该如何应对呢？或者说该如何从一开始就将此类风险降到最低呢？他决心好好了解一下有关股东出资义务及违反出资义务的责任等相关法律知识。

案例分析

股东出资义务，是指股东根据股权投资协议的约定以及法律和公司章程的规定，向公司交付财产或履行其他义务的行为。这种义务既是一种股东之间约定的义务，同时也是一种法律规定的义务。

不同出资的特点决定了股东履行出资的方式也有不同。货币出资的履行方式最为简单，只需货币的实际交付即可，即将应出资的货币存入设立中的公司在银行开设的账户。实物等非货币出资的履行方式则较为复杂：以实物出资的，股东协商确定或指定财物保管人，由出资人将该出资实物交付保管人，并由保管人出具收到证明；以需变更产权登记的实物出资的，暂将该实物权属证明交付保管人或承诺公司设立后变更登记事项，公司设立后根据约定或法定时间为公司办理产权变更登记；以须经登记的工业产权出资的，应当于公司设立成功，取得营业执照后的合理期限内为公司办理变更权属登记，需将该技术约定为公司所有，并将该技术的相关资料移交公司备存；以不需登记的工业产权（如专有技术、技术秘密等）出资的，需将该技术约定为公司所有，并将该技术的相关资料移交公司备存；以著作权出资的，如需登记，应将著作权财产性权利登记变更为公司所有（如计算机软件著作权），如不需登记的，应当将授权文书、权利记载文本等财产性文件交付公司；以其他无形财产权出资的，如需经登记的，应当于公司取得营业执照后合理期限内为公司办理权属变更登记（如土地使用权等），无须登记的，应将相关权利记载文件和资料移交公司备存。

由于现行公司法允许股东分期出资，并对出资方式也予以放宽，这就导致股东不履行出资义务的情况屡有发生。股东不履行出资义务的情形主要有如下几种：

1. 虚假出资，是指宣称其已经出资而事实上并未出资，其性质为欺诈行为，如以无实际货币的虚假银行进账单、对账单或者以虚假的实物投资手续骗取验资报告和公司登记。

2. 抽逃出资，是指在公司成立后或资本验资之后，将缴纳的出资抽回，其性质亦属欺诈。

3. 迟延出资，是指股东不按章程规定的期限交付出资或办理实物等财产权的转移手续。

4. 出资不足，是指在章程规定期限内，股东仅仅部分履行了其所承诺的出资义务，且至今未能补足出资的情形。出资不足是股东违反出资义务中最为普遍的现象。

5. 瑕疵出资，是指股东交付的非货币财产实际价值显著低于评估价值，造成财产实际价值降低的。

我国法律法规在督促股东履行出资义务方面规定了两类救济方式：**非诉讼方式和诉讼方式**。非诉讼方式经济便捷，但不带有终局性，只能针对未出资或抽逃出资的股东；诉讼方式耗费时间和成本，但可以要求履行出资责任的主体广泛，是非诉讼方式的最终保障。诉讼方式自不用多说，以下介绍三种在实践中主要的非诉讼救济方式：

1. 减少资本，取消股权。

将股东未出资的部分从公司资本中减除，使公司资本与股东的实际出资额一致，取消该股东的股权及股东身份。这种救济方式的采用，会直接缩减公司的财产规模和数量，降低公司的债务清偿能力。因此，必须严格按法定减资程序进行，必须在现有债务进行清偿或向公司提供有效担保之后，未出资的股东才能有效地从公司退出。

2. 替代出资，追偿债务。

由其他股东替代未出资的股东履行出资义务，该股东的资格继续存在，股权得以圆满，同时，替代出资的股东取得向该股东追偿的权利，如果追偿失败或该股东无力清偿，替代出资的股东应有权选择继续追偿或直接取得该项股权以抵偿替代履行的出资。

3. 转让股权，变更股东。

将未出资股东的股权直接转让给其他股东或股东之外的投资者，由受让者履行相应的出资义务。该方式与前种方式的区别在于受让者越过了替代履行、追偿出资款的中间程序，而直接通过股权转让的方式取得该项股权。

显然，未出资股东和已出资股东对上述方式会持完全不同的立场，如果公司经营良好、前景乐观，未出资股东趋于选择填补出资、完善股权；如果公司经营不良、前景悲观，未出资股东则趋于选择不予出资、退出公司。而其他股东的立场可能正好相反。民商法的原则历来是分辨善恶、归咎其错，上述方式的选择权无疑应归属于无过错的已出资股东，负有过错的未出资股东在此应承担被动的不利后果。但需强调的是，股权的转让是股东固有的权利，除为清偿股东债务而在诉讼程序中强制执行的情况外，股权是不可强制转让的，已出资股东如选择了股权转让方式，必须以未出资股东的同意为前提，实践中出现的勒令退股或开除股东的做法都是悖于公司法的基本原理的。

相关法条

《公司法》

第二十七条

股东可以用货币出资，也可以用实物、知识产权、土地使用权等可以用货币估价并可以依法转让的非货币财产作价出资；但是，法律、行政法规规定不得作为出资的财产除外。

对作为出资的非货币财产应当评估作价，核实财产，不得高估或者低估作价。法律、行政法规对评估作价有规定的，从其规定。

第二十八条

股东应当按期足额缴纳公司章程中规定的各自所认缴的出资额。股东以货币出资的，应当将货币出资足额存入有限责任公司在银行开设的账户；以非货币财产出资的，应当依法办理其财产权的转移手续。

股东不按照前款规定缴纳出资的，除应当向公司足额缴纳外，还应当向已按期足额缴纳出资的股东承担违约责任。

最高人民法院《关于适用〈中华人民共和国公司法〉若干问题的规定（三）》

第六条

股份有限公司的认股人未按期缴纳所认股份的股款，经公司发起人催缴后在合理期间内仍未缴纳，公司发起人对该股份另行募集的，人民法院应当认定该募集行为有效。认股人延期缴纳股款给公司造成损失，公司请求该认股人承担赔偿责任的，人民法院应予支持。

第十五条

第三人代垫资金协助发起人设立公司，双方明确约定在公司验资后或者在公司成立后将该发起人的出资抽回以偿还该第三人，发起人依照前述约定抽回出资偿还第三人后又不能补足出资，相关权利人请求第三人连带承担发起人因抽回出资而产生的相应责任的，人民法院应予支持。

第十六条

出资人以符合法定条件的非货币财产出资后，因市场变化或者其他客观因素导致出资财产贬值，公司、其他股东或者公司债权人请求该出资人承担补足出资责任的，人民法院不予支持。但是，当事人另有约定的除外。

第十七条

股东未履行或者未全面履行出资义务或者抽逃出资，公司根据公司章程或者股东会决议对其利润分配请求权、新股优先认购权、剩余财产分配请求权等股东权利作出相应的合理限制，该股东请求认定该限制无效的，人民法院不予支持。

第十八条

有限责任公司的股东未履行出资义务或者抽逃全部出资，经公司催告缴纳或者返还，其在合理期间内仍未缴纳或者返还出资，公司以股东会决议解除该股东的股东资格，该股东请求确认该解除行为无效的，人民法院不予支持。

在前款规定的情形下，人民法院在判决时应当释明，公司应当及时办理法定减资程序或者由其他股东或者第三人缴纳相应的出资。在办理法定减资程序或者其他股东或者第三人缴纳相应的出资之前，公司债权人依照本规定第十三条或者第十四条请求相关当事人承担相应责任的，人民法院应予支持。

故事七

有人侵害公司利益怎么办？

转眼一年多的时间过去了，在周亮鹏的努力下，美美服装公司迅速在马来西亚打开了市场，订单源源不断。周亮鹏发现，公司用于服装生产的原材料本就有一大部分来自马来西亚，加之当地人力成本要远低于国内，如果可以在当地直接设厂生产，就可以省去一大笔运输成本和人力成本。经董事会讨论，一致决定由周亮鹏全权负责在当地寻找适合的服装厂进行收购。

经一位生意上的合作伙伴牵线，有一家名为 MALA 的服装公司主动联系上了周亮鹏，周亮鹏一看该公司的规模、生产力和设备配置都比较适合，于是就请公司法务针对该厂做一个初步的尽职调查。没过半小时，法务部就来了消息："这家公司有诉讼纠纷，而且还挺麻烦的，不建议收购。"

“这家公司欠外债了？”

“倒不是，是**股东代表诉讼**。”

股东代表诉讼？周亮鹏心里犯起了嘀咕：又遇到了一个陌生的法律词汇，该好好学习一下了。于是，周亮鹏请法务整理了一份MALA公司诉讼纠纷的案情介绍，配着法条开始研读了起来。

原来在一年前，MALA公司的两名董事会成员佩牙和岚瑟，以虚开发票、虚列成本等方式套取现金作为企业的小金库，被当地税务机关发现并处罚。其中补征所得税11万元，缴纳补税滞纳金2万元，虚开发票罚款3万元。公司的一位股东泽诺，由于长期在国外，之前已经提出退股并经股东会一致通过，但迟迟未办理相关手续。他知道了上述事实后，向佩牙和岚瑟发出催告函，要求两人对公司这次的损失作出赔偿。但因佩牙是MALA公司的总经理兼监事，岚瑟又是公司的董事长兼财务负责人，公司实际被两人牢牢地控制着，泽诺根本无法根据法律规定行使救济权利，故要求佩牙、岚瑟两人在30日内赔偿公司损失16万元。佩牙、岚瑟未予回复。30日后，泽诺将二人诉至法院，要求赔偿公司损失16万元。

案例分析

本故事中涉及的是**股东代表诉讼**，又称**派生诉讼**、**股东代位诉讼**，是指当公司的合法权益受到不法侵害而公司怠于起诉时，公司的股东即以自己的名义直接起诉，所获得赔偿归公司的一种诉讼制度。在本故事中，泽诺以自己的名义代表MALA公司，针对佩牙、岚瑟两名董事侵害公司权利的行为提起诉讼，就是股东代表诉讼。

事实上，公司所涉及的事项诸多，并不是公司所有股东都有权利提出股东代表诉讼，而且这种诉讼的提出必须满足一定的前提条件。

首先，提起代表诉讼的原告为**“有限责任公司的股东、股份有限公司连续180日以上单独或者合计持有公司1%以上股份的股东”**。

第一，有权提起代表诉讼必须是公司的股东，非股东或者起诉时已丧失股东资格的人无权提起代表诉讼。在本故事中，泽诺虽然已经提出了退股，但迟迟未实际履行，所以他仍是MALA公司的股东，有权提起股东代表诉讼。第二，为防止出现个别股东随意使用此项诉讼权利，造成董事、监事、高级管理人员疲于应付诉讼，难以专注于公司事务的管理和监督，影响公司正常的生产经营活动，股东代表诉讼对股东资格也有一定的限制，即有限公司股东或者持股满足一定条件的股份公司的股东。

其次，一般情况下，只有确认公司怠于追究侵害公司利益行为人的责任，股东才可以提起股东代表诉讼。这是为了尊重公司内部治理，尽量通过公司内部机关的相互制衡，达到相互监督、避免利益冲突的目的。股东提起代表诉讼之前，应当先向有关公司机关提出请求，请有关公司机关向人民法院直接提起诉讼。如果有关公司机关接到该请求后拒绝履行职责或者怠于履行职责，股东为维护公司利益才有权以自己的名义向人民法院提起代表诉讼。这是股东代表诉讼的前置程序，也称竭尽公司内部救济原则，具体表现为以下四种情况：

1. 书面请求监事会（不设监事会的监事）以公司的名义起诉。

2. 监事违法，书面请求董事会（执行董事）以公司的名义起诉。

3. 监事会（不设监事会的监事）或者董事会（执行董事）收到书面请求后拒绝起诉，或者自收到请求之日起 30 日内未起诉，或者情况紧急、不立即提起诉讼将会使公司利益受到难以弥补的损害的，前款规定的股东有权为了公司的利益以自己的名义直接起诉状告董事、监事、高管违法。

4. 他人侵犯公司合法权益，股东可以依照上述规定起诉。

最后，股东代表诉讼需有明确的被告及具体的诉讼请求和事实、理由。股东代表诉讼的被告为董事、监事、高级管理人员和他人，主要是针对董事、监事、高级管理人员违反对公司的忠实和勤勉义务，给公司造成损害的行为提起的诉讼。对于公司董事、监事、高级管理人员以外的其他人侵犯公司合法权益，给公司造成损害的，股东也可以代表公司向人民法院提起诉讼。佩牙、岚瑟在经营 MALA 公司期间，以虚开发票、虚列成本等方式套取现金，侵犯了公司的合法权益，故佩牙、岚瑟符合股东代表诉讼的被告条件。

综合以上内容看来，股东起诉的条件还是比较多的。当股东的权利与利益受到侵犯时，要及时地利用法律武器维护自身权益，避免公司遭受不法侵害。

相关法条

《公司法》

第一百五十一条

董事、高级管理人员有本法第一百四十九条规定的情形的（董事、监事、高级管理人员执行公司职务时违反法律、行政法规或者公司章程的规定，给公司造成损失的，应当承担赔偿责任），有限责任公司的股东、股份有限公司连续180日以上单独或者合计持有公司1%以上股份的股东，可以书面请求监事会或者不设监事会的有限责任公司的监事向人民法院提起诉讼；监事有本法第一百四十九条规定的情形的，前述股东可以书面请求董事会或者不设董事会的有限责任公司的执行董事向人民法院提起诉讼。

监事会、不设监事会的有限责任公司的监事，或者董事会、执行董事收到前款规定的股东书面请求后拒绝提起诉讼，或者自收到请求之日起30日内未提起诉讼，或者情况紧急、不立即提起诉讼将会使公司利益受到难以弥补的损害的，前款规定的股东有权为了公司的利益以自己的名义直接向人民法院提起诉讼。

他人侵犯公司合法权益，给公司造成损失的，本条第一款规定的股东可以依照前两款的规定向人民法院提起诉讼。

最高人民法院《关于适用〈中华人民共和国公司法〉若干问题的规定（四）》

第二十四条

符合公司法第一百五十一条第一款规定条件的股东，依据公司法第一百五十一条第二款、第三款规定，直接对董事、监事、高级管理人员或者他人提起诉讼的，应当列公司为第三人参加诉讼。

一审法庭辩论终结前，符合公司法第一百五十一条第一款规定条件的其他股东，以相同的诉讼请求申请参加诉讼的，应当列为共同原告。

股份有限公司

从股份有限公司看公司的本质

住在斯德哥尔摩的卡尔，是一位地地道道的瑞典人，他在当地是一位非常有名的英语教师。卡尔很有爱心，十分热爱自己的家乡，为此他加入当地的导游协会，为来斯德哥尔摩参访的外国大学生提供免费的英语解说。有一次，在他负责导游解说的夏令营活动中，他与来自中国银川的高甜甜结识，二人一见钟情。他们的感情并未被距离所阻隔，卡尔一直保持着和甜甜的电话来往。这样过了一年以后，甜甜建议卡尔来中国与她一起发展。最终，为了爱情，卡尔决定离开瑞典去中国找甜甜。

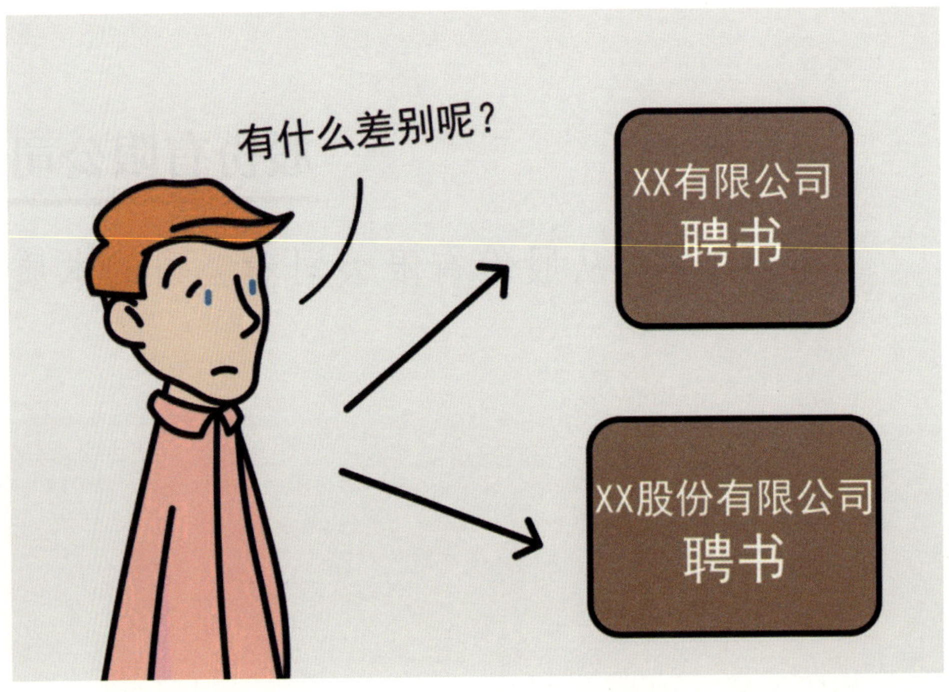

故事一 股份有限公司的特别之处

十几个小时长途飞行所带来的疲惫，在看到高甜甜的那一刻起便烟消云散了。看着眼前这个可爱的姑娘，害羞内敛的卡尔不由自主展开了双臂，给了她一个大大的拥抱，二人相视而笑。

日子一天天过去，在卡尔的细心指导下，甜甜的英语水平产生了“质”的飞跃，甚至在雅思考试中考出了7.5分的好成绩。甜甜打心里觉得，卡尔耐心、负责，教授英语的水平比自己见过的任何英语老师都要出色！如果卡尔在中国做英文老师，那一定可以成功！

在高甜甜的鼓励下，卡尔决定发挥自己的优势，应聘外籍老师教小朋友英语与瑞典语。经过多方了解，卡尔应聘了两家市场上最有名的外教机构：一家叫“新北方”一家叫“新南方”。经过层层面试，两家外教机构很快都给卡尔发送了录用函，卡尔拿着录用函开心到手舞足蹈，自己终于有了在中国的第一份工作了！然而，这两个旗鼓相当的教育机构在工资待遇上都不相上下，自己究竟应该如何选择呢？卡尔陷入了两难之中。听新北方公司的人力专员说："我们规模大，是股份有限公司，发展了十几年，目前生源稳定，是出了名的大品牌，值得信赖，发展的平台很好。"而新南方教育机构则是一家有限责任公司，它的人力专员说："我们小而精，专门攻克外语教学高端市场，来我们公司发展前景相当好。"就市场口碑来说，二者都非常棒，那么，股份有限公司到底是什么呢？其与有限责任公司又有着怎样的区别呢？

情景说法

股份有限公司是典型的资合公司，其具有规模庞大、公众性强的特点，可以通过发行股票的方式进行融资，往往具有较多股东。而本故事中所涉及的股份有限公司的股份是通过股票的形式予以表现的，一般来说，股份有限公司的股票与持有者人身并无特定联系，股票在法律上也是允许自由流转的，因此，股份有限公司具有较强的市场活跃性和竞争性，但同时也不可避免地具有盲目性和投机性。

就公司的设立条件以及设立程序上说，股份有限公司的设立比有限责任公司的设立都更严格、更复杂。两种公司的形式差异主要表现在如下几点，卡尔可以根据下述差异比较两个公司的区别，以此选择自己未来所工作的公司。

1. 人数限制不同。根据《公司法》规定，有限责任公司出资股东人数应为 2 ～ 50 人，也可以是一人，而股份有限公司的股东人数则为 2 ～ 200 人，因此，若卡尔选择在股份有限公司，那么其在工作中所接触的同事可能大大多于有限责任公司。

2. 有限责任公司与股份有限公司的股东都只承担有限责任。有限责任公司的股东就其出资额为限对公司承担责任，而股份有限公司的股东就其所认购的股份对公司承担责任。

3. 资本募集方式不同。有限责任公司因其具有人合性，其募集资金的方式也较为单一，其并不在社会上公开募集而是通过内部认购的方式进行募集。而股份有限公司则具有较强的开放性质，其可以通过公开发行股票或债券的形式募集资金，并允许持有者自由转让。

4.组织机构设置规范化程度不同。有限责任公司的组织机构比较简单、灵活，通常可以通过章程进行约定，可以只设董事、监事各一名，不设监事会、董事会。而股份有限公司的要求则相对较高，其必须设立董事会、监事会，定期召开股东大会，若日后股份有限公司上市，其还需进一步聘用外部独立董事。因此，若卡尔选择进入有限责任公司工作，那么他面对的公司组织结构相较于股份有限公司来说，是较为简单的、单一的，但股份有限公司的多重机构设置，也可在多重方面对卡尔起到权利保障作用。

5.财务状况公开程度不同。有限责任公司的财务状况，按公司章程规定的期限交各股东即可，无须进行公告与备查，其财务状况具有一定的保密性。而股份有限公司，由于其设立程序复杂，且要定期公布财务状况，相对来说更难于操作，保密性也较低。

通过上述股份有限公司与有限责任公司的对比，卡尔可以更为深刻地了解股份有限公司的性质，并依此选择是在股份有限公司还是有限责任公司工作。实际上，在中国的司法实践中，股份有限公司常以四种法律形态存在，分别是**上市公司**、**新三板挂牌企业**、**区域性股权中心发行股票的股份有限公司**以及**普通股份有限公司**。需要注意的是，绝大部分的股份有限公司还是处于未上市、未挂牌、未在区域性股权中心发行股票的普通股份有限公司状态。

法条索引

《公司法》

第七十七条

股份有限公司的设立，可以采取发起设立或者募集设立的方式。

发起设立，是指由发起人认购公司应发行的全部股份而设立公司。

募集设立，是指由发起人认购公司应发行股份的一部分，其余股份向社会公开募集或者向特定对象募集而设立公司。

第七十八条

设立股份有限公司，应当有 2 人以上 200 人以下为发起人，其中须有半数以上的发起人在中国境内有住所。

故事二 股份有限公司的诞生

为了庆祝自己顺利获得在新北方公司的工作机会，卡尔面试完便径直冲进了家附近的超级市场，他决定亲自下厨，为高甜甜做一桌丰盛美味的菜肴，和她一起分享自己的喜悦。为了制造气氛，卡尔不知从哪里翻出了两根蜡烛，准备制造一场浪漫的烛光晚餐。

这段时间，高甜甜正在协助经商的表哥设立一家股份有限公司，整天在外奔波。原来，高甜甜的表哥咸咸于半年前想要通过募集的方式设立一家股份有限公司，没想到，经过几个月的筹划，公司还是未能成功建立。因此，表哥咸咸特地拜托在投行工作，具有金融学习背景以及相关实务经验的高甜甜帮忙，希望可以以发行的方式实现设立公司的目的。因此，高甜甜在工作之余还要抽出时间为表哥打点相关事宜，几乎每天都是拖着极其劳累的身体下班回家。今天，当高甜甜推开家门看到卡尔亲手做的一桌菜，又听到卡尔求职成功的好消息时，满身的疲惫顿时一扫而光，二人无比幸福地相拥着，仿佛身边都冒起了粉红色的爱心泡泡。

为了消化肚子里的高热量美食，高甜甜与卡尔一致决定饭后出门散散步。伴随着夕阳的余光，二人漫步在银川的街道上，不知不觉竟走到了家附近不远处的阅海湾中央商务区，看着眼前这一座座直冲云霄的高楼，卡尔感慨着中国经济的发达。

中国不仅有宽阔的马路，林立的高楼，还有繁华的商圈，便利的生活设施，除此之外，还有和卡尔一样来自全球各地不同肤色的国际友人。“想不想去我工作的地方看看？”高甜甜望着卡尔调皮地眨了眨眼睛。“好啊！”卡尔拉起高甜甜的小手跟随着她来到最高的一幢写字楼前，“看，裕光股份有限公司，这就是我工作的公司！”卡尔朝着高甜甜手指的公司名牌望去，几个完全陌生的方块大字映入了眼前。除了高甜甜公司的名牌外，眼前的墙上还有大大小小的 30 多家公司的名称，“启方股份有限公司、明锐股份有限公司、奇至股份有限公司……”卡尔情不自禁地数了起来。让他惊奇的是，在这 30 多家公司里，竟然有 20 多家股份有限公司，想到自己即将上班的公司也是股份有限公司，卡尔不禁感叹，股份有限公司在中国商业市场上还真不是少数，想到高甜甜最近也整天在为设立股份有限公司的事忙里忙外，卡尔不禁产生了好奇——在中国，这些股份有限公司的设立流程又是什么样的呢？募集与发起方式设立的股份有限公司在程序上又有什么不同呢？

情景说法

设立股份有限公司，首先应当具备法定的基本条件，其内容主要包括六点：发起人符合法定人数要求；发起人认购和募集的股本达到法定资本最低限额要求；股份发行、筹办事项符合法律规定；发起人制订公司章程；有公司名称，并建立起符合股份有限公司要求的组织机构；具有公司住所。

在满足前述六点要求的前提下，股份有限公司可以采取发起或者募集的方式进行设立。发起设立，是指由发起人通过认购公司应发行的全部股份而设立公司的方式，其不再向社会公众公开募集。这种设立方式下，全体发起人认购的股本总额，就是公司进行设立登记时的注册资本总额。募集设立，是指由发起人认购公司应发行股份的一部分股份，其余股份通过向社会公开募集或者向特定对象募集的方式而设立股份有限公司。

需要注意的是，本故事中卡尔所见的 20 多家公司虽然都为股份有限公司，但其设立方式可能并不完全一致，根据股份有限公司设立方式的不同，股份有限公司的设立在程序上也是有所不同的。

1. 通过发起设立股份有限公司的程序

（1）发起人之间应以书面的形式订立发起人协议。若本故事中的高甜甜以发起的方式协助表哥设立公司，则发起人应订立书面协议。协议的内容通常包括以下几方面：发起人的姓名、住所；公司拟发行的股份类别，每股的面值、发行价；每个发起人的认购数额、出资类别；发起人缴纳股款、转让财产权利的时间和方式以及发起费用的预算和每一个发起人的发起费用的负担等。

（2）订立公司章程。

（3）按照协议的规定缴纳出资认购股份。

（4）选举公司机关成员。如选举董事会、监事会成员。

（5）由董事会向公司登记机关报送设立公司所必需的批准文件、公司章程、验资证明等文件，申请设立登记。

（6）予以登记并颁发营业执照。

2. 募集设立股份有限公司的程序

以募集的方式设立股份有限公司，应注意以下几点：

（1）发起人之间以书面形式订立发起人协议。

（2）草拟公司章程。发起人起草公司章程，由日后召开的创立大会通过。

（3）发起人认缴股份。虽然发起人只认购全部拟股份中的一部分，但依据我国公司法律规定，发起人认购的股份数额应不少于首期发行股份数的 35%。

（4）向社会公开募集其他股份。制定招股说明书并向国务院递交募股申请。需要注意的是，申请时，还必须同时报送公司法规定的一些其他文件，比如公司章程、经营估算书、发起人的姓名、认购的股份数等。同时，发起人还需公告招股说明书，并制作认股书，同依法设立的证券经营机构签订承销协议，并与银行签订代收股款的协议。

（5）召开创立大会。

（6）申请设立登记。

（7）予以登记颁发营业执照，并进行公告。

因此，卡尔虽然在市场上看到众多股份有限公司，但实践中设立股份有限公司的程序并不简单，根据股份有限公司的设立方式的不同其所经历的流程也是大有不同的。

法条索引

《公司法》

第七十六条

设立股份有限公司，应当具备下列条件：

（一）发起人符合法定人数；

（二）有符合公司章程规定的全体发起人认购的股本总额或者募集的实收股本总额；

（三）股份发行、筹办事项符合法律规定；

（四）发起人制订公司章程，采用募集方式设立的经创立大会通过；

（五）有公司名称，建立符合股份有限公司要求的组织机构；

（六）有公司住所。

第七十七条

股份有限公司的设立，可以采取发起设立或者募集设立的方式。

发起设立，是指由发起人认购公司应发行的全部股份而设立公司。

募集设立，是指由发起人认购公司应发行股份的一部分，其余股份向社会公开募集或者向特定对象募集而设立公司。

第七十八条

设立股份有限公司，应当有2人以上200人以下为发起人，其中须有半数以上的发起人在中国境内有住所。

第七十九条

股份有限公司发起人承担公司筹办事务。

发起人应当签订发起人协议，明确各自在公司设立过程中的权利和义务。

第八十条

股份有限公司采取发起设立方式设立的，注册资本为在公司登记机关登记的全体发起人认购的股本总额。在发起人认购的股份缴足前，不得向他人募集股份。

股份有限公司采取募集方式设立的，注册资本为在公司登记机关登记的实收股本总额。

法律、行政法规以及国务院决定对股份有限公司注册资本实缴、注册资本最低限额另有规定的，从其规定。

第八十一条

股份有限公司章程应当载明下列事项：

（一）公司名称和住所；

（二）公司经营范围；

（三）公司设立方式；

（四）公司股份总数、每股金额和注册资本；

（五）发起人的姓名或者名称、认购的股份数、出资方式和出资时间；

（六）董事会的组成、职权和议事规则；

（七）公司法定代表人；

（八）监事会的组成、职权和议事规则；

（九）公司利润分配办法；

（十）公司的解散事由与清算办法；

（十一）公司的通知和公告办法；

（十二）股东大会会议认为需要规定的其他事项。

第八十二条

发起人的出资方式，适用本法第二十七条的规定。

第八十三条

以发起设立方式设立股份有限公司的，发起人应当书面认足公司章程规定其认购的股份，并按照公司章程规定缴纳出资。以非货币财产出资的，应当依法办理其财产权的转移手续。

发起人不依照前款规定缴纳出资的，应当按照发起人协议承担违约责任。

发起人认足公司章程规定的出资后，应当选举董事会和监事会，由董事会向公司登记机关报送公司章程以及法律、行政法规规定的其他文件，申请设立登记。

第八十四条

以募集设立方式设立股份有限公司的，发起人认购的股份不得少于公司股份总数的35%；但是，法律、行政法规另有规定的，从其规定。

第八十五条

发起人向社会公开募集股份，必须公告招股说明书，并制作认股书。认股书应当载明本法第八十七条所列事项，由认股人填写认购股数、金额、住所，并签名、盖章。认股人按照所认购股数缴纳股款。

第八十六条

招股说明书应当附有发起人制订的公司章程，并载明下列事项：

（一）发起人认购的股份数；

（二）每股的票面金额和发行价格；

（三）无记名股票的发行总数；

（四）募集资金的用途；

（五）认股人的权利、义务；

（六）本次募股的起止期限及逾期未募足时认股人可以撤回所认股份的说明。

第八十七条

发起人向社会公开募集股份，应当由依法设立的证券公司承销，签订承销协议。

第八十八条

发起人向社会公开募集股份，应当同银行签订代收股款协议。

代收股款的银行应当按照协议代收和保存股款，向缴纳股款的认股人出具收款单据，并负有向有关部门出具收款证明的义务。

第八十九条

发行股份的股款缴足后，必须经依法设立的验资机构验资并出具证明。发起人应当自股款缴足之日起30日内主持召开公司创立大会。创立大会由发起人、认股人组成。

发行的股份超过招股说明书规定的截止期限尚未募足的，或者发行股份的股款缴足后，发起人在30日内未召开创立大会的，认股人可以按照所缴股款并加算银行同期存款利息，要求发起人返还。

第九十条

发起人应当在创立大会召开15日前将会议日期通知各认股人或者予以公告。创立大会应有代表股份总数过半数的发起人、认股人出席，方可举行。

创立大会行使下列职权：

（一）审议发起人关于公司筹办情况的报告；

（二）通过公司章程；

（三）选举董事会成员；

（四）选举监事会成员；

（五）对公司的设立费用进行审核；

（六）对发起人用于抵作股款的财产的作价进行审核；

（七）发生不可抗力或者经营条件发生重大变化直接影响公司设立的，可以作出不设立公司的决议。

创立大会对前款所列事项作出决议，必须经出席会议的认股人所持表决权过半数通过。

第九十一条

发起人、认股人缴纳股款或者交付抵作股款的出资后，除未按期募足股份、发起人未按期召开创立大会或者创立大会决议不设立公司的情形外，不得抽回其股本。

第九十二条

董事会应于创立大会结束后30日内，向公司登记机关报送下列文件，申请设立登记：

（一）公司登记申请书；

（二）创立大会的会议记录；

（三）公司章程；

（四）验资证明；

（五）法定代表人、董事、监事的任职文件及其身份证明；

（六）发起人的法人资格证明或者自然人身份证明；

（七）公司住所证明。

以募集方式设立股份有限公司公开发行股票的，还应当向公司登记机关报送国务院证券监督管理机构的核准文件。

第九十三条

股份有限公司成立后，发起人未按照公司章程的规定缴足出资的，应当补缴；其他发起人承担连带责任。

股份有限公司成立后，发现作为设立公司出资的非货币财产的实际价额显著低于公司章程所定价额的，应当由交付该出资的发起人补足其差额；其他发起人承担连带责任。

第九十四条

股份有限公司的发起人应当承担下列责任：

（一）公司不能成立时，对设立行为所产生的债务和费用负连带责任；

（二）公司不能成立时，对认股人已缴纳的股款，负返还股款并加算银行同期存款利息的连带责任；

（三）在公司设立过程中，由于发起人的过失致使公司利益受到损害的，应当对公司承担赔偿责任。

第九十五条

有限责任公司变更为股份有限公司时，折合的实收股本总额不得高于公司净资产额。有限责任公司变更为股份有限公司，为增加资本公开发行股份时，应当依法办理。

第九十六条

股份有限公司应当将公司章程、股东名册、公司债券存根、股东大会会议记录、董事会会议记录、监事会会议记录、财务会计报告置备于本公司。

第九十七条

股东有权查阅公司章程、股东名册、公司债券存根、股东大会会议记录、董事会会议决议、监事会会议决议、财务会计报告，对公司的经营提出建议或者质询。

故事三

股东大会有哪些权力？

在第一天的新员工见面会上，卡尔很快交到了新的朋友，即来自美国的利姆和来自英国的约翰，他们都与自己一样，是决定在中国生活发展的外籍人士。听约翰说，按照公司规定，卡尔一行人作为“新人”，即将在入职的第一个月内前往北京总部接受为期二十天的新人培训。听了这个消息卡尔别提多开心了，北京作为中国的首都，一直是自己想要旅游观光的几大城市之一。

下班后，卡尔立即兴奋地拨通高甜甜的电话，并告诉她这个好消息。没想到，电话那头的高甜甜的反应却没有想象中那么开心，询问之下，卡尔得知原来高甜甜与其表哥咸咸最近想要设立股份有限公司的事情遇到了困难。原来，表哥咸咸现在还是 A 公司的副董事长。原来，咸咸是 A 公司董事长的儿子。三年前，董事长突然病倒，他临危受命，担任公司副董事长主持大局。咸咸担此重任后，为了扩展公司业务便计划以其控制的 A 股份有限公司，投资设立新的 B 股份有限公司，经过缜密的方案设计后，咸咸作为公司副董事长便提出召开**股东会**的提议，希望可以在大会表决中通过自己的计划。没想到，一部分股东认为未到召开会议日期而坚决反对会议的召开，另一部分股东则主张咸咸根本没有召集会议的权利，面对骑虎难下的局面，年纪轻轻的咸咸压根儿不知如何是好。加上老董事长身体状况不佳后，公司大股东及相关管理人员之间便为了各自的利益形成了派系之分，在众多公司决议上一直各执己见，就连公司日常的管理事宜，两大派系之间也常难以达成共识，咸咸提出的投资新公司的计划也因此而一拖再拖难以得到进一步的推进。然而，就在今天举办的 A 股份有限公司股东大会上，股东们再次对于是否投资设立新公司的相关事宜进行了表决，根据最终的投票结果，大部分股东反对对 B 股份有限公司进行投资。高甜甜说，这意味着自己与表哥最近为了筹划新公司所做的所有努力很可能付之东流了。卡尔听了高甜甜的话心里很不是滋味，虽然很想为她做点什么，但自己却完全不懂她所说的什么公司股东大会。那么，究竟什么是股份有限公司的股东大会呢？

情景说法

股东会是公司的**最高权力机关**，公司选举董事、监事、修改公司章程、分配利润、增资减资、合并、分立、解散清算等最重要、最根本的事项都是由股东会决定的。股东大会应当每年召开一次，但在六种情形下例外：董事人数不足法定人数或者公司章程所定人数的 2/3、公司未弥补的亏损达实收股本总额 1/3、单独或者合计持有公司 10% 以上股份的股东请求、董事会认为必要、监事会提议召开以及具有公司章程规定的其他情形时，公司应当在两个月内召开临时股东大会。需要注意的是，股东会会议的召开应当遵循公司法及公司章程的规定，否则股东会的决议可能存在法律瑕疵，形成的决议最终可能面临不成立、无效或者可撤销的结果。

下文将从股东会的主持、通知、会议时间、股东和代理出席几个方面介绍股东大会的有关法律知识。

1. 股东大会的主持

股东大会应由董事会召集，董事长主持。当公司董事长不能或故意不履行职务时，股东大会应当由副董事长主持；当副董事长不能或故意不履行职务时，则应由半数以上的董事共同推举 1 名董事主持股东大会。除此之外，当董事会不能或无法履行召集股东大会职责的情况下，公司监事会以及连续 90 日以上单独或者合计持有公司 10% 以上股份的股东可以自行召集和主持股东大会，其享有股东大会的补充召集权和主持权。如本故事中，表哥戚戚所在的 A 公司的董事长因生病难以履行召集会议职责，那么，A 公司的副董事长戚戚则应当替代董事长履行相关职责，进行会议的召集与主持，该权利是法律赋予的，其他股东无权剥夺。

2. 股东大会的会议通知

董事会召集举办股东大会时，公司应当将会议召开的具体事宜，如时间、地点和审议的事项等，于会议召开的前 20 日通知至各股东；召开临时股东大会时，则应当于 15 日前进行通知。需要注意的是，会议通知的起始期限，不应当包括会议召开的当日，且股东大会、临时会议召开时不得对会议通知中未予列明的事项作出决议。因此，戚戚作为副董事长，若想召集股东会议，则应履行相应的通知程序。

3. 股东大会的会议时间

股东大会应当每年召开一次，应当于上一会计年度结束之日起的 6 个月内举行。如本故事中，A 公司每年应按期即自上一会计年度结束之日起开始起算，在 6 个月内召开股东大会。会计年度是指公司进行财务核算的时间，一般是每年的 1 月 1 日至 12 月 31 日。

4. 股东和代理的出席

股东可以选择亲自或委托代理人出席股东会议，并对相关事宜进行表决。若股东委托他人出席，则应以书面形式委托代理人，代理人需向公司提交股东授权委托书、代理人身份证和持股凭证，并仅在授权范围内行使表决权。若股东亲自出席会议的，则应当出示本人身份证和持股凭证，如本故事中的副董事长戚戚作为公司的大股东之子，代替其父出席股东大会时应向公司提交授权委托书、代理人身份证和持股凭证，并在其父授权的范围内形使表决权。

需要注意的是，在公司只有一个股东出席股东大会的情况下，公司通过的议案是否有效呢？

根据《公司法》，股东大会作出决议，必须经出席会议的股东所持表决权过半数通过。股东大会作出修改公司章程、增加或者减少注册资本的决议，以及公司是否合并、分立、解散或者变更公司形式的决议，需出席会议的股东所持表决权的2/3以上才可通过。因此，在股东大会审议议案的程序上，若其他股东放弃行使权利并不会影响出席会议股东的相关权利的行使，哪怕只有一个股东出席股东大会，只要其行使表决权的行为符合《公司法》的相关规定，股东大会的决议程序与结果就是有理有据的。

法条索引

《公司法》

第九十八条

股份有限公司股东大会由全体股东组成。股东大会是公司的权力机构，依照本法行使职权。

第九十九条

本法第三十七条第一款关于有限责任公司股东会职权的规定，适用于股份有限公司股东大会。

第一百条

股东大会应当每年召开一次年会。有下列情形之一的，应当在两个月内召开临时股东大会：

（一）董事人数不足本法规定人数或者公司章程所定人数的2/3时；

（二）公司未弥补的亏损达实收股本总额1/3时；

（三）单独或者合计持有公司10%以上股份的股东请求时；

（四）董事会认为必要时；

（五）监事会提议召开时；

（六）公司章程规定的其他情形。

第一百零一条

股东大会会议由董事会召集，董事长主持；董事长不能履行职务或者不履行职务的，由副董事长主持；副董事长不能履行职务或者不履行职务的，由半数以上董事共同推举一名董事主持。

董事会不能履行或者不履行召集股东大会会议职责的，监事会应当及时召集和主持；监事会不召集和主持的，连续90日以上单独或者合计持有公司10%以上股份的股东可以自行召集和主持。

第一百零二条

召开股东大会会议，应当将会议召开的时间、地点和审议的事项于会议召开20日前通知各股东；临时股东大会应当于会议召开15日前通知各股东；发行无记名股票的，应当于会议召开30日前公告会议召开的时间、地点和审议事项。

单独或者合计持有公司3%以上股份的股东，可以在股东大会召开10日前提出临时提案并书面提交董事会；董事会应当在收到提案后2日内通知其他股东，并将该临时提案提交股东大会审议。临时提案的内容应当属于股东大会职权范围，并有明确议题和具体决议事项。

股东大会不得对前两款通知中未列明的事项作出决议。

无记名股票持有人出席股东大会会议的，应当于会议召开五日前至股东大会闭会时将股票交存于公司。

第一百零三条

股东出席股东大会会议，所持每一股份有一表决权。但是，公司持有的本公司股份没有表决权。

股东大会作出决议，必须经出席会议的股东所持表决权过半数通过。但是，股东大会作出修改公司章程、增加或者减少注册资本的决议，以及公司合并、分立、解散或者变更公司形式的决议，必须经出席会议的股东所持表决权的2/3以上通过。

第一百零四条

本法和公司章程规定公司转让、受让重大资产或者对外提供担保等事项必须经股东大会作出决议的，董事会应当及时召集股东大会会议，由股东大会就上述事项进行表决。

第一百零五条

股东大会选举董事、监事，可以依照公司章程的规定或者股东大会的决议，实行累积投票制。

本法所称累积投票制，是指股东大会选举董事或者监事时，每一股份拥有与应选董事或者监事人数相同的表决权，股东拥有的表决权可以集中使用。

第一百零六条

股东可以委托代理人出席股东大会会议，代理人应当向公司提交股东授权委托书，并在授权范围内行使表决权。

第一百零七条

股东大会应当对所议事项的决定作成会议记录，主持人、出席会议的董事应当在会议记录上签名。会议记录应当与出席股东的签名册及代理出席的委托书一并保存。

故事四

股份公司有哪些必备的架构？

随着公司董事长身体状况持续不佳，咸咸所在公司的高级管理人员间的派系之争愈演愈烈，公司的内部矛盾不断扩大，竟然直接影响到了公司的经营状况。半年内，公司主营业务业绩大幅度下滑，公司利润较董事长生病前竟然缩水了七成，损失极为严重，不仅如此，公司的财务账面上也莫名地出现大额赤字，财务状况十分混乱。

面对如此经营状况，公司的众多高级管理人员以及大股东们都焦急万分，在短短一个月内，竟然每天都有数十位股东来公司要求公司就近期的亏损现象给出合理解释，并要求**董事会**、**监事会**对于若干行为不端的高级管理人员予以处分。面对该情况，作为公司副董事长的咸咸在众多股东面前保证，公司董事会一定会尽快给予股东满意答复。

没想到，经过董事会一个多月的调查后，深受两大派系斗争影响的董事会竟然在此事上达成了一致意见，他们将公司如今的经营现状归咎到了副董事长咸咸身上。董事会主张，是因为副董事长太年轻，欠缺经营经验，才导致了公司在经营决策以及对外投资等方面频频失利。因此，董事会一致作出决议，决定罢免副董事长咸咸。

对董事会的如此决定，咸咸感到万般无奈，难道自己就这么成为两大派系斗争的牺牲品了吗？表妹高甜甜听闻此事后，虽然感到愤怒但也不忘给予表哥安慰。高甜甜表示，董事会的决议并非不可动摇，表哥依然可以寻求公司监事会的救济，监事会在对相关情况进行调查后，有权对董事会的决议提出异议。听了表妹的话，咸咸心里顿时燃起了一丝希望，期待此事可以有新的转机。

本故事中提及的董事会与监事会是什么机构？董事会与监事会在公司经营中各有什么职能呢？

情景说法

董事会与监事会，都是公司的重要职能机构。

具体而言，董事会是由董事组成的，对内掌管公司事务，对外代表公司的经营决策和业务执行的机构。在股份有限公司中，首届董事人员的选举方式根据公司设立方式的不同而有所不同。采取发起设立方式设立的股份有限公司，董事会成员由**发起人**选举产生；采取募集方式设立的股份有限公司，董事会成员由**创立大会**选举产生。

监事会是由股东大会选举的监事以及由公司职工民主选举的监事组成的，是对公司的业务活动、高管的经营管理和公司财务进行监督和检查的监督机构。另外，监事会应当包括股东代表和适当比例的公司职工代表。为了更好地调节劳动关系，保障员工的利益，法律规定职工代表的比例不得低于1/3，具体比例由公司章程规定，与此同时，董事、高级管理人员、财务总监等均不得兼任监事。

另外，二者的职责内容也是大不相同的。

董事会的职责有：（1）召集股东大会，并向股东大会报告工作；（2）执行股东大会的决议；（3）决定公司的经营计划和投资方案；（4）制订公司的年度财务预算方案、决算方案；（5）制订公司的利润分配方案和弥补亏损方案；（6）制订公司增加或者减少注册资本、发行债券或者其他证券及上市方案；（7）拟订公司重大收购、收购本公司股票或者合并、分立、解散及变更公司形式的方案；（8）在股东大会授权范围内决定公司对外投资，收购出售资产、资产抵押、对外担保事项、委托理财、关联交易等事项；（9）决定公司内部管理机构的设置；（10）聘任或者解聘公司总裁、董事会秘书，根据总裁的提名，聘任或者解聘公司高级副总裁、副总裁、财务总监等高级管理人员，并决定其报酬事项和奖惩事项；（11）董事会发现控股股东、实际控制人及其附属企业侵占公司资产的应立即对其所持公司股份申请司法冻结，凡不能以现金清偿的，通过变现股权偿还侵占资产，并视情节轻重对协助、纵容控股股东及其附属企业侵占公司资产的直接责任人给予处分和对负有严重责任的董事予以罢免；（12）制定公司的基本管理制度；（13）制订公司章程修改方案；（14）管理公司信息披露事项；（15）向股东大会提请聘请或者更换为公司审计的会计师事务所；（16）听取公司总裁的工作汇报并检查总裁的工作；（17）法律、行政法规、部门规章或者公司章程规定，以及股东大会授予的其他职权。需要注意的是，董事会作出前款决议事项，除第（6）（7）（8）（13）项必须由全体董事过半数通过，且需取得出席会议的董事2/3以上表决同意外，其余可以由全体董事半数以上表决同意通过。综上可知，董事会更多体现的是对内掌管公司事务、对外代表公司的经营决策和业务执行的职能。

监事会的职责包括：（1）检查公司财务，对董事会编制的公司定期报告进行审核并提出书面审核意见；（2）对董事、高级管理人员执行公司职务的行为进行监督，对违反法律、行政法规、公司章程或者股东大会决议的董事、高级管理人员提出罢免的建议；（3）当董事、高级管理人员的行为损害公司的利益时，要求董事、高级管理人员予以纠正；（4）提议召开临时股东大会会议，在董事会不履行《公司法》规定的召集和主持股东大会会议职责时召集和主持股东大会会议；（5）向股东大会会议提出提案；（6）依法对董事、高级管理人员提起诉讼的权利；（7）核对董事会拟提交股东大会的财务报告、营业报告和利润分配方案等财务资料，发现疑问的，可以公司名义委托注册会计师、执业审计师帮助复审，并提出书面审核意见；（8）监事可以列席董事会会议，并对董事会决议事项提出质询或者建议。发现公司经营情况异常，可以进行调查；必要时，可以聘请会计师事务所、律师事务所等专业机构协助其工作，费用由公司承担；（9）公司章程规定或股东大会授予的其他职权。综上可知，监事会更多体现的是对公司的业务活动、高管的经营管理和公司财务进行监督和检查的职能。

因此，在不同的职能设置下，本故事中的副董事长咸咸就算遭遇董事会不公正的对待，其所在公司监事会依然可以依法对董事会的决议提出异议，并对真正损害公司利益的董事、高级管理人员的行为予以纠正，甚至提出罢免建议。

法条索引

《公司法》

第一百零八条

股份有限公司设董事会，其成员为5人至19人。董事会成员中可以有公司职工代表。董事会中的职工代表由公司职工通过职工代表大会、职工大会或者其他形式民主选举产生。

本法第四十五条关于有限责任公司董事任期的规定，适用于股份有限公司董事。

本法第四十六条关于有限责任公司董事会职权的规定，适用于股份有限公司董事会。

第一百零九条

董事会设董事长一人，可以设副董事长。董事长和副董事长由董事会以全体董事的过半数选举产生。

董事长召集和主持董事会会议，检查董事会决议的实施情况。副董事长协助董事长工作，董事长不能履行职务或者不履行职务的，由副董事长履行职务；副董事长不能履行职务或者不履行职务的，由半数以上董事共同推举一名董事履行职务。

第一百一十条

董事会每年度至少召开两次会议，每次会议应当于会议召开10日前通知全体董事和监事。

代表1/10以上表决权的股东、1/3以上董事或者监事会，可以提议召开董事会临时会议。董事长应当自接到提议后10日内，召集和主持董事会会议。

董事会召开临时会议，可以另定召集董事会的通知方式和通知时限。

第一百一十一条

董事会会议应有过半数的董事出席方可举行。董事会作出决议，必须经全体董事的过半数通过。

董事会决议的表决，实行一人一票。

第一百一十二条

董事会会议，应由董事本人出席；董事因故不能出席，可以书面委托其他董事代为出席，委托书中应载明授权范围。

董事会应当对会议所议事项的决定作成会议记录，出席会议的董事应当在会议记录上签名。

董事应当对董事会的决议承担责任。董事会的决议违反法律、行政法规或者公司章程、股东大会决议，致使公司遭受严重损失的，参与决议的董事对公司负赔偿责任。但经证明在表决时曾表明异议并记载于会议记录的，该董事可以免除责任。

第一百一十三条

股份有限公司设经理，由董事会决定聘任或者解聘。

本法第五十条关于有限责任公司经理职权的规定，适用于股份有限公司经理。

第一百一十四条

公司董事会可以决定由董事会成员兼任经理。

第一百一十五条

公司不得直接或者通过子公司向董事、监事、高级管理人员提供借款。

第一百一十六条

公司应当定期向股东披露董事、监事、高级管理人员从公司获得报酬的情况。

第一百一十七条

股份有限公司设监事会，其成员不得少于3人。

监事会应当包括股东代表和适当比例的公司职工代表，其中职工代表的比例不得低于1/3，具体比例由公司章程规定。监事会中的职工代表由公司职工通过职工代表大会、职工大会或者其他形式民主选举产生。

监事会设主席一人，可以设副主席。监事会主席和副主席由全体监事过半数选举产生。监事会主席召集和主持监事会会议；监事会主席不能履行职务或者不履行职务的，由监事会副主席召集和主持监事会会议；监事会副主席不能履行职务或者不履行职务的，由半数以上监事共同推举一名监事召集和主持监事会会议。

董事、高级管理人员不得兼任监事。

本法第五十二条关于有限责任公司监事任期的规定，适用于股份有限公司监事。

第一百一十八条

本法第五十三条、第五十四条关于有限责任公司监事会职权的规定，适用于股份有限公司监事会。

监事会行使职权所必需的费用，由公司承担。

第一百一十九条

监事会每6个月至少召开一次会议。监事可以提议召开临时监事会会议。

监事会的议事方式和表决程序，除本法有规定的外，由公司章程规定。

监事会决议应当经半数以上监事通过。

监事会应当对所议事项的决定作成会议记录，出席会议的监事应当在会议记录上签名。

故事五

如何转让股份公司的股份？

咸咸所在的 A 公司以吴股东与张经理为首的两大派系，持续了近 3 年的持久旷战，终于在公司监事会的整顿下结束了内斗。在咸咸及其得力干将的领导下，公司管理人员进行调整，公司的日常经营也渐渐回到了正轨。

然而，原来派系之争中的领头人吴股东却因此在公司的影响力大大下降，他的下属主力成员不是被公司裁员就是主动向公司提出了离职申请。失去信赖的左膀右臂，吴股东在公司也失去了实质性的权利，其境遇颇为尴尬。要知道，自 A 公司成立至今，吴股东一直是公司的元老级人物，作为与老董事长早年一同“打江山”的公司资深创始人之一，吴股东生性刚毅、要强，眼看着自己的权利在公司一层层地被年轻势力所剥离，自己也一步步陷入如今的困局中，他是万万不能忍受的。尤其是老董事长生病以后，本以为自己理应稳坐一把手之位担任公司的副董事长，却没想到自己心心念念的公司职位居然被空降的老董事长儿子咸咸所取代，这个初出茅庐的毛头小子根本没有一点实际经营经验，只不过是在国外读了几年书罢了，又如何能与自己相比呢？每每想到这里，吴股东总是难以平复心情，无论如何，他也无法忍受自己在公司竟然要受咸咸的指挥。

经过几番思忖，吴经理终于决定，他要转让其所持有的A公司的所有股份，彻底与A公司脱离关系。他要拿着退出的资金，利用多年积累的资源，设立一家属于自己的公司。虽然忍痛做此决定，可想想就在1年以前，吴股东的妻子曾转让其持有的一家有限责任公司的股份，前前后后经历了股东会表决，股东优先购买、交易通知等事项，转让股权事宜让吴股东一家焦头烂额。想到又要经历这番波折，吴股东的内心是极其抗拒的。那么，A公司身为股份有限公司，股东的股份被划分为等额的股票，对于此部分股票而言，其转让要求、程序究竟如何呢？吴股东陷入了沉思。

情景说法

股份有限公司是最典型的资合公司，公司资本均分为等额的股份，并以股票的形式表现出来。当股份有限公司股东欲转让其所持有的股份时，即表现为其所持有股票的转让。因此，本故事中的吴股东，可以依法将其所持有股票予以转让。然而，根据股票种类的不同，股票类型又可以分为记名股票与无记名股票，其判断标准以是否记载发起人、法人的名称或者姓名为准，需要记载名称的股票则为记名股票，不需要记载名称的股票则为不记名股票。

因此，本故事中的吴股东若要转移其所持有股票，需根据不同的股票类型进行分别操作。若其所持有股票为记名股票，则应由股东以背书方式（指持票人为将票据权利转让给他人或者将一定的票据权利授予他人行使，而在票据背面或者粘单上记载有关事项并签章的行为）或法律、行政法规规定的其他方式转让，并由公司将吴股东所转让股份的受让人姓名或者名称及住所记载于公司股东名册；若吴股东持有的是不记名股票，对该部分股票的转让，则应由股东在依法设立的证券交易所将该股票权利交付给受让人，该行为完成后即发生转让的效力。因此，不记名股票的转让必须经过**证券经纪商**，而不得在交易双方之间直接进行。

需要注意的是，为了规范股份有限公司的股权转让，使股票交易市场更加有序化，我国《公司法》对上市股份有限公司股票的转让也做了必要的限制，即上市公司股票的转让行为必须在依法设立的证券交易所进行。除此之外，法律为了约束发起人以及董事、监事、高级管理人员，以保护公司股东的利益，还做了股权转让的限制性规定，主要有以下几点：（1）发起人持有本公司的股份，自公司成立之日起1年内不得转让，即若A公司刚刚成立不到1年，且吴股东为公司发起人，那么，吴股东在此情况下不得转让公司股份；（2）公司董事、监事、高级管理人员应当向公司申报所持有的本公司的股份及其变动情况，在任职期间每年转让的股份不得超过其所持有本公司股份总数的25%，所持本公司股份自公司股票上市交易之日起一年内不得转让。且董事、监事、高级管理人员离职后半年内，不得转让其所持有的本公司股份。另外，公司章程还可以对公司董事、监事、高级管理人员转让其所持有的本公司股份作出其他限制性规定，股东在订立股权转让合同时，也不得违反这些规定。

因此，吴股东应严格遵守上述规定，在转让公司股权时，注意任职期的转让限制等，如作为发起人之一，不得在公司成立一年内转让公司股权，若作为公司的董事、监事、高级管理人员，不得在任职期间转让所持公司股权超过其持有本公司股份总数的25%，若公司已经进行上市，则还需避开一年的限制期。需要注意的是，吴股东除了上述注意事项外，还需严格依照法律规定进行相关**登记**，以此保障交易双方的权利。

法条索引

《公司法》

第一百二十九条

公司发行的股票，可以为记名股票，也可以为无记名股票。

公司向发起人、法人发行的股票，应当为记名股票，并应当记载该发起人、法人的名称或者姓名，不得另立户名或者以代表人姓名记名。

第一百三十条

公司发行记名股票的，应当置备股东名册，记载下列事项：

（一）股东的姓名或者名称及住所；

（二）各股东所持股份数；

（三）各股东所持股票的编号；

（四）各股东取得股份的日期。

发行无记名股票的，公司应当记载其股票数量、编号及发行日期。

第一百三十七条

股东持有的股份可以依法转让。

第一百三十八条

股东转让其股份，应当在依法设立的证券交易场所进行或者按照国务院规定的其他方式进行。

第一百三十九条

记名股票，由股东以背书方式或者法律、行政法规规定的其他方式转让；转让后由公司将受让人的姓名或者名称及住所记载于股东名册。

股东大会召开前20日内或者公司决定分配股利的基准日前5日内，不得进行前款规定的股东名册的变更登记。但是，法律对上市公司股东名册变更登记另有规定的，从其规定。

第一百四十条

无记名股票的转让，由股东将该股票交付给受让人后即发生转让的效力。

故事六 公司为什么要上市？

在副董事长咸咸的管理经营下，A 公司的经营方式慢慢得到了改善，但即便如此，咸咸也还是不由得为 A 公司的未来发展而担忧。究其缘由，A 公司的主营业务依旧是以制造业类传统业务为主，面对如今全球化的市场竞争环境，公司的竞争压力无处不在。

就在这个月月初，咸咸还收到了来自长期合作的 D 公司的一封解约邮件，邮件中，D 公司取消了与 A 公司的长期合作。失去了该笔大订单的 A 公司，立马失去了公司长期支撑的一大笔经济来源。经过多方打听咸咸得知，原来，D 公司的该笔订单，被另一家同类型业务的 C 公司抢走了。而这已是 C 公司半年内抢走 A 公司的第三笔订单了，没想到，这次 C 公司竟然把 A 公司最大的客户也挖走了。想到这里，咸咸真是气不打一处来。

说起A公司与C公司的渊源，二者于成立之初在市场上的服务口碑也并无太大差异，可以说A公司与C公司一直在该行业中齐头并进式地发展着，且各自占据半壁该行业的市场份额。直到5年前，C公司经过精心筹划后选择在美国纳斯达克**上市**，其公司自上市之日起，公司市盈率立马翻了数倍，规模可谓是极速扩大，逐渐在客户资源上占据市场优势。而在这期间，A公司正值内部帮派斗争，公司内部环境极为动荡，C公司借此迅猛发展，立马占据了行业老大的位置。没想到，A公司刚刚平定内忧，外患便接踵而至。尤其是此次事件的爆发，更是给副董事长咸咸极大的触动，咸咸暗暗下定决心：为了公司未来的发展，A公司也要变为上市公司！

那么，股份有限公司想要变为上市公司又要经历何种流程呢？上市公司与非上市公司的区别又体现在哪里呢？

情景说法

一家企业从一个“草莽企业”发展为“现代化大的上市公司”，主要经历的流程有：

1. 上市准备

本故事中，A股份有限公司若要上市，应根据上市所需的条件进行各方面的准备工作，并最终确定上市方案，制作申报文件，这是上市过程中最为重要的环节之一。

首先，A公司应在保荐人、律师事务所和其他中介机构的帮助下根据公司的具体情况制订详尽的尽职调查和辅导方案，并针对前述活动发现的问题进行具体分析，并提出行之有效的解决方案，以此对企业的内部管理和业务行为进行规范。同时，企业应当按照中国证监会的要求制作招股说明书以及其他申请文件，保荐人进行内核并制作发行保荐书，律师事务所出具发行意见书，会计师事务所出具财务会计报告等。

2. 中国证监会审核发行申请

在A公司董事会和股东大会就股票发行的具体方案、募集资金使用的可行性等事项作出决议后，保荐人需将向中国证监会进行申报。中国证监会接到申报后将在5个工作日内作出是否受理的决定。

中国证监会受理申请文件后，将由发行部对发行人的申请文件进行初审，在初审过程中，中国证监会将征求发行人注册地省级人民政府是否同意发行人发行股票的意见，并就发行人的募集资金投资项目是否符合国家产业政策和投资管理等规定征求国家发展和改革委员会的意见，并向保荐人反馈审核意见。证监会对申报材料进行全面审核后，保荐人将组织发行人和中介机构对反馈的审核意见进行回复或整改，在初审通过后提交股票发行审核委员会进行审核；中国证监会会依照法定条件对发行人的发行申请作出是否予以核准的决定，并出具相关文件。

3. 路演、询价、定价、发行

中国证监会核准后，发行人需在指定报刊和网站上刊登招股说明书摘要及发行公告等信息，证券公司与发行人将进行**路演**（路演，Roadshow 最初是国际上广泛采用的证券发行推广方式，指证券发行商通过投资银行家或者支付承诺商的帮助，在初级市场上发行证券前针对机构投资者进行的推介活动），向投资者推介和询价，根据询价结果协商确定发行价格，并正式发行股票。根据法律规定，发行人应自中国证监会核准发行之日起 6 个月内发行股票。

4. 股票上市

股票公开发行后，A 公司需召开股东大会，并进行验资和工商变更登记，办理股份等托管与登记，向证券交易所提交上市申请，经批准后公司需与证券交易所签订上市协议，发布 A 公司上市的有关公告，进行正式的挂牌上市交易（企业通过证券交易所首次公开向投资者增发股票，以期募集用于企业发展的资金的过程）。

通过前述内容，我们了解了本故事中所提及的股份有限公司上市程序，那么上市公司与非上市公司的主要区别又有哪些呢？

1. 融资渠道不同

上市公司比非上市公司具有更多的融资渠道。上市公司可通过 IPO 的方式，让渡一部分股份，获得新股东资金。还可以发行债券进行融资，虽然非上市公司也可以进行发债，但上市公司的发行量要大大高于非上市公司。

除此之外，上市公司的股票可以在交易所进行交易，其股票可通过流通的方式进行变现，相比之下，非上市公司股份变现难度则大于上市公司。

2. 公司构架不同

上市公司具有完整的股东大会制度，董事会、监事会、董秘制度，以及法人治理结构并需按时披露信息。非上市公司则不同，其不需要按照完整的管理架构和管理制度来管理企业，也不需要披露自己的财务信息。

3. 对股东意义不同

就上市行为本身来说，它是资本市场对一个企业能力的认可。公司通过上市，在交易所公开交易，知名度将大大得到提升，企业的竞争力也将大大提高。

总体而言，A 公司通过上市，不仅可以在一定程度上筹集资本，改善财务状况，还可以提高公司的市场形象与地位，因此 A 公司若想像 C 公司一样成为上市公司，需参照上述所列流程进行操作，该流程虽然较为复杂，但每一环节均影响企业最终是否可以顺利完成上市。因此，A 公司需严格对待上市过程中的每一环节，以此完成公司从股份有限公司向上市公司的过渡与转型。

法条索引

《证券法》

第四十八条

申请证券上市交易，应当向证券交易所提出申请，由证券交易所依法审核同意，并由双方签订上市协议。

证券交易所根据国务院授权的部门的决定安排政府债券上市交易。

第四十九条

申请股票、可转换为股票的公司债券或者法律、行政法规规定实行保荐制度的其他证券上市交易，应当聘请具有保荐资格的机构担任保荐人。本法第十一条第二款、第三款的规定适用于上市保荐人。

第五十一条

国家鼓励符合产业政策并符合上市条件的公司股票上市交易。

第五十二条

申请股票上市交易，应当向证券交易所报送下列文件：

（一）上市报告书；

（二）申请股票上市的股东大会决议；

（三）公司章程；

（四）公司营业执照；

（五）依法经会计师事务所审计的公司最近 3 年的财务会计报告；

（六）法律意见书和上市保荐书；

（七）最近一次的招股说明书；

（八）证券交易所上市规则规定的其他文件。

第五十三条

股票上市交易申请经证券交易所审核同意后，签订上市协议的公司应当在规定的期限内公告股票上市的有关文件，并将该文件置备于指定场所供公众查阅。

第五十四条

签订上市协议的公司除公告前条规定的文件外，还应当公告下列事项：

（一）股票获准在证券交易所交易的日期；

（二）持有公司股份最多的前 10 名股东的名单和持股数额；

（三）公司的实际控制人；

（四）董事、监事、高级管理人员的姓名及其持有该公司股票和债券的情况。

第五十五条

上市公司有下列情形之一的，由证券交易所决定暂停其股票上市交易：

（一）公司股本总额、股权分布等发生变化不再具备上市条件；

（二）公司不按照规定公开其财务状况，或者对财务会计报告作虚假记载，可能误导投资者；

（三）公司有重大违法行为；

（四）公司最近 3 年连续亏损；

（五）证券交易所上市规则规定的其他情形。

第五十六条

上市公司有下列情形之一的，由证券交易所决定终止其股票上市交易：

（一）公司股本总额、股权分布等发生变化不再具备上市条件，在证券交易所规定的期限内仍不能达到上市条件；

（二）公司不按照规定公开其财务状况，或者对财务会计报告作虚假记载，且拒绝纠正；

（三）公司最近 3 年连续亏损，在其后一个年度内未能恢复盈利；

（四）公司解散或者被宣告破产；

（五）证券交易所上市规则规定的其他情形。

第五十七条

公司申请公司债券上市交易，应当符合下列条件：

（一）公司债券的期限为 1 年以上；

（二）公司债券实际发行额不少于 5000 万元人民币；

（三）公司申请债券上市时仍符合法定的公司债券发行条件。

第五十八条

申请公司债券上市交易，应当向证券交易所报送下列文件：

（一）上市报告书；

（二）申请公司债券上市的董事会决议；

（三）公司章程；

（四）公司营业执照；

（五）公司债券募集办法；

（六）公司债券的实际发行数额；

（七）证券交易所上市规则规定的其他文件。

申请可转换为股票的公司债券上市交易，还应当报送保荐人出具的上市保荐书。

第五十九条

公司债券上市交易申请经证券交易所审核同意后，签订上市协议的公司应当在规定的期限内公告公司债券上市文件及有关文件，并将其申请文件置备于指定场所供公众查阅。

第六十条

公司债券上市交易后，公司有下列情形之一的，由证券交易所决定暂停其公司债券上市交易：

（一）公司有重大违法行为；

（二）公司情况发生重大变化不符合公司债券上市条件；

（三）公司债券所募集资金不按照核准的用途使用；

（四）未按照公司债券募集办法履行义务；

（五）公司最近2年连续亏损。

第六十一条

公司有前条第（一）项、第（四）项所列情形之一经查实后果严重的，或者有前条第（二）项、第（三）项、第（五）项所列情形之一，在限期内未能消除的，由证券交易所决定终止其公司债券上市交易。公司解散或者被宣告破产的，由证券交易所终止其公司债券上市交易。

第六十二条

对证券交易所作出的不予上市、暂停上市、终止上市决定不服的，可以向证券交易所设立的复核机构申请复核。

个人独资企业法

从创业之旅了解个人独资企业

索菲娅，中埃混血，性格活泼，事业心强，喜欢旅行、摄影，是现代独立女性的典型代表。

每次旅行到一个地方，她都会写一篇游记记载旅行的体验与心得，久而久之游记都攒了厚厚的一大本。一天，她突发奇想，将自己的游记整理出来发到了微博上以供人们旅行参考。这些游记一下子引起了很高的关注度，点击、转发量持续上升，索菲娅本人也一下子火了起来。由此，众多杂志社向其伸出橄榄枝，最后她选择进入一家南昌的杂志社，起初在旅游版块担任编辑。因其能力突出，有敏锐的时尚感知度，很受杂志社总编的赏识，杂志社便将其破格升职为时尚杂志版块的主编。一次偶然的机会，她发现近来女士西装风尤其流行，她突发奇想，父亲的老家那边不是盛产优质棉花嘛，为何不以此为营销之道创立一家优质女装高级定制的个人独资企业呢？想到此她便劲头十足，与父亲商量之后，她便私下研究相关事项。

因为索菲娅自己平时穿衣风格就比较中性，所以在挑选衣服的时候，她也大多偏爱简单、舒适、大方的风格。因此，在看到时尚杂志上女士西装的流行的时候，她十分感兴趣，不仅在款式上十分欣赏，对于西服的面料她也是颇费心地了解了一番。她买了一套与杂志上同款的西服，买回来之后她发现西服的面料 40% 的成分中采用的是一种长绒棉，60% 的成分是合成纤维。但索菲娅知道这件衣服所用的并不是最优质的棉花，充其量也就是中等质量。她知道棉花里有另外一种棉是最好的，用其制作的衣服面料既能保证抗皱性、耐穿性，同时又能保证丝绒般光滑细腻的手感。这种棉花的纤维特别长，但是产量非常少，通常被用于高端产品的制作。

考虑到现代女性越来越追求独立、时尚感，对质量的要求也更加高，索菲娅由此便想，不如自己开公司，针对那些成功女性消费群体，去做高级定制，用上乘原料打造纯棉的新式女西装。

索菲娅目前手头资金充足，想到自己有独家的优质棉供应商，便想开设个人独资形式的企业，但是她对其设立的条件及规定却不了解，这让她很困扰。为了了解相关事项，她便询问了之前在杂志社采访中认识的时尚魔头董佳，她有一家自己的服装设计公司，也是个人独资。索菲娅便向其取经，董佳说道；“你这个想法很不错，很有头脑！实际上对于个人独资公司的设立，不是很难，首先你要有固定的资产、固定的经营场所和必要的生产经营条件、从业人员，而且你要承担一定的风险，以及对公司的债务承担无限清偿责任，也就是说你公司钱不够的时候，甚至要拿你自己的个人其他财产进行偿还。此外，在要求的事项具备之后，还要经过相关的部门审批。细细来说不外乎就是这些程序性的东西。”索菲娅听完之后，便笑着说：“谢谢董姐，您这可是帮我解决了一大难题！”

此后，索菲娅便着手具体的申请操作流程。但是，董佳的说法有没有问题？

情景说法

故事中董佳的说法总共存在两处错误，一是关于“个人独资公司”；二是关于个人独资企业的设立的审批制。

首先，故事中的第一处错误在于“个人独资公司”的说法，个人独资企业中要有合法的企业名称，并且在名称中不得使用“有限”“有限责任”或者“公司”字样。之所以有此条件限制，是因为公司是企业法人，是具有法人资格的，有独立的法人财产，享有法人财产权，并且公司以其全部财产对公司的债务承担责任；尽管独资企业有自己的名称或者商号，并以企业名义从事经营行为和参加诉讼活动，但其不具有法人资格，不具有独立的法人地位，是投资人以其个人财产对企业债务承担无限责任的经营实体。因此个人独资企业的属性与“公司”法人资格的属性是不一样的，为了防止混淆，不能将个人独资企业直接称为个人独资公司，或者在个人独资企业的名称中加入“公司”的字样。由此可见，董佳混淆了**个人独资公司**和**个人独资企业**的概念。

其次，董佳还说成立个人独资企业还要有固定的资产、固定的经营场所和必要的生产经营条件以及必要的从业人员，这些都是对的，这是设立个人独资企业的必备条件。除了她讲述的这些部分外，个人独资企业的设立条件还包括两点：对投资人的要求，即首先应当是一个自然人，并且也应当是具有完全民事行为能力的人，并且要具有中国国籍（虽然索菲娅是中埃混血，但是其在中国出生长大，根据法律规定，其是具有中国国籍的，这一点上是没有问题的）；还要有投资人申报的出资。

再次，董佳还提及，成立个人独资企业，需要承担一定的风险，对公司的债务承担无限责任。这个说法也是正确的，因为个人独资企业仅仅是由一个自然人投资设立的，个人独资企业的全部财产为投资人个人所有，投资人是企业财产的唯一所有者，其当然对企业的债务承担无限责任，这是毋庸置疑的。设立企业需要意识到其中会有风险的存在。

最后，故事中的第二处错误在于个人独资企业的设立不需要审批。我国个人独资企业的设立采取的是直接登记制度，而不是审批制度，也就是说设立独资企业无须经过任何部门的审批，而是由投资人根据设立准则直接到工商行政管理部门申请登记就可以。因此董佳关于“还要经过相关部门的审批”的说法明显是不对的。法律之所以如此规定是因为个人独资企业的投资人数少、规模小、营业范围宽泛、投资少、便于安置更多的就业人员。相较于公司法和其他企业类立法的规定而言，独资企业的设立条件要宽松和灵活得多，这是为了适当放宽条件，鼓励公民个人投资设立个人独资企业，将有限的资金、资源和劳动力尽快投入生产经营，推动国民经济和各项事业的发展。所以，个人独资企业的设立采取直接登记制度，而且登记机关在收到设立申请文件之日起 15 日以内，对符合设立条件的，要予以登记，发给营业执照；不符合设立条件的，则不予以登记，并书面答复说明理由。个人独资企业营业执照的签发日期为独资企业的成立日期。

法条索引

《个人独资企业法》

第二条

本法所称个人独资企业，是指依照本法在中国境内设立，由一个自然人投资，财产为投资人个人所有，投资人以其个人财产对企业债务承担无限责任的经营实体。

第八条

设立个人独资企业应当具备下列条件：

（一）投资人为一个自然人；

（二）有合法的企业名称；

（三）有投资人申报的出资；

（四）有固定的生产经营场所和必要的生产经营条件；

（五）有必要的从业人员。

第九条

申请设立个人独资企业，应当由投资人或者其委托的代理人向个人独资企业所在地的登记机关提交设立申请书、投资人身份证明、生产经营场所使用证明等文件。委托代理人申请设立登记时，应当出具投资人的委托书和代理人的合法证明。

个人独资企业不得从事法律、行政法规禁止经营的业务；从事法律、行政法规规定须报经有关部门审批的业务，应当在申请设立登记时提交有关部门的批准文件。

第十一条

个人独资企业的名称应当与其责任形式及从事的营业相符合。

第十二条

登记机关应当在收到设立申请文件之日起 15 日内，对符合本法规定条件的，予以登记，发给营业执照；对不符合本法规定条件的，不予登记，并应当给予书面答复，说明理由。

第十三条

个人独资企业的营业执照的签发日期，为个人独资企业成立日期。

在领取个人独资企业营业执照前，投资人不得以个人独资企业名义从事经营活动。

第十四条

个人独资企业设立分支机构，应当由投资人或者其委托的代理人向分支机构所在地的登记机关申请登记，领取营业执照。

分支机构经核准登记后，应将登记情况报该分支机构隶属的个人独资企业的登记机关备案。

分支机构的民事责任由设立该分支机构的个人独资企业承担。

《国籍法》

第四条

父母双方或一方为中国公民，本人出生在中国，具有中国国籍。

故事二 个人独资企业『消失』的具体流程

听闻董佳一席话之后，索菲娅茅塞顿开，然后便开始张罗着企业设立事项的林林总总，办这个、办那个的，忙得不可开交，已无暇顾及杂志社的事儿了。于是，索菲娅索性就向杂志社总编递交了辞呈。

紧接着，索菲娅便全身心地投入到自己的事业当中，忙碌了一段时间之后，企业的设立申请的批准书终于下来了，索菲娅当天就拿着批准书到南昌当地的工商部门领取了营业执照。

在最主要的问题解决了之后，索菲娅便马不停蹄地着手为自己的企业招兵买马。得亏于她在杂志社的工作，再加上她的性格本就招人喜爱，在担任时尚版块主编的时候，她认识了许多国内顶级的服装设计师。而且索菲娅本身特别有时尚敏锐度，对服装设计这一块儿很有自己的见解，因此其很受这些设计师的赏识，她们关系一直都不错。听闻索菲娅要开一家女装定制店，便纷纷向其推荐优秀的年轻设计师，这又为索菲娅解决了一大难题，索菲娅由此信心十足。

不久，索菲娅的女装定制店正式开业了，开业初期便推出了一系列的女式西装单品样衣，很是抓人眼球，加之索菲娅店里的衣服又轻便又舒适，于是众多女性客户前来预订，一时门庭若市。本来，以此趋势发展下去必定是一片大好，但不料父亲这边却告诉她，他朋友的造棉厂因为一场意外火灾，导致储棉仓库起火，而索菲娅预定的那一批棉花也在其列未能幸免，一下子，索菲娅的供应链条断了，她一下子慌了，本来她预定的棉花产量就少，好不容易找到一个供应渠道，却没料想到发生这样的事。这一下子订单也完成不了了，甚至还要赔偿违约金，想到还有店里面的那些设计师，忙忙碌碌了三个月的时间赶制出样衣，很是辛苦，也还没有发工资。但因为自己前期把钱都投出去了，手头上也没多少钱了。心灰意冷之际，索菲娅决定解散该企业，想申请人民法院指定清算人进行清算，从而解决钱的事儿。

索菲娅的想法有什么问题吗？个人独资企业的解散与清算的具体流程是什么？

情景说法

索菲娅由于突遇变故决定解散个人独资企业，这符合个人独资企业的解散事由的规定，即属于投资人决定解散的情形。此外，个人独资企业的解散事由还包括：投资人死亡或者被宣告死亡，无继承人或者继承人决定放弃继承的情形（此处要注意，不是投资人死亡，个人独资企业就必须要解散）被依法吊销营业执照，如企业违规经营等；以及一些法律、行政法规规定的其他情形。

个人独资企业解散，由投资人自行清算或者由债权人申请人民法院指定清算人进行清算。本故事中，索菲娅因为无法接受自己辛辛苦苦的打拼却换来如此的结果，有些丧气、颓废，因此不想继续干下去了，想申请人民法院指定清算人进行清算。她对于个人独资企业清算人的产生的认识是不正确的，也可以看出她对于个人独资企业清算人产生的方式是不了解的。因此，索菲娅要么自行清算，要么在企业债权债务关系中，由债权人申请人民法院指定清算人进行清算。故在本故事中，索菲娅作为投资人是不能代替债权人申请人民法院指定清算人进行清算的，这是债权人的权利行使途径，是在企业解散时，债权人维护自身合法权益的有效方式。在本故事的情形中，索菲娅应当自行清算。

而且如果投资人索菲娅自行清算的话，其应当在清算前15日内书面通知债权人，无法通知的，应当予以公告；如果是债权人向法院申请指定清算人，债权人应当在接到通知之日起30日内，未接到通知的，应当在公告之日起60日内，向投资人申报其债权。

对于个人独资企业解散后债务的承担，一般而言，原投资人对个人独资企业存续期间的债务仍应当承担偿还责任，即投资人索菲娅对企业的债务承担无限责任。这其中也有一个例外规定，即如果债权人在5年之内没有向债务人提出偿还债务的请求，那么投资人对其应当承担的责任就消灭。这5年的时间不发生中断、中止，只要此期间经过，就标志着债权债务关系本身消灭。这一规定是为了督促债权人及时行使权利，如若明知可以申报债权而故意拖延5年之后才行使的，法律则不予保护。

此外，个人独资企业债务的清偿也是有顺序的：首先清偿所欠职工工资和社会保险费用；其次是所欠的税款；最后是其他债务。如果此间个人企业财产已经不足以清偿债务的，投资人应当以其个人的其他财产予以清偿。

在清算期间，个人独资企业不得开展与清算无关的经营活动；在按顺序清偿债务期间，个人独资企业也不得转移、隐匿财产，损害债权人的合法权益。

清算之后，进入下一环节：注销登记。个人独资企业清算结束后，清算人应当编制清算报告，并于清算结束之日起15日内向原登记机关申请注销登记，还应当提交投资人或者清算人签署的注销登记申请书、投资人或者清算人签署的报告以及国家工商行政管理局规定提交的其他文件。登记机构应当在收到这些申请文件之日起15日内，作出核准登记或者不予登记的决定。登记机关予以核准的，应当发出核准通知书。此时，索菲娅的独资企业终止，同时索菲娅也应将之前颁发的营业执照交回。

法条索引

《个人独资企业法》

第二十六条

个人独资企业有下列情形之一时，应当解散：

（一）投资人决定解散；

（二）投资人死亡或者被宣告死亡，无继承人或者继承人决定放弃继承；

（三）被依法吊销营业执照；

（四）法律、行政法规规定的其他情形。

第二十七条

个人独资企业解散，由投资人自行清算或者由债权人申请人民法院指定清算人进行清算。

投资人自行清算的，应当在清算前15日内书面通知债权人，无法通知的，应当予以公告。债权人应当在接到通知之日起30日内，未接到通知的应当在公告之日起60日内，向投资人申报其债权。

第二十八条

个人独资企业解散后，原投资人对个人独资企业存续期间的债务仍应承担偿还责任，但债权人在5年内未向债务人提出偿债请求的，该责任消灭。

第二十九条

个人独资企业解散的，财产应当按照下列顺序清偿：

（一）所欠职工工资和社会保险费用；

（二）所欠税款；

（三）其他债务。

第三十条

清算期间，个人独资企业不得开展与清算目的无关的经营活动。在按前条规定清偿债务前，投资人不得转移、隐匿财产。

第三十一条

个人独资企业财产不足以清偿债务的，投资人应当以其个人的其他财产予以清偿。

第三十二条

个人独资企业清算结束后，投资人或者人民法院指定的清算人应当编制清算报告，并于15日内到登记机关办理注销登记。

合伙企业法

开辟创业新思路

来自日本东京的向葵，东京大学计算机专业硕士毕业。幼年时父亲供职于一家科研院所，深受父亲影响，向葵从小就喜欢研究高新技术和电子产品。在一次桥牌社团组织的校友聚会上，向葵发现中国深圳云集了各国顶尖的高科技产品，经济发展活跃。不甘于在公司朝九晚五的枯燥生活，向葵带着创业的热情和对新生活的向往来到中国深圳。在深圳，她结识了张文军，张文军给向葵提供了很多生活和工作上的帮助，并且给她引荐深圳的其他创业者。2015 年，向葵与张文军结婚。

故事一

怎样成为合伙人？

向葵夫妻二人觉得朝九晚五的生活限制了自由，消磨了生活的热情，不适合自己的性格。加上二人都想要在电子科技领域成就一番事业，于是他们很快就辞去了稳定的工作，并且说服了向葵的同事王建国，他们一起计划合作设立一家普通合伙企业，名为文瑞电子科技合伙企业（普通合伙，以下简称文瑞电子）。

说干就干，三人着手筹划设立文瑞电子，可是他们对于设立合伙企业的程序和要求知之甚少，而且就合伙协议中的出资方式、数额和缴付期限产生了极大的意见分歧。向葵认为自己带来了最前沿的科技水平，对合伙企业而言是非常关键的核心人物，坚持自己用劳务方式来出资，并且认为自己的劳务价值 650 万元并占合伙份额的 40%。她认为自己的劳务价值用深圳上年度职工平均薪资评估是极其不合理的，对评估结果极为不满。在向葵心中，科技是第一生产力，自己的研究能力是公司运营成功的基础，她不接受目前的评估结果。张文军认为，企业的成立需要注册地址和营业场所，自己可以将名下的一栋居民房产无偿提供给合伙企业使用，房子价值500万元并占合伙份额的30%，但是房子产权必须属于自己所有，他认为房子就是自己终身资产和家庭的根基，他态度鲜明地拒绝将房产过户到合伙企业名下。王建国认为，自己愿意缴纳500万元来拥有合伙份额的30%，但是目前自己拿不出500万元的认缴出资，在合伙协议订立初期只能实缴100万元，剩余资金后续补足，就算是协商也不能强迫他一次性拿出500万元的资金，但是其他二人坚持必须一次性将出资交齐才能达到合伙协议对于出资的要求，他表示哭笑不得。

持续数日争吵不休，普通合伙企业的设立眼看着遥遥无期，究竟普通合伙企业**出资方式**、**数额**和**缴付期限**应该如何确定？这个问题困扰了三个人很长一段时间。

情景说法

本故事中，各方争议的主要焦点问题是合伙协议中的出资方式、数额和缴付期限应该如何确定。

一是，合伙财产的出资方式。根据我国《合伙企业法》的规定，对于普通合伙人的出资方式，法律并没有做太多限制，更多的是鼓励普通合伙人以各种各样的方式进行出资，同时设置一定的要求来保护合伙企业的正常运作和合伙人权益。根据该条款之规定，向葵可以用自己的智力和劳务进行出资，劳务价值的评估不一定要外部评估机构评定，也不需要按照深圳市上年度职工平均年度工资确定，而是可以由合伙人共同协商确定。也就是说，对合伙企业进行出资的方式多种多样。有钱的可以用金钱出资，没有现存资金或者愿意以非货币财产出资的，可以用房屋、实体物品、商标、专业、发明等进行出资。确定出资方式的前提是合伙人一致同意，并且认可这些出资权利的价值，这些内容在合伙协议中进行约定即可。

合伙人可以用房屋、土地使用权、知识产权等**非货币性财产**对合伙企业出资，对于需要办理财产转移手续的，应该遵守法律规定履行该项义务。张文军想以房屋出资，但是拒绝将房屋过户到合伙企业名下，这种方式是不被法律所认可的。要想以房屋出资，必须将房屋产权过户到合伙企业名下。或者，他也可以用等价值的其他财产权利或者金钱出资。

二是，合伙财产的出资数额和缴付方式。我国法律充分尊重合伙人之间的契约效力，赋予了合伙人在出资方式、缴付期限上很大的弹性空间，即合伙人按照合伙协议中约定的出资方式、数额和缴付期限来履行相关义务即可。王建国一下子拿不出500万元人民币，要求第一次缴纳100万元，这种做法只要在合伙协议中进行约定，并得到其他合伙人同意，就是被法律允许的。也就是说，各个合伙人必须按照合伙协议约定的出资数额和缴付期限履行义务，即使在合伙协议中约定第一次缴纳一块钱出资款也是可以的。

法条索引

《合伙企业法》

第十六条

合伙人可以用货币、实物、知识产权、土地使用权或者其他财产权利出资，也可以用劳务出资。合伙人以实物、知识产权、土地使用权或者其他财产权利出资，需要评估作价的，可以由全体合伙人协商确定，也可以由全体合伙人委托法定评估机构评估。合伙人以劳务出资的，其评估办法由全体合伙人协商确定，并在合伙协议中载明。

第十七条

合伙人应当按照合伙协议约定的出资方式、数额和缴付期限，履行出资义务。以非货币财产出资的，依照法律、行政法规的规定，需要办理财产权转移手续的，应当依法办理。

故事二 合伙人可以自行转让份额吗？

向葵与丈夫张文军、原同事王建国，合伙设立了文瑞电子。合伙协议中约定向葵拥有合伙份额的40%，张文军、王建国各自拥有合伙份额的30%；企业的主营业务是电子技术的研发与出售；张文军为执行事务合伙人，合伙协议中并未对合伙份额转让的事宜作出约定。

张文军洽谈生意，时常醉醺醺地晚归，对妻子的关心和陪伴逐渐减少。向葵的唠叨和不满逐渐增多。家庭生活的摩擦开始对工作产生影响。向葵对丈夫掌控文瑞电子的事情极度不满，她认为丈夫处处控制自己的生活和工作。来企业洽谈业务的周杰得知向葵不满于企业的日常经营管理，他心思活络并且对向葵早有好感，遂提出受让企业份额的想法，二人迅速达成合意。向葵和周杰签订了一份合同，合同中约定：周杰以300万元的现金受让向葵所持有的20%的企业份额，双方签字之日起，周杰即成为企业的合伙人，享有合伙人的权利。过了一个月，张文军得知向葵将合伙份额私自转让出去，恼羞成怒，认为向葵没有考虑两个人一起打拼的事业成果，合伙份额转让的事情没有得到自己的同意不会产生合伙份额转让的法律效力，并且主张自己对合伙份额的转让有优先受让权，拒绝周杰加入合伙企业，为此二人发生激烈的冲突。第二天，怒气冲冲的向葵找到王建国，提出要将手上20%的合伙份额转让，对价300万元。王建国看准了合伙企业目前的发展势头，认为有利可图，连忙答应。当天，二人即签订了一份合同，合同约定：王建国以300万元的现金受让向葵所持有的20%的企业份额。在合同上签完字，向葵才将合伙份额转让的事情用微信告知丈夫张文军，大有一副“你不爱我，我就在工作上为难你，看你能怎么办”的架势。张文军得知后，立即找到王建国，坚持认为合伙份额转让的事情没有得到自己的允许，合同不能生效。王建国认为自己是原合伙企业的合伙人，合伙人之间转让份额不需要得到其他合伙人的同意，只需要通知其他合伙人即可。周杰得知这些事情后，向张文军、王建国主张自己已经支付了300万元，是合伙企业的合伙人，应该在合伙协议中加入自己的名字，并且要求对合伙企业一个月的盈利进行分红。张文军、王建国此时联合起来一致对外，坚称周杰受让合伙份额没有得到自己的允许，不能成为合伙人，拒绝向其分红。

情景说法

本故事中，各方争议的主要焦点问题是合伙份额对外和对内转让的效力。

一是，合伙份额对外转让需要遵守的法律规定。向葵将自己持有的20%的企业份额转让给合伙人以外的周杰，事先并没有通知其他合伙人，更没有得到其他合伙人的同意，二人仅仅签订了一份合同。周杰拿着这份合同主张合伙权利得不到其他合伙人的认可。

根据我国《合伙企业法》的规定，对外转让合伙份额需要得到其他合伙人一致同意，合伙协议另有约定的以约定为准。合伙协议中没有对合伙份额对外转让事宜进行约定，即意味着向葵要想成功将20%的合伙份额转让给周杰，必须取得张文军和王建国的同意。

对外转让合伙份额时，除了需要取得其他所有合伙人的一致同意，还有什么限制规定呢？其他合伙人在得知合伙份额将要转让给外人时，在出价和给付金钱等条件相同的情况下，他们是可以优先购买这些合伙份额的；合伙协议另有约定的话，还是要以约定为准。所以，张文军和王建国在得知向葵向周杰转让合伙份额的情况下，有权在同等条件下优先购买该份额。向葵擅自对外转让合伙份额，侵害了其他合伙人的优先购买权，周杰并不能成为新的合伙人。周杰无法成为新的合伙人，自然不能主张对合伙企业一个月的盈利进行分红，向葵需要赔偿周杰受到的损失。

二是，合伙份额对内转让需要遵守的法律规定。向葵将合伙份额的20%转让给合伙人王建国，转让合同签订后通知张文军，虽然没有得到张文军的同意，但是王建国仍然可以受让该财产份额。

读者需要注意的是：向合伙人转让合伙份额与向合伙人以外的人转让合伙份额，法律的规定是不同的。对内转让合伙份额的只需要通知其他合伙人，并不需要得到其他合伙人的同意。这就意味着向葵将合伙份额转让给合伙人王建国，通知张文军即可，张文军是否同意该转让事宜并不对合伙份额的转让产生影响。若向葵没有将合伙份额转让的事实通知其他合伙人，也不影响将转让行为的效力，但是需要赔偿因未尽通知义务给他人造成的损失。

法条索引

《合伙企业法》

第二十二条

除合伙协议另有约定外，合伙人向合伙人以外的人转让其在合伙企业中的全部或者部分财产份额时，须经其他合伙人一致同意。合伙人之间转让在合伙企业中的全部或者部分财产份额时，应当通知其他合伙人。

第二十三条

合伙人向合伙人以外的人转让其在合伙企业中的财产份额的，在同等条件下，其他合伙人有优先购买权；但是，合伙协议另有约定的除外。

故事三

合伙人变更后合伙债务怎么办？

张文军意识到自己平时对妻子向葵的关心照顾不够，想到二人的过往，他非常想要挽回这一切，希望二人能回到以前和和睦睦的生活状态。向葵表面上看着精明能干，其实有着一颗少女心，她怀念刚认识丈夫时的浪漫和婚后的温馨生活。二人达成共识，向葵将生活重心转移到家庭上面，二人积极备孕，准备生一个宝宝。

向葵退伙后，和丈夫去湖南的凤凰古镇旅游散心。在凤凰古镇，她发现当地很多手工小作坊做的银饰和其他饰品都非常有中国民族特色，无比精美，于是她加了当地一个作坊——凤凰合伙作坊店主王燕的微信，表示要向她学习制作民族饰品。

回家后，向葵非常认真地学习制作民族饰品，动手能力和学习能力极强的她很快就做了很多有创意且古典的民族饰品。于是，向葵联系王燕，表示想要加入她们的合伙企业，自己提供部分手工饰品并且负责线上宣传和运营，这样可以大大提高饰品的销售量。王燕的手工作坊是和朋友李玉、张丽一起合伙设立的普通合伙企业，仅靠着实体店的销售和产出量较少的成品，店铺入不敷出，对外还有一笔负债。三人同意向葵以普通合伙人身份入伙，但是要求其对之前的一笔负债承担**无限连带责任**。向葵不理解为什么之前的合伙债务还要自己来承担无限连带责任，之前合伙企业亏损跟自己并没有关系啊，凭什么要自己承担责任？

此时，还发生了另外一件糟心的事情。向葵在文瑞电子工作期间，曾向一个供应商赊购100套电子器件，该供应商找到向葵，说文瑞电子现在现金流断裂，拿不出现金支付赊购款项，要求向葵付清全部款项。向葵拒绝付款，理由是自己已经退出合伙企业，对文瑞电子所有的债务概不负责。

情景说法

在该故事中，向葵主要面临了两个法律问题。

一是其加入凤凰合伙作坊后，对于入伙前的债务承担责任的问题。根据《合伙企业法》，在合伙协议没有约定的情况下，入伙的新合伙人承担与原合伙人一样的责任。

因此，向葵加入凤凰合伙作坊后，成为新的合伙人，和原合伙人李玉、张丽所享有的权利一样，所承担的责任也是一样的，除非各方在合伙协议中进行约定，但即使他们内部约定了，也不能对外部的债权人生效。对于加入凤凰合伙作坊前就已经存在且没有结清的债务，《合伙企业法》第44条第2款的处理态度非常明确：新合伙人与原合伙人一样，对入伙前合伙企业的债务承担无限连带责任。也就是说，向葵一旦以普通合伙人身份加入凤凰合伙作坊，不仅需要以自己所拥有的全部财产对入伙后的债务承担无限连带责任，对于入伙前就发生的债务同样需要承担无限连带责任。法律做这种规定的目的在于保护债权人向合伙企业追偿债权。因为合伙协议是合伙人之间订立的内部协议，其合伙内容的更新、修改或删除具有隐蔽性，因而债权人很难知道合伙人的入伙、退伙情况。

二是向葵退出文瑞电子后，对于退伙前发生的债务承担责任的问题。对基于其退伙前的原因发生的合伙企业债务，退伙人依然需要像退伙前一样，承担无限连带责任。向葵在文瑞电子工作期间，曾向一个供应商赊购100套电子器件，债务发生在向葵退出合伙企业前，即便向葵已经退出合伙企业，也仍然要对该笔债务承担无限连带责任。

在现实生活中，普通合伙人退伙入伙的情况非常常见。合伙协议中可能对债务承担的方式进行了**内部约定**，譬如各方都同意新加入的合伙人对入伙前的债务不承担责任，退伙后的合伙人不再对合伙企业的任何债务负责。在此需提醒广大读者，千万要注意该约定的法律效力。这种内部约定的合伙协议仅在合伙人之间生效，**对外是没有对抗效力的**。也就是说，合伙企业的债权人可以要求新加入的合伙人对入伙前的债务负责，也可以要求退伙的合伙人对退伙前的债务负责。

法条索引

《合伙企业法》

第四十四条

入伙的新合伙人与原合伙人享有同等权利，承担同等责任。入伙协议另有约定的，从其约定。新合伙人对入伙前合伙企业的债务承担无限连带责任。

第五十三条

退伙人对基于其退伙前的原因发生的合伙企业债务，承担无限连带责任。

故事四 未成年人可以成为合伙人吗？

向葵加入李玉、张丽一起合伙设立的凤凰作坊合伙企业（普通合伙）。主营业务是在网络上和凤凰古城的实体店同步销售手工制作的民族饰品。向葵在之前的工作中积累了大量的运营宣传经验，并且将日本的手工饰品元素加入中国民族饰品中，制作了一批非常别致精美的饰品，完全不同于市面上已有的饰品。饰品销量一路飙升，市场口碑良好。客户一致认为向葵做的饰品独一无二，极具新颖和美感。

向葵以此产生了创作灵感，便搜集世界各地的饰品元素和原材料，融合在中国民族饰品中。向葵将自己的想法告诉李玉和张丽，大家一致同意。于是，李玉动身前往柬埔寨寻找心仪的部落元素和饰品材料，在乘船前往部落的途中，不幸船沉了，李玉被风浪卷走。等到大家找到李玉并将其送进医院时，她已经重度昏迷。经医生诊断，李玉变成了植物人。

向葵和张丽知道这件事情后，非常痛心难过。考虑到企业日后的正常经营，向葵提出将李玉变更为有限合伙人，把凤凰作坊变更为有限合伙。李玉年仅15岁的儿子李刚坚决不同意，他说自己从小就看着母亲一步一步打理经营店铺，倾注了很多心血，不能变更企业形式，更不能动摇母亲合伙人的身份。于是，此事就此作罢。没多久，李玉的病情急剧恶化，很快便逝世了。向葵失去了好朋友和好伙伴，心情非常抑郁，决心更加努力经营合伙企业，并提议让李玉的儿子李刚子承母业，加入合伙企业。可是年仅15岁的李刚，尚未成年，能不能加入合伙企业呢？普通合伙企业又将何去何从呢？

情景说法

在该故事中，向葵为什么提出将合伙企业为什么由**普通合伙**变更成**有限合伙**？二者的区别在哪里？普通合伙企业的所有合伙人都必须以自己所有的财产来对企业债务承担无限连带责任，因而要求合伙人必须意识清醒，有足够的偿债能力。有限合伙企业由普通合伙人和有限合伙人组成，有限合伙人只需要以出资额为限来对企业债务承担责任，因此对于有限合伙人的资质并没有特殊要求。

向葵所在的普通合伙企业主要存在以下两个法律问题：

一是，作为普通合伙人的李玉变成植物人，对自己的行为丧失意识，属于无民事行为能力人，能否继续担任合伙企业的普通合伙人？根据《合伙企业法》，合伙人被依法认定为无民事行为能力人或者限制民事行为能力人的，有两种处理方式：第一是该合伙人转为有限合伙人，合伙企业转为有限合伙企业；第二是该合伙人退伙。

向葵和张丽可以就李玉变成无民事行为能力人的事情进行讨论协商，相应也有两种解决办法。第一种是将李玉变为有限合伙人，但同时要将普通合伙企业变更为有限合伙企业。第二种是让李玉退伙，普通合伙企业的组织形式不需要发生变更，可以继续使用原来的名称和合伙形式。

二是，李玉去世，她的儿子李刚作为继承人有权继承其母亲在合伙企业中的财产份额。那么以何种方式继承呢？不同情况的处理方式不同。根据《合伙企业法》第50条第1款的规定，从继承开始之日起，合伙人的继承人即取得该合伙企业的合伙人资格。合伙协议中约定或者向葵和张丽一致同意，李刚作为合法的继承人，可以从继承李玉遗产之日起成为凤凰作坊的合伙人。但是该故事中存在着另外一个值得关注的问题，李刚年仅15岁，属于限制行为能力人。根据《合伙企业法》第50条第3款的规定，合伙人的继承人为无民事行为能力人或者限制民事行为能力人的，可以依法成为有限合伙人；合伙企业也可以将被继承合伙人的财产份额退还该继承人。

李刚作为限制行为能力人，不能成为凤凰合伙的普通合伙人。此时，有两种解决办法。第一种是合伙人一致同意李刚以有限合伙人身份加入合伙企业，继承母亲李玉原有的财产份额，同时将普通合伙企业变更为有限合伙企业。第二种是将李玉的财产份额（指李玉的出资额占全体合伙人出资额的比例）退还给继承人李刚，普通合伙企业的组织形式不发生变更。

在普通合伙企业中，特别需要注意合伙人是否具有完全民事行为能力。普通合伙企业的合伙人一旦不具备完全民事行为能力，则需要变成有限合伙人或者退出合伙企业。一旦普通合伙企业的合伙人中出现有限合伙人，则合伙企业的组织形式必须变成有限合伙企业。

法条索引

《合伙企业法》

第四十八条

合伙人有下列情形之一的，当然退伙：

（一）作为合伙人的自然人死亡或者被依法宣告死亡；

（二）个人丧失偿债能力；

（三）作为合伙人的法人或者其他组织依法被吊销营业执照、责令关闭、撤销，或者被宣告破产；

（四）法律规定或者合伙协议约定合伙人必须具有相关资格而丧失该资格；

（五）合伙人在合伙企业中的全部财产份额被人民法院强制执行。

合伙人被依法认定为无民事行为能力人或者限制民事行为能力人的，经其他合伙人一致同意，可以依法转为有限合伙人，普通合伙企业依法转为有限合伙企业。其他合伙人未能一致同意的，该无民事行为能力或者限制民事行为能力的合伙人退伙。

退伙事由实际发生之日为退伙生效日。

第五十条

合伙人死亡或者被依法宣告死亡的，对该合伙人在合伙企业中的财产份额享有合法继承权的继承人，按照合伙协议的约定或者经全体合伙人一致同意，从继承开始之日起，取得该合伙企业的合伙人资格。

有下列情形之一的，合伙企业应当向合伙人的继承人退还被继承合伙人的财产份额：

（一）继承人不愿意成为合伙人；

（二）法律规定或者合伙协议约定合伙人必须具有相关资格，而该继承人未取得该资格；

（三）合伙协议约定不能成为合伙人的其他情形。

合伙人的继承人为无民事行为能力人或者限制民事行为能力人的，经全体合伙人一致同意，可以依法成为有限合伙人，普通合伙企业依法转为有限合伙企业。全体合伙人未能一致同意的，合伙企业应当将被继承合伙人的财产份额退还该继承人。

故事五

有限合伙人可以以劳务出资吗？

向葵加入李玉、张丽一起合伙设立的凤凰作坊合伙企业（普通合伙）。李玉去世后，其儿子李刚以有限合伙人身份加入合伙企业，企业由普通合伙变更为有限合伙，主营业务仍然是在网络上和凤凰古城的实体店同步销售手工制作的民族饰品。

凤凰作坊经营得风生水起，不仅销售民族饰品，还在饰品中融入日本原宿、代官山、涉谷等前卫元素以及东南亚风情元素。凤凰作坊的销售额逐渐增长，并渐渐打开了海外市场。一些忠实客户给向葵发邮件，夸赞饰品的精美和创意，同时建议她扩张店铺，打造全球性的品牌，以满足市场需求。

向葵心里清楚，扩张店铺需要资金，开拓海外业务存在极高的风险。除了新店铺的租金、门面装修、市场宣传和人员聘用外，企业还面临着同类型民族饰品和市场上其他类型饰品的竞争。稍有不慎，合伙企业不仅将入不敷出，还可能面临资金无法周转甚至店铺倒闭的风险。作为合伙企业的普通合伙人，还需要对企业的所有风险承担无限连带责任，自己的全部身家都有可能赔进去。斟酌再三，向葵决定从普通合伙人变更为有限合伙人，对合伙企业增资，将自己在合伙企业中的财产份额由原先的30% 提高到 60%。这样一来，不仅可以对合伙企业拥有更多的话语权，还可以降低合伙企业在扩张过程中自己要承担的风险。李刚和张丽同意向葵变为有限合伙人，但是对于向葵提出以自己的饰品制作创意和劳务进行增资一事表示质疑，他们二人希望向葵以货币资金进行增资，增加合伙企业的流动资金来满足业务扩张的需要。向葵认为合伙企业之所以销售额迅速增加，归功于自己的创意和制作工艺的能力，以创意和劳务出资无可厚非。

情景说法

在该故事中，向葵想要从普通合伙人变更为有限合伙人，在变为有限合伙人后以自己的饰品创意和劳务对凤凰作坊增资。而其他两位合伙人同意向葵从普通合伙人变更为有限合伙人，但是不同意向葵以自己的饰品创意和劳务对凤凰作坊增资，要求向葵以货币资金出资。

在现实生活中，合伙人出资的方式有很多，但是合伙人身份不同，对其出资方式要求也不相同。

根据我国《合伙企业法》，普通合伙人可以以货币、实物、知识产权、土地使用权或者其他财产权利出资，也可以用劳务出资。而该法第 64 条对有限合伙人的出资方式进行了明确规定，不同于普通合伙人出资方式的多样性，有限合伙人不得以劳务出资。在该故事中，向葵将中国民族饰品中融入日本原宿、代官山、涉谷等前卫元素以及东南亚风情元素，她对这些智力劳动成果依法享有的专有权利可以作价对合伙企业进行出资，但是作为有限合伙人的向葵不能以劳务出资。

广大读者需要注意，普通合伙人需要对合伙企业的债务承担无限连带责任，不仅需要以自己在合伙企业的财产份额承担责任，还要以自己的财产承担责任，法律对普通合伙人的出资方式没有过多限制，其可以用劳务出资。有限合伙人以在合伙企业中的财产份额为限对合伙企业的债务承担无限连带责任，所以有限合伙人只是以其出资承担责任，实际上是有限的责任，法律禁止其以劳务方式进行出资，也是出于对合伙企业债权人的保护。

法条索引

《合伙企业法》

第六十四条

有限合伙人可以用货币、实物、知识产权、土地使用权或者其他财产权利作价出资。

有限合伙人不得以劳务出资。

故事六

有限合伙人不缴纳出资怎么办？

为扩张业务，向葵以现金对凤凰作坊合伙企业（有限合伙）进行增资，用来补充企业的流动资金。经过市场分析和客户问卷调查，向葵发现凤凰合伙的实体店仅在凤凰古城里面。虽然有线上电商的销售渠道，但是仍然不能满足全国各地的购买需求。向葵家在深圳，长期去湖南的凤凰古镇占据了她大部分的时间，这和当初她退出文瑞电子一心想要经营家庭的初衷相悖。一方面是出于对企业业务扩张的考虑，另一方面也是为了能有更多的时间待在深圳，向葵决定在深圳开设凤凰作坊的分店。

但是并不是深圳所有的区域都适合开设分店。其中，福田区是最有名的商业圈，是深圳最传统、最具人气的商业旺地之一，这里经济发达，人口密集，比较适合开设新店；罗湖区位于深圳经济特区中部，是深圳市开发较早的商业中心区，与香港毗邻，国际化程度较高，适合推广中国民族饰品。

向葵把在福田区和罗湖区开设两家分店的想法告诉了李刚和张丽，二人一致认可这种选址。但是，三人苦于没有充足的流动资金开设新店。于是向葵想到自己在东京大学桥牌社认识的朋友坪见，这是一位非常富有少女情怀的女孩子，念书期间是东京大学手工社团的社长，也有投资中国市场的打算。向葵找到坪见，说明了自己的开店想法和运营理念，坪见非常感兴趣并愿意投资500万元供她们启动新店的项目。于是坪见和凤凰作坊签订了新的合伙协议，约定坪见以有限合伙人身份加盟企业，并在订立合伙协议10天内缴纳250万元出资款，剩下250万元出资款在订立合伙协议后一个月内缴纳。

但是坪见缴纳250万元后，改变了主意，提出只缴纳250万元。其他合伙人坚决不同意，要求坪见履行约定缴纳剩余款项。

情景说法

该故事中存在的主要法律问题是：作为有限合伙人的坪见没有按照合伙协议的约定足额缴纳出资，在缴纳第一期款项250万元后，因想法变化，拒绝缴纳第二期款项250万元。坪见是否按期足额缴纳出资款直接影响到凤凰作坊新店的设立，对合伙企业的运营影响巨大。这种情况下，向葵等人应该如何维护凤凰作坊的权益，确保新店的顺利开设？

根据《合伙企业法》，有限合伙人应当履行合伙协议中约定的义务，按期足额缴纳出资。但是现实中，并不是所有的有限合伙人都能遵守合伙协议的约定，那这种情况应该如何处理？该法第二款对有限合伙人违反约定的行为作出了限制："未按期足额缴纳的，应当承担补缴义务，并对其他合伙人承担违约责任。"坪见未遵守约定按期缴纳第二笔出资款，应该承担补缴义务，因其违反合伙协议的约定还需要对其他三位合伙人承担违约责任。

除了要求坪见承担补缴义务并对其他合伙人承担违约责任外，其他合伙人还可决议将坪见除名，并要求其承担违约责任。合伙人不履行出资义务的，其他合伙人可以一致决议将其除名。另外，对于严重违反合伙协议约定的出资义务的合伙人，其他合伙人也可以一致决议要求其退伙。坪见不履行出资义务，导致凤凰作坊新店设立困难，严重违反合伙协议约定，其他合伙人可以决议将其除名。

法条索引

《合伙企业法》

第四十五条

合伙协议约定合伙期限的，在合伙企业存续期间，有下列情形之一的，合伙人可以退伙：

（一）合伙协议约定的退伙事由出现；

（二）经全体合伙人一致同意；

（三）发生合伙人难以继续参加合伙的事由；

（四）其他合伙人严重违反合伙协议约定的义务。

第四十九条

合伙人有下列情形之一的，经其他合伙人一致同意，可以决议将其除名：

（一）未履行出资义务；

（二）因故意或者重大过失给合伙企业造成损失；

（三）执行合伙事务时有不正当行为；

（四）发生合伙协议约定的事由。

对合伙人的除名决议应当书面通知被除名人。被除名人接到除名通知之日，除名生效，被除名人退伙。

被除名人对除名决议有异议的，可以自接到除名通知之日起30日内，向人民法院起诉。

第六十五条

有限合伙人应当按照合伙协议的约定按期足额缴纳出资；未按期足额缴纳的，应当承担补缴义务，并对其他合伙人承担违约责任。

故事七 合伙人可以同本企业竞争吗？

向葵担任凤凰作坊（有限合伙企业）的有限合伙人，她仍然有着诸多新奇的创意和想法。苦于有限合伙人的身份限制，她无法执行合伙事务。深圳四季如春，饰品的需求量非常可观。向葵时常向丈夫张文军抱怨，不能将自己的想法在合伙企业中全部实施。一次，张文军带着向葵去深圳西部的赤湾，那里有台湾本地居民供奉妈祖的天后宫，希望妻子可以诸事顺利，心想事成。

向葵在天后宫遇到了一位来自台湾高雄市的原住民阿玲，阿玲在天后宫附近售卖使用玛瑙珠、螺钱、牙堵及各种不知名的珠饰的饰物，每种饰物体积都很大。阿玲是马卡道族人，这个民族的人喜欢这种体积巨大的饰品，在衣帽上戴花和插羽毛。向葵觉得这种饰品既有原住民的特色，又有一种混合的时尚感。向葵心想，和阿玲一起合作，卖一些带有马卡道族以及台湾卑南族、阿美族、排湾族等民族特色的饰品。于是二人合伙设立一家有限合伙企业，名叫美玲饰品合伙企业（有限合伙），向葵作为普通合伙人，阿玲作为有限合伙人，主营业务是民族特色的饰品。

向葵提出要向凤凰作坊购买一些饰品，遭到凤凰作坊的拒绝。凤凰作坊的另外一位合伙人张丽（普通合伙人）意识到向葵想要转移工作重心，带走企业的老客户，于是抢先一步与凤凰作坊签订合同，购买大部分现有存货，并意图与朋友开立新公司来经营饰品制作和销售的业务。

情景说法

本故事中，主要存在两个法律问题。

一是，向葵作为凤凰作坊的有限合伙人，提出想要购买凤凰作坊的饰品，与阿玲合伙设立**新的合伙企业**。新的合伙企业经营范围与凤凰作坊存在着重合，构成业务竞争关系。根据《合伙企业法》第 70 条，有限合伙人可以同本有限合伙企业进行交易，但前提是必须遵守合伙协议中的约定。也就是说，如果合伙协议中明确禁止有限合伙人与本企业进行交易的，那么有限合伙人不得违反该条款的约定。原则上，我国法律允许有限合伙人和本合伙企业交易，但需尊重合伙协议中对于自我交易的另行约定。根据该法第 71 条，有限合伙人不能从事与本合伙企业相竞争的业务，合伙协议若是允许，有限合伙人也可以从事与本合伙企业相竞争的业务。

二是，张丽作为凤凰合伙的普通合伙人，与凤凰作坊签订合同，购买大部分现有存货，并意图与朋友开立新公司从事与凤凰作坊相竞争的业务。对于这种交易行为，根据《合伙企业法》第 32 条，普通合伙人不允许与合伙企业交易，但是经过其他合伙人一致同意或者合伙协议另有约定的除外。也就是说，张丽要想与凤凰作坊签订合同，必须得到其他合伙人同意或者在合伙协议中约定。但是，普通合伙人从事与合伙企业相竞争的业务，我国法律是绝对禁止的，所以张丽不得自营或者同他人合作经营与凤凰作坊相竞争的业务。

由此可以看出，我国法律对于有限合伙人和普通合伙人的竞业竞争要求不一。对于有限合伙人，没有合伙协议的明文禁止，其可以与企业进行自我交易，并且也可以从事与合伙企业相竞争的业务。对于普通合伙人，法律非常明确地禁止其与企业进行自我交易和从事与合伙企业相竞争的业务，就算合伙协议允许普通合伙人从事这些行为也是违反法律规定的。

法条索引

《合伙企业法》

第三十二条

合伙人不得自营或者同他人合作经营与本合伙企业相竞争的业务。

除合伙协议另有约定或者经全体合伙人一致同意外，合伙人不得同本合伙企业进行交易。

合伙人不得从事损害本合伙企业利益的活动。

第七十条

有限合伙人可以同本有限合伙企业进行交易；但是，合伙协议另有约定的除外。

第七十一条

有限合伙人可以自营或者同他人合作经营与本有限合伙企业相竞争的业务；但是，合伙协议另有约定的除外。

故事八 有限合伙份额可以出质吗？

向葵发现年龄大了以后，护肤品的功效逐渐递减，爱美之心在每个女孩子身上都或多或少有所体现。网络上刮起一阵运动健身的风潮，看着明星们娇美的面容、紧致的皮肤和凹凸有致的身形，她决定通过运动方式减肥，以保持身体的活力，做一个既能在职场拼搏的女强人也能管理好自己身材的小女生。

向葵一方面想通过运动塑造身形，另一方面也想要结识一些志同道合的人一起相互督促。于是，她来到深圳福田的高尔夫球馆打高尔夫球。在高尔夫球馆，她认识了一起打球的香港人张宝珠，二人相谈甚欢。张宝珠定居香港，是全职家庭主妇，最近经常往返于香港和深圳。

向葵喜欢听张宝珠讲述香港的生活，张宝珠也喜欢听向葵讲自己在深圳的生活，二人成为了挚友，互相约着一起打高尔夫球。向葵发现，高尔夫球馆的入会费很高，馆内设置的一些射击等项目的费用要远远高于球馆外的收费，而这些高收费的原因在于高尔夫球馆的选址和高规格上。向葵想着自己开一家高尔夫球馆，自己当老板，一边运动一边工作，但是苦于没有足够的启动资金。她找到张宝珠，说明自己的想法。张宝珠作为全职主妇没有工作，想着要是可以做一份这样的工作，既能赚钱，还能养生美容呢。于是二人找到高尔夫球馆的老板，表示想要入股经营。老板让她们各自以500万元现金入股，入股后不仅可以每年分红，还能免费在馆内享受各种运动设施。

向葵感到非常为难，目前她手里的现金只有200万元，离高尔夫球馆老板说的500万元还差了300万元，怎么能筹到这些钱呢？她忽然想到，自己不仅是凤凰作坊（有限合伙）的有限合伙人，还是美玲饰品合伙企业（有限合伙）的普通合伙人啊，把自己在合伙企业中的财产份额拿去出质，这样不就有钱了吗？

于是，她找到个体工商户王志华，将自己在凤凰作坊（有限合伙）和美玲饰品合伙企业（有限合伙）中的财产份额出质给了王志华，拿到了300万元。凤凰作坊和美玲饰品都表示不承认向葵出质行为的效力，向葵就奇怪了，自己的财产怎么还不能出质了？

情景说法

在该故事中，主要存在两个法律问题：

一是，向葵作为凤凰作坊（有限合伙）的有限合伙人，将在合伙企业中的财产份额出质（出质，指的是把自己的物品或权利交付出去作为抵押，用来获取融资款或担保债权等），获取融资款。这种行为是否有效？根据《合伙企业法》，有限合伙企业中的有限合伙人可以将财产份额出质。该法同时尊重合伙企业的合伙性质和双方当事人的真实意愿，规定合伙协议中明确表示不允许将财产份额出质的，有限合伙人要遵守协议的约定。

有限合伙人在有限合伙企业中的财产份额是有限合伙人的财产权益，在有限合伙企业存续期间，有限合伙人可以对该财产权利进行一定的处分。有限合伙人将其在有限合伙企业中的财产份额进行出质，产生的后果仅仅是有限合伙企业的有限合伙人存在变更的可能，这对有限合伙企业的财产基础并无根本的影响。

二是，向葵作为美玲饰品合伙企业（有限合伙）的普通合伙人，将在合伙企业中的财产份额出质，获取融资款。这种行为是否有效？普通合伙人如果想将财产份额出质，必须首先取得其他合伙人的同意。如果该普通合伙人没有取得其他合伙人同意擅自将财产份额出质，则出质行为是无效的，不论交易的第三人是否为善意。向葵的出质行为没有得到其他合伙人同意，行为无效，由此造成善意的王志华损失，应该对其承担赔偿责任。

禁止普通合伙人以财产份额出质的原因主要在于，质押权能够优先于普通的债权受到清偿，从而使得合伙企业的财产处于不稳定的状态。一旦合伙人不能履行债务，债权人就可以要求优先受偿，债权人通过受让财产份额成为合伙人将影响普通合伙企业的稳定性。

由此可见，法律对于有限合伙人和普通合伙人出质合伙份额的规定是不同的。有限合伙人可以将自己的合伙份额出质，同时合伙协议也可以禁止这种出质行为。普通合伙人绝对不能将自己的合伙份额出质，即使合伙协议中允许这种行为也是违反法律规定的，该种约定应属无效。

法条索引

《合伙企业法》

第二十五条

合伙人以其在合伙企业中的财产份额出质的，须经其他合伙人一致同意；未经其他合伙人一致同意，其行为无效，由此给善意第三人造成损失的，由行为人依法承担赔偿责任。

第七十二条

有限合伙人可以将其在有限合伙企业中的财产份额出质；但是，合伙协议另有约定的除外。

故事九 有限合伙人转让份额有何限制？

最近向葵的朋友圈非常热闹，几乎每天都有人在分享理财心得，大家抱怨把钱存在银行的利息太少了，不如拿去投资理财多挣一些钱。向葵是一个理性的人，她一直坚信天上没有白掉的馅饼，她决定先认真考察比较一下市面上的各种理财产品，再决定投资方式，不能鲁莽行动。

她花了一周的时间，从网上搜集了大量的信息，做成表格对比分析。目前比较常见的理财产品有：

（1） P2P 网贷理财，从 2007 年中国的首家网贷平台成立到 2018 年，网贷行业综合收益率呈现一个“倒 V 型”走势，2013 年及之前数年的年化综合收益率呈现一个上升的走势，从 2014 年开始，P2P 网贷行业的综合收益率开始出现下降走势。目前，各大网贷平台的预期年化收益大都在 3% ～ 10%，产品周期越长预期年化率和产品风险越高。

（2）银行理财：银行理财产品的起投金额为 1 万元，风险等级分为 5 个，风险最低的损失和收益的波动都比较小，风险最高的收益能达到 6% ～ 10%，后者主要投资股票等高风险的领域。

（3）基金：债券基金、股票基金、货币基金，投资门槛比较低，几百块就行了，风险和收益都不高。

（4）股票：高风险高收益。

（5）贵金属：主要是黄金和白银，这种投资和股票一样属于高收益高风险，而且需要专业的知识，了解国际金融和影响金银价格的一些因素。

（6）外汇：风险较大，需要对国际政治有很高的敏锐度。

一时间，向葵也不知道该选择哪种理财产品，它们有各自的优点和缺点。刚好，向葵的一个朋友跳槽去了银行工作，出于朋友情谊和自己的风险判断，她选择购买一些银行理财产品。

向葵想要转让自己在凤凰作坊合伙企业（有限合伙）和美玲饰品合伙企业（有限合伙）中一半的财产份额，将钱用来购买理财产品。

情景说法

在该故事中，向葵作为两家合伙企业的合伙人，拥有不同的法律身份，其面临的法律问题可以分为两个方面来分析。

一是，向葵作为凤凰作坊（有限合伙）的有限合伙人，想要将合伙企业中的财产份额转让，只要满足一定的条件是可行的。根据《合伙企业法》，作为凤凰作坊有限合伙人的向葵可以按照合伙协议的约定向合伙人以外的人转让其在有限合伙企业中的财产份额，但是为了不给合伙企业和其他合伙人造成损失和麻烦，应当提前 30 日通知其他合伙人。也就是说，向葵只需要提前 30 天将财产份额转让的事情通知其他合伙人，不需要征求其他人的同意，就可以避免承担法律责任。如果向葵没有提前 30 天通知其他合伙人，合伙企业和其他合伙人因此遭受了损失，向葵是要赔偿这些损失的。

二是，向葵作为美玲饰品合伙企业（有限合伙）的普通合伙人，将在合伙企业中的财产份额转让给合伙人以外的第三人，是必须征得其他合伙人的一致同意的。同时，向葵作为普通合伙人，向合伙人以外的人转让其在合伙企业中的财产份额的，其他合伙人在同等条件下可以优先购买该财产份额，合伙协议另有约定的除外。

读者需要注意有限合伙人和普通合伙人转让财产份额的不同法律规定：有限合伙人可以自由地转让财产份额，只需要尽到提前通知其他合伙人的义务即可；普通合伙人将财产份额转让给合伙人以外的第三人，需要得到其他合伙人的一致同意，并且其他合伙人在同等条件下可以优先购买该财产份额。

法条索引

《合伙企业法》

第七十三条

有限合伙人可以按照合伙协议的约定向合伙人以外的人转让其在有限合伙企业中的财产份额，但应当提前30日通知其他合伙人。

故事十 可以使用合伙份额还个人债务吗？

一年一度的深圳美食节开幕在即，主办方向广大市民征求全世界各种各样的美食，在深圳福田区的露天广场邀请美食店前来摆摊，一起分享世界各地的美食。以往，向葵和张文军都是兴致勃勃地前去大快朵颐，吃个痛快，加之二人对美食都有相当的研究，所以他俩这次都想要参与其中。

于是夫妻二人向主办方提出申请，要求作为合作商铺参加美食节。主办方对于国际美食和传统美食的加盟表示非常赞赏，但是要求二人提供特色小吃的清单、营业执照和卫生许可证。罗列特色小吃和制作家乡美食对于夫妻二人来说简直就是小菜一碟，平时在家的时候二人就经常烹饪食物，交流心得。但是问题是，二人没有开设过餐厅，没有取得相关的营业执照和卫生许可证。

二人商量以后，决定新开一家餐厅，餐厅地址就定在离家不远的福田街道上，店铺的装修融合日式和中式风格。不巧的是，在装修过程中，因为资金链断裂，向葵向朋友杨晓丽借了 500 万元人民币，答应三个月后餐厅开始盈利后就还钱。

餐厅很快就装修好了，夫妻二人办理了餐厅的营业执照和卫生许可证，顺利取得参加美食节的资格。美食节顺利开幕，向葵做的铁板秘制酱汁牛肉、札幌浓厚海老味噌拉面、东京酱油拉面、九州豚骨拉面等非常受欢迎，丈夫张文军做的油角、肠粉、叉烧等也是被广大市民赞不绝口。

美食节过后，二人继续经营餐厅，可是由于宣传不够，选址比较偏僻，顾客比较少，三个月后没有足够的现金来偿还债务。杨晓丽得知向葵是凤凰作坊的有限合伙人，要求其用在合伙企业中的财产收益和财产份额来清偿债务。向葵拒绝，表示必须要征得其他合伙人同意才行。

情景说法

在该故事中，向葵欠了杨晓丽 500 万元，自有的财产不足以清偿该项债务。《合伙企业法》对于有限合伙企业的有限合伙人从事与合伙企业无关的事情而产生的债务清偿问题进行了规定。对于这种债务，首先应该由有限合伙人的**自有财产**进行清偿，其次是用在合伙企业中获得的**收益**进行清偿，前面两项财产都不能清偿债务的，债权人也可以依法请求人民法院强制执行该合伙人在**有限合伙企业中的财产份额**用于清偿。

但是，法律为了保护合伙企业的稳定性和合伙人的权益，同时规定，在对有限合伙人的财产份额进行强制执行时，应当**通知全体合伙人**；当购买价格、价款支付时间等条件都相同的情况下，其他合伙人有权优先于合伙人以外的人购买该财产份额，也就是所谓的优先购买权。

在该故事中，杨晓丽可以首先要求向葵以个人财产还债，其次可以要求向葵以在凤凰作坊中分得的收益进行清偿，杨晓丽也可以要求人民法院强制执行向葵在合伙企业中的财产份额。在对向葵在合伙企业中的财产份额进行强制执行时，凤凰作坊的其他合伙人在同等条件下有优先购买权。

法条索引

《合伙企业法》

第七十四条

有限合伙人的自有财产不足清偿其与合伙企业无关的债务的，该合伙人可以以其从有限合伙企业中分取的收益用于清偿；债权人也可以依法请求人民法院强制执行该合伙人在有限合伙企业中的财产份额用于清偿。人民法院强制执行有限合伙人的财产份额时，应当通知全体合伙人。在同等条件下，其他合伙人有优先购买权。

故事十一 有限合伙人可以对外签合同吗？

向葵在东京念书期间，曾加入登山社参加各类的户外活动，是一个很有闯劲和创造力的人。某天，她在东京登山社爬富士山时认识的同学卡森来到福州，约她一起去爬山。二人叙聊念书光景，怀念东京的樱花、富士山、寿司与生鱼片。

卡森得知向葵目前经营一家销售手工饰品的企业，他想着可以把这些融合了中国民族特色和日本元素的饰品运回东京，销售前景良好。向葵不断游说卡森，拿出自己当初加入凤凰作坊时的合伙协议、以普通合伙人身份签订的饰品销售合同以及以前合伙企业订立的普通合伙人授权书。卡森看到这些材料，觉得向葵的身份没有任何问题，同意向凤凰作坊订购饰品。向葵代表凤凰作坊与卡森签订了合同，合同价格低于市场价的 20%，并且卡森支付了一半的合同款200万元。卡森回到东京后，开始积极筹划此事，投入大量财力人力，打算开设一家跨国元素主题店，其中一部分商品就是凤凰作坊的手工饰品。

张丽和李刚得知合同价格低于市场价20%的价格后，非常生气，拒绝履行向葵与卡森签订的合同。

情景说法

在该故事中，向葵以普通合伙人身份代表有限合伙企业对外签订了合同，合同价格低于市场价格20%。因为向葵一直是以普通合伙人的身份与卡森相处的，加之她原本也是普通合伙人，并且对于合伙企业的事务很熟悉，之后转变为有限合伙人之后，卡森也并不知晓。而且向葵拿出了自己当初加入凤凰作坊时的合伙协议、以普通合伙人身份签订的饰品销售合同以及以前合伙企业订立的普通合伙人授权书。所以卡森有理由相信向葵是普通合伙人。经过向葵的一番游说，双方签订了合同，卡森支付了一半的合同款项，投入资金筹备东京店铺事项。但是，张丽和李刚认为向葵不是普通合伙人，不能对外签订合同，拒绝承认合同效力。那么这个合同的效力究竟如何呢?

根据我国《合伙企业法》的规定，有限合伙企业由普通合伙人执行合伙事务。有限合伙人不执行合伙事务，不得对外代表有限合伙企业。向葵已经由原来的普通合伙人变更为有限合伙人，不能再以之前的工作方式来处理合伙事务，其没有权利对外签订合同。向葵以普通合伙人身份代表合伙企业与卡森签订合同是不符合法律规定的。

但是，从保护善意第三人的角度出发，法律还规定了第三人有理由相信有限合伙人为普通合伙人并与其交易的，该有限合伙人对该笔交易承担与普通合伙人同样的责任。这就是法律上所称的**表见代理**，卡森是有理由相信向葵为普通合伙人的，二人签订的合同对合伙企业有效，向葵对该笔交易承担与普通合伙人同样的责任。为了保护合伙企业和其他合伙人，该条同时规定“有限合伙人未经授权以有限合伙企业名义与他人进行交易，给有限合伙企业或者其他合伙人造成损失的，该有限合伙人应当承担赔偿责任。”向葵以低于市场价20%的价格签订合同，对合伙企业造成损失，应该承担赔偿责任。

读者需要注意，有限合伙人超越权限代表合伙企业对外进行交易，在第三人是善意的情况下，签订的合同是有效的，合伙企业应该履行该合同。但是因此造成合伙企业或其他合伙人损失的，该有限合伙人应该对此承担赔偿责任。

法条索引

《合伙企业法》

第六十七条

有限合伙企业由普通合伙人执行合伙事务。执行事务合伙人可以要求在合伙协议中确定执行事务的报酬及报酬提取方式。

第六十八条

有限合伙人不执行合伙事务，不得对外代表有限合伙企业。

有限合伙人的下列行为，不视为执行合伙事务：

（一）参与决定普通合伙人入伙、退伙；

（二）对企业的经营管理提出建议；

（三）参与选择承办有限合伙企业审计业务的会计师事务所；

（四）获取经审计的有限合伙企业财务会计报告；

（五）对涉及自身利益的情况，查阅有限合伙企业财务会计账簿等财务资料；

（六）在有限合伙企业中的利益受到侵害时，向有责任的合伙人主张权利或者提起诉讼；

（七）执行事务合伙人怠于行使权利时，督促其行使权利或者为了该企业的利益以自己的名义提起诉讼；

（八）依法为该企业提供担保。

第七十六条

第三人有理由相信有限合伙人为普通合伙人并与其交易的，该有限合伙人对该笔交易承担与普通合伙人同样的责任。

有限合伙人未经授权以有限合伙企业名义与他人进行交易，给有限合伙企业或者其他合伙人造成损失的，该有限合伙人应当承担赔偿责任。

退伙对合伙债务的承担？

故事十二 退伙是否代表不用还债了？

一年一度的深圳音乐节劲爆开场，向葵和丈夫张文军穿着前卫时尚的涂鸦 T 恤，脸上贴着酷炫的贴纸，俨然一副摇滚青年的装扮，前往音乐节现场。

现场的歌迷不分年龄、性别、种族和国家，都在享受这无比美妙动人的音乐盛典。向葵和丈夫张文军在其中感受着音乐、感受着生命的活力，他们尽情地欢呼、歌唱和呐喊，似乎找到了自己生命的意义。

现在，她明白自己真正想要的生活了，并且愈发想要生一个健康可爱的宝宝，把重心放在生活上，学习吉他和歌唱，去享受生活、丰富生活。

于是，向葵不想再继续担任凤凰作坊（有限合伙企业）的有限合伙人，她分得 150 万元财产后退出了合伙企业；同时，她从美玲饰品（有限合伙企业）的普通合伙人转变为有限合伙人，定期收取分红。制作手工饰品花掉了她大部分的精力和时间，现在的她有了新的人生爱好和新的生活方式。可是，因为这段时间向葵疏于打理合伙企业业务以及市场的不景气，凤凰作坊对外负债 200 万元，美玲饰品对外负债 30 万元。凤凰作坊和美玲饰品的债权人找到向葵，要求其对合伙企业的债务承担责任。向葵并不想理会这些债权人，可是也不知道就这样置之不理有什么法律后果。

情景说法

在该故事中，向葵主要面临两个法律问题。

一是，作为凤凰作坊（有限合伙企业）的有限合伙人，在分得 150 万元人民币后，退出凤凰作坊（有限合伙企业），而凤凰作坊对外负债 200 万元，向葵应该如何处理这笔欠债？根据我国《合伙企业法》的规定，有限合伙人退出合伙企业后，对于退伙前的债务，**以退伙时取得的财产为限承担责任**。也就是说，向葵退伙时从合伙企业拿到 150 万元，企业 200 万元的对外债务发生在她还是有限合伙人的期间，因此，她需要以这 150 万元为限度来对企业债务承担责任，对于超出的 50 万元债务不用承担责任。

二是，作为美玲饰品（有限合伙企业）的普通合伙人，从普通合伙人转为有限合伙人，美玲饰品对外负债 30 万元，向葵又应该如何处理这笔欠债呢？普通合伙人转为有限合伙人，对于作为普通合伙人期间发生的企业债务，应该承担相当于普通合伙人的无限连带责任。这就意味着，在向葵还是美玲饰品的普通合伙人期间，企业发生的 30 万元债务，向葵应该承担无限连带责任，无论其是否转变为有限合伙人。

债务清偿方面的差异性，也是有限合伙人和普通合伙人的区别。对于退伙前合伙企业发生的债务，有限合伙人仅仅以退伙时从企业中取得的财产为限来承担责任，而普通合伙人却需要以自己所有的财产来承担无限连带责任。

法条索引

《合伙企业法》

第八十一条

有限合伙人退伙后，对基于其退伙前的原因发生的有限合伙企业债务，以其退伙时从有限合伙企业中取回的财产承担责任。

第八十四条

普通合伙人转变为有限合伙人的，对其作为普通合伙人期间合伙企业发生的债务承担无限连带责任。

故事十三 特殊普通合伙企业特殊在哪里？

向葵如愿以偿退出凤凰作坊（有限合伙企业），并由美玲饰品（有限合伙企业）的普通合伙人转为有限合伙人。

有一天，深圳福田的中心商场开了一家号称亚洲最大的杂货品牌店铺——东京优品。

向葵得知这个消息后，异常兴奋，自己从小在东京长大，很多当地的本土品牌都非常注重环保。东京优品将这些品牌特色发扬光大，并在此基础上做了一些改变，以更加符合亚洲人的审美标准，深受顾客喜爱。她拉着丈夫前去购物，非同寻常的购物体验让她觉得很震撼。

回到家后，向葵的心情久久不能平复。数日的家庭主妇生活也使她渐渐感到乏味，她寻思着应该给自己找一份清闲的工作。正巧，向葵以前的一位客户谢超开了一家中优设计事务所（特殊普通合伙），以东京优品的概念为灵感，主打中国式自然纯净风，为产品包装、服装提供设计，同时为咖啡店、奶茶店和果汁店设计室内装修风格和产品造型。基于对东京优品的喜爱，向葵以普通合伙人的身份加入了该设计事务所。

一星期后，该设计事务所的另外一名合伙人杨珊提供给一家咖啡店的咖啡杯造型出了问题，咖啡店主在大批量定做生产该种咖啡杯后，发现这种杯型不符合力学原理，会导致咖啡杯滑落，这违背了设计合同中条款内容，造成咖啡店主损失严重。咖啡店主给所有合伙人均发送邮件，要求赔偿。

向葵从来没有加入过特殊的普通合伙企业，不知道怎么处理。特殊的普通合伙企业，特殊在哪里？她对于杨珊的行为造成的咖啡店的巨额损失，是像普通合伙人一样承担无限连带责任还是有特殊的债务承担方式？

情景说法

在该故事中，向葵作为设计事务所的普通合伙人，应该如何应对其他合伙人在执业行务中造成的损害赔偿？特殊普通合伙企业，特殊之处又在哪里？

根据《合伙企业法》，特殊的普通合伙企业是指以**专业知识**和**专门技能**为客户提供有偿服务的专业服务机构。譬如律师事务所、会计师事务所和设计事务所等。

特殊普通合伙企业的特殊性主要在于合伙债务的承担。对于合伙人杨珊在执业活动中造成的合伙企业债务，针对她主观上是善意还是恶意，存在两种不同的处理方法：

一是，合伙人在执业过程中造成合伙企业债务的行为是故意或者存在重大过失的情况。如果杨珊是故意违背设计合同条款，或者是严重的职业疏忽、存在重大过失，那么她应该以自己所有的财产来对咖啡店的损失承担无限连带责任；而包括向葵在内的其他的合伙人仅仅以在合伙企业中的财产份额为限来承担责任，也就是有限责任。法律的这种规定主要是为了保护善意的合伙人，维护专业服务机构的稳定性，体现出特殊普通合伙企业的特殊性。

二是，合伙人在执业过程中造成合伙企业债务的行为并不是故意的，也不存在重大过失。要是杨珊尽到了职业上应有的责任和义务，不是故意的也不存在重大过失，那么包括向葵在内的所有的合伙人都必须以自己所有的财产来对咖啡店遭受的损失承担无限连带责任。

特殊普通合伙企业仍然具有普通合伙企业的部分特点。一方面，对于合伙人非因故意和非重大过失的执业行为所造成的合伙债务，所有合伙人都必须承担无限连带责任，这种规定和普通合伙企业相同。另一方面，对于合伙人因故意或者重大过失的执业行为所造成的合伙债务，其他合伙人仅仅以其在合伙企业中的财产份额为限来承担责任，这又凸显出特殊普通合伙的特殊性。

法条索引

《合伙企业法》

第五十七条

一个合伙人或者数个合伙人在执业活动中因故意或者重大过失造成合伙企业债务的，应当承担无限责任或者无限连带责任，其他合伙人以其在合伙企业中的财产份额为限承担责任。

合伙人在执业活动中非因故意或者重大过失造成的合伙企业债务以及合伙企业的其他债务，由全体合伙人承担无限连带责任。

企业破产法

福祸相依

维多利亚是一名来自加拿大的成功女商人，有着非常优秀的教育背景，当然，她的成功更多来源于她自身的坚持和努力。维多利亚在攻读商科博士期间便开始在加拿大从事枫糖相关产品的进出口生意，甚至因此结识了幽默风趣的、从事枫糖生意的马修并收获了弥足珍贵的爱情。婚后他们育有一子（贾克）一女（丽雅）。显然维多利亚很好地平衡了家庭和事业之间关系，物质上维多利亚似乎并不缺少什么——别墅、汽车；精神上，维多利亚因为丈夫和子女的支持也是颇为丰富。周末，她可以与好友去酒庄品尝美酒或者是与丈夫在家中看一场黑白电影。

维多利亚在加拿大的枫糖生意蒸蒸日上，子女也成长得一如她当年般优秀。贾克有着青年的冒险主义精神，他似乎嗅到中国大陆地区的广阔商业前景，于是他再三劝说维多利亚凭借在加拿大的多年从商经验继续在中国大展身手。维多利亚并不想作出过于草率的决定，毕竟 42 岁的她更为谨慎。于是她咨询正在中国三亚从事海产品生意（海多多有限公司）的王丽萍女士，王丽萍作为维多利亚的好友，非常支持她们一家来华经商，并为她们提供了非常多的帮助。于是维多利亚一家来到中国三亚，并且维多利亚作为股东之一投资设立 VIC 枫糖有限公司（主营枫糖生产销售业务），同时她的丈夫马修则投资设立 VIC 酒品有限公司（主营冰酒、枫木威士忌生产销售业务），她的长子贾克投资设立 VIC 糖果有限公司（主营以枫糖为原料的糖果生产业务）。其他股东出于对维多利亚及其丈夫、长子的信任，分别选举维多利亚、马修、贾克作为董事长及法定代表人对外行使权利。但是，成功的经验是不可复制的，维多利亚一家的来华经商之旅并不顺利，公司经营困境以及合作伙伴的失利使得维多利亚一家急需耐心与专心来渡过难关，他们相信一切还有转机。

故事一

何种情形下企业可以申请破产？

啪！贾克一把将报纸拍在办公桌上。报纸上大大地写着“惊！ VIC 糖果公司拖欠工人工资多月——是不能还是不想”。作为 VIC 糖果有限公司董事长兼总经理的贾克此时正在气头上，他叫嚷着：“是谁让他们报道这样的新闻的！叫法务部的人过来！”贾克拿着咖啡望向窗外，试图看看风景改善一下心情，但是公司楼下一条红字书写的横幅也是刺痛了贾克的双眼：“还我血汗钱！”贾克狠狠地将咖啡杯砸向办公桌……事情还要从几年前说起。

贾克在 2015 年随着他的父母和妹妹来到中国三亚，贾克一直自诩是有经商天赋的人，他认为这源于基因遗传，因为她的母亲维多利亚和父亲马修都是非常成功的商人。含着金钥匙出生的他可谓从小就深谙理财投资之道，贾克小学的时候就知道将喝不完的牛奶卖给班里敷面膜的女生赚取零花钱，所以他大学期间便从母亲那里争取到第一笔投资资金。如今，他来到中国三亚并创建了属于自己的公司——VIC 糖果有限公司。

在这里，他嗅到浓烈的商机，他想紧紧抓住机会证明自己。于是他高薪聘请团队设计糖果造型和产品外包装，又将 500 多人的糖果生产工人团队扩张到 2000 人，当然这意味着他必须要有足够的厂房。贾克这一次为表现自己的大男子气概，便以总经理的身份和 VIC 枫糖有限公司签订厂房租赁合同。人手齐了，地方也够，看着空荡荡的厂房，贾克又购买了一系列设备。虽然公司的流动资金越来越少，债务越来越多，但是看着糖果设计方案，贾克是如此的自信。

然而，设计图上的糖果实物没有收到，贾克的书桌上却堆满了文件，无一例外都在催促 VIC 糖果有限公司偿还债务，工人们更是躁动不安，楼下经常挤满讨要工资的工人。法务部这一次终于告诉这位年轻的总经理，公司不得不面对破产了，因为公司财务部审核后，发现公司资产不足以偿还到期债务。年轻的总经理痛苦地抱着头，弱弱地问："公司破产的原因是什么？"

情景说法

事实上，贾克的问题非常简单，因为公司的破产原因主要有两个。根据我国《破产法》第 2 条第 1 款、第 2 款的规定，它们分别是"不能清偿到期债务，并且资产不足以清偿全部债务"和"不能清偿到期债务，并且明显缺乏清偿能力"。接下来我们一一解释这两种公司破产原因并分析本故事中 VIC 糖果有限公司原因的破产。

我们首先要弄清楚什么是"不能清偿到期债务"，简单而言就是公司在日常经营活动中向其他人承担了债务，此时公司就是法律上的"债务人"，承担"债务"，其他人或者公司就是法律上的"债权人"，享有"债权"。公司和其他人在签订合同时确定应当在未来的某一日期清偿债务，也就是法律上所说的"到期清偿"。但是到了清偿日期公司却没有资金还债，而且还是不能清偿全部到期债务，此时就是法律上说的"不能清偿到期债务"。

在第一种破产原因之下，公司"不能清偿到期债务"的同时公司全部资产不能还债，也就是公司全部资产小于全部到期债务。那么怎么判断公司全部资产和全部到期债务谁多谁少呢，这就要依靠公司的资产负债表来确定。而在第二种破产原因之下，公司“不能清偿到期债务”的同时又明显缺乏清偿能力。我们会产生疑问，什么是“明显”，有什么标准呢？当然，我国法律规定了很多种情况。比如公司流动资产严重小于全部到期债务，或者总经理下落不明，再或者公司长期亏损，都是这里所谓的“明显”。

根据本故事中 VIC 糖果有限公司法务部门人员的描述：“公司资产不足以偿还到期债务，”就可以明确，VIC 糖果有限公司的破产属于第一种情形：“不能清偿到期债务，并且资产不足以清偿全部债务。”

法条索引

《破产法》

第二条

企业法人不能清偿到期债务，并且资产不足以清偿全部债务或者明显缺乏清偿能力的，依照本法规定清理债务。

企业法人有前款规定情形，或者有明显丧失清偿能力可能的，可以依照本法规定进行重整。

故事二 债权人可以申请重整吗？

维多利亚的好友王丽萍近日忧心忡忡，维多利亚决定同她一起解决问题。据二人的聊天内容得知，王丽萍正面临着交易伙伴资不抵债的困境。

王丽萍经营一家水产养殖企业，名为海多多有限公司，因生意日益兴隆，资金日益充足，所以决定扩大公司规模。公司规模扩大不仅要引进更多出类拔萃的员工和建造水产品养殖基地，更重要的是，还需要引进更多更先进的养殖设备。目前海多多在用的设备都是一批快退休的老家伙，不如新设备环保和节能。如果引进智能系统，就可以节省人工成本、提高水产成活率。此外，如果有合作伙伴和潜在客户来基地考察，高端大气上档次的设备也能给对方留下一个好印象。

购买新设备势在必行，但是必须要选择信得过的设备供应商。王丽萍想起多次合作过的三亚大洋养殖设备有限公司，他们之前每次合作都挺顺利的。于是她与三亚大洋养殖设备有限公司洽谈了合同事宜。对方非常爽快地答应了，并表示因为是老朋友了，所以设备安装费用全免，并且价款可以打八折。双方最终签订的合同的主要内容是三亚大洋养殖设备有限公司为海多多有限公司新建的养殖基地安装加拿大进口全智能养殖设备20套，共计300万元人民币，三亚大洋养殖设备有限公司需在半年内完成全部设备的安装，产品保修期为投入正常使用之日起5年。

合同签订后，海多多有限公司出于对三亚大洋养殖设备有限公司的信任，将合同款项全数汇入三亚大洋养殖设备有限公司账户。但是时至今日，三亚大洋养殖设备有限公司仍未按合同约定为其安装设备，也没有明确表示要解除合同。经过海多多有限公司多次电话、短信、微信、电子邮件催促，对方虽然满口应承，却没有一点动静。

听了王丽萍的描述，维多利亚凭借多年的经商经验告诉她，三亚大洋养殖设备有限公司的财务可能出现了问题，否则一个理性的商人是不会放弃有多次合作经历的伙伴的。三亚大洋养殖设备有限公司既没有履行合同，也没有明确拒绝履行，所以应该是财务方面的问题。经多方了解，维多利亚终于发现三亚大洋养殖设备有限公司有严重资不抵债、缺乏清偿债务能力的可能，她马上通知了王丽萍，两人都非常担忧。王丽萍咨询了公司法务人员，被告知，她可以对三亚大洋养殖设备有限公司申请破产重整，因为三亚大洋养殖设备有限公司还可能起死回生，对于海多多有限公司比较有利。

如果三亚大洋养殖设备有限公司就此销声匿迹，那么王丽萍女士该如何追回那300万元的合同款呢？如果另外找设备供应商，也需要一大笔资金来支付设备款，公司才刚刚开始兴旺，再抽出300万元来是不现实的，在现在这种情况下，有什么方法可以让王丽萍尽快追回支付给三亚大洋养殖设备有限公司的合同款以购买其他供应商的设备呢？

情景说法

本故事中，王丽萍的海多多有限公司与三亚大洋养殖设备有限公司签订了设备采购合同，双方之间成立买卖合同关系，双方意思表示一致达成的合同应该为双方严格遵守。根据合同，三亚大洋养殖设备有限公司负有为海多多有限公司及时安装全部设备的义务，但是经过海多多有限公司的多次催告，三亚大洋公司仍未履行其应尽的合同义务，已经构成违约。

根据《民法典》第536条的规定，因为三亚大洋公司在履行期限届满之前，经过海多多有限公司的多次催告，仍未履行合同义务，已经以自己的行为表明不履行合同主要义务，合同目的不能实现，海多多有限公司可以行使法定合同解除权，要求解除设备采购合同。根据《民法典》第566条的规定，合同解除后，尚未履行的债务，不需要继续履行，已经履行的债务，根据履行情况和合同性质，当事人可以要求恢复原状、采取其他补救措施，并有权要求赔偿损失。本故事中的合同解除后，三亚大洋养殖设备有限公司可以不再履行其安装设备的义务，但是，海多多有限公司已经按照合同约定，向三亚大洋养殖设备有限公司支付了300万元合同款，依据《民法典》第566条，海多多有限公司有权要求"恢复原状"，即要求三亚大洋养殖设备有限公司返还其支付的300万元。

但本故事的难点在于，虽然海多多有限公司有这些权利，但是三亚大洋养殖设备有限公司已经没有能力履行还款义务，该如何解决？这时就应该适用《破产法》这部专门解决企业法人无法偿还到期债务难题的法律。

依照《破产法》第7条，债权人有权申请对债务人进行破产重整或破产清算，条件是债务人不能清偿到期债务。本故事中海多多有限公司作为债权人，提出破产重整或破产清算申请需满足的条件是：债务人三亚大洋养殖设备有限公司不能返还300万元以清偿到期债务。海多多有限公司在向法院申请时，只需提供三亚大洋养殖设备有限公司无法偿还到期债务的证据即可。当然，为了证明三亚大洋养殖设备有限公司有到期还款的义务，海多多有限公司还要提供双方之间的合同、转账记录、对方违约情况的证明。

债权人海多多有限公司有两种选择：一是可以选择申请对三亚大洋养殖设备有限公司进行破产清算，法院受理后，可以向破产管理人申报债权，然后按程序进行破产财产分配；二是可以选择申请对三亚大洋养殖设备有限公司进行破产重整，但是在重整程序中可能需要对部分债务进行免除或者给予宽限。那么海多多有限公司可以申请破产和解吗？仔细观察《破产法》第7条的规定，法条列明了债务人可以申请清算、重整与和解，但是对于债权人则只列明了清算和重整，所以债权人不能申请和解。法律不赋予债权人破产和解申请权，是因为如果债权人想要和解，可以不通过破产程序，直接与债务人协商就行了，这样还能节省法官、债权人、债务人的时间和精力。

如果申请破产清算，在程序上会相对比较快捷，但是作为普通债权人，大家的债权是同时受偿的，并且是在某些有优先性的债权受偿以后可能受偿，也许到时只能获得一点点财产；如果申请破产重整，那么债权人需要对债务进行延期或免除，而且重整过程会比较漫长，无法挽回损失的风险也比较大，但企业起死回生后，可以拿回较多的财产。如果时间过长，肯定不利于快点拿回资金以更新设备，还会延误商机。如果在短时间内只能拿回一小部分资金，那么对于购买新设备而言也没有明显的意义。所以，申请破产清算或破产重整各有利弊，具体情况决定了债权人海多多有限公司该如何抉择。因为海多多有限公司更希望把钱全部拿回，所以申请破产重整对它来说更为有利。

法条索引

《破产法》

第七条

债务人有本法第二条规定的情形，可以向人民法院提出重整、和解或者破产清算申请。

债务人不能清偿到期债务，债权人可以向人民法院提出对债务人进行重整或者破产清算的申请。

企业法人已解散但未清算或者未清算完毕，资产不足以清偿债务的，依法负有清算责任的人应当向人民法院申请破产清算。

《民法典》

第五百六十三条

有下列情形之一的，当事人可以解除合同：

（一）因不可抗力致使不能实现合同目的；

（二）在履行期限届满之前，当事人一方明确表示或者以自己的行为表明不履行主要债务；

（三）当事人一方迟延履行主要债务，经催告后在合理期限内仍未履行；

（四）当事人一方迟延履行债务或者有其他违约行为致使不能实现合同目的；

（五）法律规定的其他情形。

以持续履行的债务为内容的不定期合同，当事人可以随时解除合同，但是应当在合理期限之前通知对方。

第五百六十六条

合同解除后，尚未履行的，终止履行；已经履行的，根据履行情况和合同性质，当事人可以要求恢复原状、采取其他补救措施，并有权要求赔偿损失。

故事三

无法继续经营的企业只能破产吗？

贾克此时正忧心忡忡地坐在敞亮的办公室里，他的手指不断地敲打着桌面，试图缓解公司财务危机给他带来的巨大压力。随着时间的推移，公司的门口开始聚集大批工人讨要薪水。

“希望您能直面问题，公司现在的情况的确是举步维艰。”法务部的杰克并不想当着年轻气盛的贾克说出他最不愿意听到的话。但是此时此刻的贾克还是必须硬着头皮迎难而上，毕竟他的办公桌已经被各个公司的律师函压垮了。贾克回想着刚在中国三亚创办 VIC 糖果有限公司时意气风发的样子，那时他召集了最好的设计团队，希望 VIC 糖果的品质和外表都达到一流的水平，让全世界的人都知道“VIC”！为此他扩充生产厂房，短短几周内就将 500 多人的糖果生产工人团队扩张到 2000 人，甚至购进了世界一流的糖果生产机器，这期间贾克不惜大笔借债。但是，两年多过去了，他期待中的糖果还没有生产出来，却被到期债务压垮了，财务部告诉他公司的全部资产不足以偿还这些到期债务。

“我们需要您的决定。”杰克严肃的声音在一旁响起，“必须是我吗，我……我……能向法院申请破产吗？”贾克并不想作出这个过于艰难的决定。“破产申请并不一定会让我们的公司倒闭，一切还有转机，我们可以提起破产和解。”杰克试图安抚处于极度脆弱状态下的贾克。那么，作为债务人的 VIC 糖果有限公司可以向法院提出破产申请吗，提出破产申请需要符合哪些条件呢？以及，什么是“破产和解”呢？

情景说法

已经出现资不抵债情形的债务人 VIC 糖果有限公司可以根据《破产法》的规定向法院提出破产申请，而且可以启动“破产和解”的程序。接下来，我们将具体分析 VIC 糖果有限公司能够向法院申请破产的原因，以及向法院申请破产时可启动的不同程序。

VIC 糖果有限公司作为债务人，需要符合《破产法》规定的公司破产实质要件。具体包括两个破产原因：一个是不能清偿到期债务，并且资产不足以清偿全部债务；另一个是不能清偿到期债务，并且明显缺乏清偿能力。也就是说只要作为债务人的公司具有以上任意一个原因就可以向法院申请破产。故事中提到法务部对贾克先生的说明：“公司的全部资产不足以偿还这些到期债务。”显然，VIC 糖果有限公司具备了向法院提起破产的实质要件。

接下来，VIC 糖果有限公司在向法院提起破产申请时可以启动重整、和解和破产清算三种不同的破产程序，但是法务部的杰克建议启动“和解”程序以使公司“死而复生”。我们将简单说明这三种破产程序最主要的区别以及 VIC 糖果有限公司选择“和解”程序的原因。

破产清算，简单而言，就是公司破产以后，由清算组接管公司，并对破产财产进行清算、评估和处理、分配，公司直接走向死亡。“清算组”是指根据人民法院的指定所组成的对破产财产进行保管、清理、估价、处分的清算机构。我国《破产法》规定清算组的成员一般由人民法院从破产企业的上级主管部门、政府财政部门等有关部门和专业人员中指定。专业人员一般包括注册会计师、律师、经济师、审计人员等。而破产重整，顾名思义，就是并不会立刻对公司进行清算，而是在公司和它的债权人之间达成共识，制订重整计划，使得公司继续经营，最终起死回生。破产和解的目的和破产重整一样，都是希望公司起死回生、东山再起，但是它和破产重整最大的不同在于破产和解只能由债务人提出，而破产重整的提出则没有限制，债权人和债务人均可以提出。一般而言，如果公司尚有继续经营的可能，债权人或者债务人企业多会选择通过破产重整或者和解程序使公司起死回生，但是如果公司已经无盈利机会，或者投资人不愿继续经营，则会选择破产清算程序使公司走向死亡，如果出现一些特殊的情形，三种程序之间还可以进行转换。在本故事中，显然贾克先生并不希望公司走向终结，而同时 VIC 糖果有限公司又是债务人，所以启动破产和解的程序对于 VIC 糖果有限公司是最佳的方案。

故事四 应该由谁申请破产清算？

维多利亚来华后结识了同样经营枫糖产品的加拿大籍女士爱拉，爱拉曾经也是一名成功的商人。21 世纪初，中国刚加入 WTO 不久，颁布了三资企业法（《外商投资企业法》《外商独资企业法》和《中外合作企业法》），鼓励外商来华投资，年轻的爱拉随着父辈一起来华投资并在华定居。因为当时改革开放才起步，中国的国民生活水平正处于上升期，像爱拉一家一样为中国带来枫糖等“洋产品”的外商企业是十分受欢迎的，所以爱拉女士的家族企业获得了极大的发展。

随后，爱拉提出投资房地产，房地产作为当年大热的行业，一度给投资者带来滚滚的财富。但是到 2008 年，忽然爆出惊天消息，美国的投资银行巨擘 Lehman Sisters 申请破产保护，中国的楼市也一蹶不振。爱拉企业的股价一跌再跌，她一度想申请破产，但是家人都反对，认为还有转圜的余地。爱拉想到如果申请破产，也许就血本无归了，还是坚持一下，说不定公司就起死回生了。于是爱拉咨询法律顾问后对公司进行裁员，精简机构，出售不良资产，以增加流动资金、减少经营成本。在家人的支持下，经过爱拉不懈的努力，她的企业终于再次步入正轨。

维多利亚对于爱拉十分敬佩，立志向她学习，从爱拉那里她还了解到不少中国的风土人情，爱拉也给予了维多利亚很多企业经营方面的意见和建议。但是爱拉今年决定放下一切，解散公司回加拿大。因为到了她这个年纪，也该退休享受生活了，于是股东大会通过了解散公司的决定，公司也进入清算程序。

正当爱拉以为一切将要尘埃落定时，清算组忽然告知她公司资产不足以清偿债务，根据法律需要向法院申请破产清算，这打乱了爱拉的回国计划。她立刻让秘书取消机票并安排和清算组的成员见面以了解情况。清算组已查明的情况是，公司总经理以公司名义对外负债，债务将于 5 个月后到期，这使公司账目上债务总额超过资产总额，也就是出现了资不抵债的状况。

爱拉一边对自己的用人失误感到十分气愤，一边也急于寻找解决途径。企业进入破产程序，将会是自己完美从商生涯的污点，虽说爱拉将要回国过退休生活了，但是做事有始有终是她的一贯作风，必须完成善后工作。那么，如果主动申请破产清算，承担自己应当承担的各项责任，会不会好一点呢？可是，企业已经解散了，提起破产程序需要什么条件？谁来提起破产程序？向谁、通过什么方式来提起破产清算呢？

情景说法

本故事涉及了申请破产清算的问题，接下来我们将讨论一般情形下申请破产清算的条件，以及清算中的企业申请破产清算的相关程序。

在一般情况下，在资不抵债的企业作为普通债务人申请破产清算的情境中，需满足“不能清偿到期债务”和“资产不足以清偿全部债务或者明显缺乏清偿能力”两个条件。但是，有些企业假意申请破产，企图通过破产程序逃避债务，所以一般情况下债务人申请破产需要满足“不能清偿到期债务”和“资产不足以清偿全部债务”两项要求，即债务人要明确提出“资产不足以清偿全部债务”的证据，而不是仅有缺乏清偿能力的可能。

如果爱拉的企业还没有解散，那么作为一个合法存续的企业法人，提出破产清算申请需要满足以上两个条件。其中，关于不能清偿“到期债务”，也就是说，如果除去总经理对外所负未到期债务，爱拉的企业能够清偿所有已到期债务的，她的企业就不能提起破产清算程序。而爱拉的企业解散后未完成清算工作，属于清算中企业申请破产清算，并非典型的债务人申请破产清算的情形，又应该怎么处理呢？

实务中，爱拉遇到的情况并不少见，并且在《破产法》上已有明确规定。对于已经解散但未清算或未清算完毕的企业法人，资产不足以清偿债务的，依法负有清算责任的人应当向人民法院申请破产清算。

爱拉的企业属于法律规定的企业法人，即符合《破产法》的适用对象要求，可以通过相关规定进入破产程序。

而爱拉的企业已经经过股东大会的决议合法解散，并依法组成清算组进行清算，但是清算组的工作还没有完成，也就是企业已经解散但是还没有清算完毕。此时，清算组发现企业的资产不足以清偿债务时，也就是说当企业所有资产之和少于公司负债总数时，即可申请破产清算。资产和负债是通过清算组编制的资产负债表反映的，所以“资产不足以清偿债务”作为申请破产清算的条件也被称为“资产负债表标准”。这里的“资产”包括企业的所有流动资产和固定动产、有形资产和无形资产等，“负债”包括所有到期债务和未到期债务。所谓有形资产是指那些具有实物形态的资产，比如公司的货币资产、产品等；无形资产是相对于有形资产而言的，它们没有物质实体，而是表现为某种法定权利或技术，比如公司的专利权、商标权等。本故事中爱拉的企业的总经理对外负债未到期，所以债权人还没有进行催讨，导致企业还没有发现这件事，但是在清算组清算时，这项未到期的债务也是被计算在内的，所以这个时候就符合了破产的要件，可以依法申请破产。

我们知道，一般情况下，在企业正常经营时，如果出现资不抵债的情形，作为债务人的企业可以依法申请破产清算，但是本故事中债务人——爱拉的企业——已经依法解散，在法律上和事实上都不存在这个主体了，所以让“债务人”去申请破产清算是不可能的，那么谁可以申请呢？法律规定的是“负有清算责任的人”，在本故事中就是指企业的清算组。清算组在企业消亡以后成立，继承了企业的法律地位，代替企业处理未尽的债权债务关系，所以由清算组向法院申请破产清算是合情合理又合法的。

故事五

企业无须破产了怎么办？

几天前，VIC 糖果有限公司法务部的杰克告诉贾克，公司已经走投无路，不得不向法院申请破产。贾克看着由自己一手创办的 VIC 糖果有限公司，不舍得它就此画上句号，经过深思熟虑，决定以能够东山再起的“破产和解”方式使公司度过危机。

但是，仅仅是向法院递交申请材料，就使得贾克焦头烂额。虽然他可以将这些事情布置给他的下属去完成，但是作为一个极具责任感的公司董事长兼总经理，他希望能和公司员工一起渡过难关。在 2018 年 1 月 2 日这天，他向法院递交了申请材料。悲伤的他这天晚上真的需要喝一杯酒来舒缓心中的愤懑，他联系了在中国的好友吕木木，吕木木自是一口答应了这位急需安慰的好友，他们相约在摇滚 KTV 见面。

贾克先生一杯酒接着一杯酒下肚，但是，他的心情并没有因此转好，他看着吕木木和他朋友高谈阔论着，试图加入他们之中以忘记心中苦闷。“这哥们儿公司前几天没了，咱安慰安慰他！”吕木木举着酒杯说道。“什么没了，和解成功后公司还可以正常运作！”贾克显然不高兴吕木木的说法。“哎！那也是破产，我有个朋友，他的公司之前也是在法院走了一遭和解，活是活过来了，就是没人愿意和他做生意了！”吕木木旁边的一黑衣男子叫嚷着。“哎！别乱说话，咱这是来安慰他，喝酒喝酒！”吕木木试图缓解尴尬的气氛，但是贾克再也坐不下去了，万一……

贾克先生便开始后悔向法院提起破产申请，这个决定可能过于仓促，为了保持在合作伙伴那里积累的良好信用，他决定撤回破产申请。

向法院申请破产需要准备哪些材料？而已经受理破产申请的法院又会接受贾克撤回破产申请的请求吗？

情景说法

本故事中，我们需要关注两个法律问题：一个是向法院申请破产需要提供的材料；另一个是关于破产申请能否撤回以及何时撤回才会被法院准许。接下来，我们将逐一解答并分析这两个法律问题。

向法院申请破产时，需要向法院提供诸多材料，来证明 VIC 糖果有限公司具备法律规定的破产原因。当然，VIC 糖果有限公司首先需要向法院出具一份书面的破产申请。对此，法律严格规定了具体的内容：申请人的基本情况、申请的目的、申请依据的事实和理由以及法院所要求的其他事项。在本故事中，VIC 糖果有限公司是作为债务人提起的破产申请，也就是自愿、主动申请的破产，这不同于债权人申请破产，在这种情况下，向法院申请破产需要提供一些其他的资料：公司的财产状况说明、全部债务清单、全部债权清单、财务会计报告、公司全部职工安置的预案以及职工工资的支付和社会保险费用的缴纳情况。这是因为债务人对自己的营业情况，比债权人有更充分的了解，有能力提供这些材料以方便法院审查。而对于普通的债权人申请破产，如果让其提供这些特殊的材料，会存在举证的困难，不利于保护债权人的利益。所以，VIC 糖果有限公司在向法院提起破产申请时需要提供书面的破产申请书、公司财产状况说明、债务清册、债权清册、有关财务会计报告、职工安置预案以及职工工资的支付和社会保险费用的缴纳情况。

根据我国《破产法》的规定，向人民法院申请公司破产的申请人，有权利向法院撤回申请，但是必须要在人民法院受理破产案件之前提出。一般情况下，法院收到破产申请后不会立即受理，而是要经过通知债权人债务人的程序之后，在一定的期间内才会受理。受理，就是指人民法院实质上已经接受了申请人的材料，并着手准备对案件进行审理的一个诉讼法上的时间节点。在这个节点之后申请人向法院请求撤回申请时，人民法院会驳回申请人的这个请求。这是因为人民法院受理破产申请之后，就是认定债务人企业已经具有破产的原因，此时受到影响的不仅仅是申请人自己，还包括其他债权人的利益，所以出于对所有相关者的保护，人民法院会驳回破产申请受理后的撤回申请。在本故事中，我们注意到贾克是在法院受理后才提出的撤回破产申请的请求，自然不会被法院接受。

总结而言，申请公司破产需要准备法律规定的材料，比如书面的破产申请书、公司财产状况说明、债务清册、债权清册、有关财务会计报告、职工安置预案以及职工工资的支付和社会保险费用的缴纳情况等。申请公司破产的人也有权利撤回破产申请，但是必须要在人民法院受理破产案件之前提出，否则会被人民法院驳回申请。

法条索引

《破产法》

第八条

向人民法院提出破产申请，应当提交破产申请书和有关证据。

破产申请书应当载明下列事项：

（一）申请人、被申请人的基本情况；

（二）申请目的；

（三）申请的事实和理由；

（四）人民法院认为应当载明的其他事项。

债务人提出申请的，还应当向人民法院提交财产状况说明、债务清册、债权清册、有关财务会计报告、职工安置预案以及职工工资的支付和社会保险费用的缴纳情况。

第九条

人民法院受理破产申请前，申请人可以请求撤回申请。

故事六 法院受理破产案件后会发生什么？

2018 年 1 月 2 日，贾克先生向人民法院提交破产和解申请，人民法院在接收 VIC 糖果公司提供的各项书面材料后就逐一进行审核。人民法院首先查明 VIC 糖果公司 2015 年在三亚市工商行政管理局登记设立，主要从事糖果生产、销售的经营活动，注册资本有 1000 万元人民币，其中贾克作为股东之一出资 700 万元人民币，占 70% 的股权，并且是 VIC 糖果公司的董事长兼总经理。从公司成立到公司申请破产期间，申请人 VIC 糖果公司于 2016 年 10 月 1 日与中国聚财房地产开发有限公司签订借款合同，中国聚财房地产开发有限公司向 VIC 糖果公司借款共计 200 万元，双方约定 2017 年 9 月 1 日还款。此外，VIC 糖果公司还与 VIC 枫糖有限公司、VIC 酒品有限公司、海多多有限公司等多家相关公司有诸多交易往来，并产生大量负债，在

VIC 糖果公司向法院申请破产时，绝大部分债务都已经到期。而 VIC 糖果公司的财务报告表明 VIC 糖果公司的总资产并不能偿还全部到期债务。于是，人民法院在 1 月 12 日，也就是 VIC 糖果公司提出破产申请的第 10 天，决定受理申请，1 月 15 日 VIC 糖果公司收到裁定书，人民法院希望 VIC 糖果公司做好破产和解的准备。

此时，贾克的办公桌上正放着人民法院寄送的破产案件受理“裁定书”，裁定书的到来一方面让贾克高兴不已，这意味着公司有可能通过破产和解的程序起死回生；另一方面贾克又疑虑重重，因为“裁定书”中还写到与 VIC 糖果公司有关的三个正在审理和执行的案件都将停止。一个是与碧石珠宝有限公司的案件，VIC 糖果公司欠碧石珠宝有限公司 50 万元的货款此时正在被人民法院执行期间，另一个是与大海人力资源有限公司的纠纷，此案也正在法院审理过程中，这个纠纷曾让贾克头疼不已。最后一个是 VIC 糖果公司与闪亮亮包装纸有限公司的纠纷，纠纷还处于仲裁阶段没有停止。

情景说法

其实，贾克先生的疑惑主要有两个，一个是向人民法院申请破产后，法院的受理程序是什么，另一个是法院受理破产申请后将对公司涉及诉讼的案件产生哪些法律后果。接下来，我们将对这两个法律问题一一作出解答。

首先，人民法院在收到申请人的破产申请后应当在规定时间内作出是否受理的裁定。根据申请人不同，相关的期限和程序也不同。如果是债权人提出破产申请，那么人民法院应当在收到破产申请之日起 5 日内通知债务人。而债务人若是对申请有异议，则应当在收到人民法院的通知之日起 7 日内向人民法院提出异议。这里需要注意，债务人提出异议是有期限限制的，也就是“异议期”，根据法律规定，该异议期为 7 天。如果债务人在异议期内没有提出异议，人民法院应当从异议期满之日起 10 日内裁定是否受理。如果是除债权人之外的人提起破产申请，那么人民法院应当从收到破产申请之日起15日内裁定是否受理。所以本故事中人民法院在 1 月 12 日，也就是 VIC 糖果公司提出破产申请的 15 日内作出了裁定，是符合法律规定的。

其次，破产案件受理后，债务人企业所涉及的诉讼、仲裁和执行程序都将**中止**。所谓“中止”，是指在司法程序中，因为发生某些特殊情况，使得正常进行的司法程序暂时停止，待这些特殊情况消失后，司法程序再继续进行。我国《破产法》规定人民法院在受理破产申请后，有关债务人财产的保全措施应当解除，执行程序应当中止。同时，在人民法院受理破产申请后，已经开始而尚未终结的有关债务人的民事诉讼或者仲裁应当中止。这是因为人民法院在受理破产申请的同时会指定破产管理人，由破产管理人代替公司董事、监事、高级管理人员管理公司财务和经营，破产管理人需要时间对公司正在进行的诉讼或者仲裁做准备，所以《破产法》为破产管理人留有一段时间准备公司的诉讼或者仲裁事务。在本故事中，VIC 糖果公司所涉及的与碧石珠宝有限公司的执行程序，与大海人力资源有限公司的诉讼程序和与闪亮亮包装纸有限公司的仲裁程序，都将中止。

所以贾克的困惑都将在《破产法》中得到明确解答，人民法院在收到申请人的破产申请后仅在规定时间内作出是否受理的裁定，并且与债务人企业有关的诉讼、仲裁和执行程序都将中止。

法条索引

《破产法》

第十条

债权人提出破产申请的，人民法院应当自收到申请之日起 5 日内通知债务人。债务人对申请有异议的，应当自收到人民法院的通知之日起 7 日内向人民法院提出。人民法院应当自异议期满之日起 10 日内裁定是否受理。

除前款规定的情形外，人民法院应当自收到破产申请之日起 15 日内裁定是否受理。

有特殊情况需要延长前两款规定的裁定受理期限的，经上一级人民法院批准，可以延长 15 日。

第十九条

人民法院受理破产申请后，有关债务人财产的保全措施应当解除，执行程序应当中止。

第二十条

人民法院受理破产申请后，已经开始而尚未终结的有关债务人的民事诉讼或者仲裁应当中止；在管理人接管债务人的财产后，该诉讼或者仲裁继续进行。

故事七

破产期间企业如何运行？

三亚某基层人民法院的办公室内，汪洋法官面对着电脑敲打着什么，作为基层人民法院的法官，汪洋每天的工作非常繁忙，尤其是在海南被确定为“省办经济特区后”，三亚更是以火箭般的速度发展，越来越多的企业在三亚创办。这些新办企业在促进三亚繁荣的同时，也带来了一些法律纠纷。汪洋细细看着 VIC 糖果有限公司递交的材料，原来这家公司的董事长兼总经理是一名来自加拿大的外国人，公司的糖果原料多是直接进口于加拿大的高品质枫糖原浆。如果以这种高品质枫糖原浆制成的糖果能够投入市场，一定会取得非常大的成功。而 VIC 糖果有限公司对于自己的产品太有自信，采取了非常激进的经营战略，大举扩张版图而没有好好顾忌公司的生产、经营能力，汪洋一边摇头一边接着看下去。

几天后，经过与其他法官的商讨，汪洋决定受理VIC糖果有限公司的破产和解申请，并在法律规定的时间内将裁定书送至VIC糖果有限公司。汪洋仔细分析过VIC糖果有限公司的破产申请材料，觉得这家公司生产、销售过十分吸引人眼球的糖果，这次的困局只是因为一时错误的经营战略导致，他也希望VIC糖果有限公司经历过破产程序之后可以吸取教训，再次为大家呈现让人眼前一亮的产品。毕竟汪洋觉得将枫糖原浆作为糖果原料的点子实在是太棒了，对老人和小孩的身体都非常有益。所以她从中国金融监督管理机构推荐的管理人名册中选择了“非凡律师事务所”作为VIC糖果有限公司的破产管理人。

贾克先生收到人民法院的裁定书后，对于“破产管理人”的任命非常疑惑，对于“破产管理人”将在这场破产程序中扮演什么样的角色，他更是一无所知。

情景说法

相信贾克的疑惑也是很多人的疑惑。什么是破产管理人？破产管理人的任命有哪些规定？而破产管理人又将在破产程序履行什么职责？接下来，我们将根据《破产法》的规定一一解答这些问题。

首先，破产管理人就是在公司破产程序期间代替董事长或者总经理继续维持公司经营的人或者组织。简单来讲，就是公司破产程序期间的董事长或者总经理，他们对公司的财产进行清理，继续维持公司的经营，对公司的事务进行管理。这样的规定在国际上是非常常见的，因为在公司破产程序期间，公司的债务人和公司之间的矛盾非常尖锐，因为破产公司作为债权人也有侵害债务人权利的危险，所以国际上普遍利用破产管理人的制度来平衡公司破产程序期间的各方利益。所以本故事中，“非凡律师事务所”成为VIC糖果有限公司破产程序期间的破产管理人。

其次，破产管理人是由法院指定的。人民法院在裁定受理破产申请的同时，就应当同时指定破产管理人，无论是债权人还是债务人都没有权利指定破产管理人。当然，这并不意味着没有赋予债权人说“不”的权利。如果债权人会议认为人民法院指定的管理人不能依法、公正地执行职务或者有其他不能胜任职务情形的，可以申请人民法院予以更换。所以在本故事中，汪洋法官为VIC糖果有限公司指定了破产管理人——非凡律师事务所。也即VIC糖果有限公司并没有决定破产管理人的权利。

最后，破产管理人在破产程序期间需要承担诸多责任：接管债务人的财产、印章和账簿、文书等资料；调查债务人财产状况，制作财产状况报告；决定债务人的内部管理事务；决定债务人的日常开支和其他必要开支；在第一次债权人会议召开之前，决定继续或者停止债务人的营业；管理和处分债务人的财产；代表债务人参加诉讼、仲裁或者其他法律程序；提议召开债权人会议；人民法院认为管理人应当履行的其他职责；等等。所以，在本故事中非凡律师事务所需要尽到勤勉义务，忠实地执行职务。

概括起来，破产管理人就是在公司破产程序期间代替董事长或者总经理继续维持公司经营的人或者组织，必须由法院指定，同时也需要执行法律规定的各项职责，忠实地履行作为破产管理人的义务。

法条索引

《破产法》

第十三条

人民法院裁定受理破产申请的，应当同时指定管理人。

第二十二条

管理人由人民法院指定。

债权人会议认为管理人不能依法、公正执行职务或者有其他不能胜任职务情形的，可以申请人民法院予以更换。

指定管理人和确定管理人报酬的办法，由最高人民法院规定。

第二十四条

管理人可以由有关部门、机构的人员组成的清算组或者依法设立的律师事务所、会计师事务所、破产清算事务所等社会中介机构担任。

人民法院根据债务人的实际情况，可以在征询有关社会中介机构的意见后，指定该机构具备相关专业知识并取得执业资格的人员担任管理人。

有下列情形之一的，不得担任管理人：

（一）因故意犯罪受过刑事处罚；

（二）曾被吊销相关专业执业证书；

（三）与本故事有利害关系；

（四）人民法院认为不宜担任管理人的其他情形。

个人担任管理人的，应当参加执业责任保险。

第二十五条

管理人履行下列职责：

（一）接管债务人的财产、印章和账簿、文书等资料；

（二）调查债务人财产状况，制作财产状况报告；

（三）决定债务人的内部管理事务；

（四）决定债务人的日常开支和其他必要开支；

（五）在第一次债权人会议召开之前，决定继续或者停止债务人的营业；

（六）管理和处分债务人的财产；

（七）代表债务人参加诉讼、仲裁或者其他法律程序；

（八）提议召开债权人会议；

（九）人民法院认为管理人应当履行的其他职责。

本法对管理人的职责另有规定的，适用其规定。

故事八 专利是债务人的财产吗？

非凡律师事务所的律师邓子恩来到VIC糖果有限公司，和高管人员商谈公司破产和解的问题，接管公司内部资料，调查公司目前财务情况。最重要的是，邓子恩律师希望能够实地调查VIC糖果有限公司目前的财产，这对于接下来破产程序的顺利进行有着非常重要的意义。

贾克坐在会议室中，笑着将公司资料推向邓子恩："请您清点一下，这是公司的印章、账簿、文书和财务状况报表等材料。""好的。"邓子恩回答，陪同贾克一起的其他高管都有些尴尬，会议室里一时沉闷至极，只有邓子恩不断翻阅纸质材料的哗啦哗啦声，"如果还有其他需要的材料……"贾克试图打破僵局。"我会联系贵公司，"邓子恩打断了贾克的话，"今天希望您能协助我实地考察公司的部分财产。""好的，好的。"贾克对这个沉默的男人也只能应和着。

“这几幢厂房现在是VIC糖果有限公司在使用？”邓子恩问着。“是的，”贾克答道，“在旁边还有一幢厂房，也是我们在使用，是VIC枫糖有限公司借给我们的。”邓子恩沉默地点点头，他看到库房内成排的枫糖产品，疑惑道：“这是……”“公司代销的枫糖成品”，厂长季庄答道，邓子恩依旧沉默地点点头。最后邓子恩将VIC糖果有限公司目前占有、使用的全部资产无一例外地列入VIC糖果有限公司的财产。

邓子恩作为破产管理人，需要将VIC糖果有限公司的资产逐一区分，例如哪些真正属于VIC糖果有限公司，而哪些只是VIC糖果有限公司暂时使用。对不同性质的财产作出分析，明确债务人财产的范围，有利于日后清偿公司的债务。那么，究竟哪些属于VIC糖果有限公司的财产？

情景说法

对于债务人财产的范围，涉及两个问题：一是债务人在什么期间所拥有的财产属于债务人财产；二是在债务人企业的财产中，哪些属于债务人财产，而哪些不属于债务人财产。接下来，我们将根据《破产法》的规定一一解答。

首先，债务人财产包括两部分：一是破产申请受理时债务人企业的全部财产；二是从破产申请受理后到破产程序终结前债务人企业所取得的全部财产。这就有两个关键的时间节点：一是破产案件受理这个节点，在这之前的财产属于企业固有的财产；二是破产人破产终结这个节点，在起点时和起点与终点期间债务人企业的全部财产和所取得的财产均属于债务人企业的财产。在本故事中，VIC糖果有限公司破产申请被受理时的全部财产以及从破产受理到破产程序结束期间取得财产，都是VIC糖果有限公司作为债务人企业的财产。

其次，债务人的财产可以有哪些呢？一般来说，主要包括**有形的财产**和**无形的财产**。有形的财产比如本故事中VIC糖果有限公司的厂房，无形的财产比如公司的知识产权、专有技术等。而债务人通过仓储、保管、承揽、代销、借用、寄存、租赁等方式暂时占有、使用的他人财产，一般不属于债务人财产。在本故事中，VIC糖果有限公司借用VIC枫糖有限公司的厂房和代销的VIC枫糖有限公司的枫糖产品自然不属于“债务人财产”。

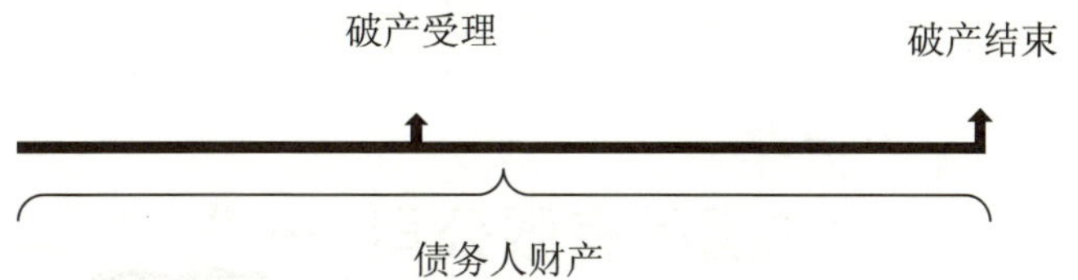

所以，破产财产的范围包括破产申请受理时债务人企业的全部财产和从破产申请受理后到破产程序终结前债务人企业所取得的全部财产，而暂时占有、使用的他人财产一般不属于债务人财产。

法条索引

《破产法》

第三十条

破产申请受理时属于债务人的全部财产，以及破产申请受理后至破产程序终结前债务人取得的财产，为债务人财产。

故事九

欺诈破产的后果是什么？

两年前，马修一家从加拿大来到中国三亚，试图在这片中国土地上大展宏图，于是他创办了 VIC 酒品有限公司，主要从事生产、销售冰酒、枫木威士忌的业务。

但是最近，马修的公司出现了重大危机，他并不想让妻子知道，毕竟这将影响妻子心中自己成功商人的形象。“究竟该怎么办？”马修用钢笔点着桌子并想着对策，他明白，公司现在已经债台高筑，在将最新的产品投入市场前就面临着进入破产程序的危险，如何最大程度地减少自己的损失呢？

马修与好友刘峰商量后决定将 VIC 酒品有限公司的大部分资产通过虚构债权债务关系的方式转移出去，这样就可以避免公司财产日后在破产程序中被债权人瓜分。两人从办公室的垃圾箱里找出一张看似很破旧的白纸，并在上面写道——欠条：VIC 酒品有限公司借刘峰 800 万元人民币，2017 年 3 月 31 日到期。落款处写着：2017 年 3 月 1 日。写完后马修还将纸条在手中揉搓试图让它变得更有年代感。之后，凭借这张欠条，VIC 酒品有限公司向邓峰汇去 800 万元人民币，这个数额是公司大部分的现金流。

2017 年年底，VIC 酒品有限公司进入破产程序，管理人注意到 VIC 酒品有限公司与刘峰之间的借款和金钱往来。那么管理人能否追回这笔财产？而追回又将以什么为依据呢？

情景说法

根据《破产法》的规定，VIC 酒品有限公司于 2017 年年底进入破产程序，对于其与刘峰之间的借款和金钱往来，管理人有权利追回这笔财产。这是因为，法律上将本故事中马修将 VIC 酒品有限公司的大部分资产通过虚构债权债务关系转移出去的行为称之为“破产无效行为”。接下来我们将解释什么行为是“破产无效行为”，这种破产无效行为在破产程序中会有什么样的法律后果，以及由谁追回债务人企业的财产。

首先，所谓“破产无效行为”，在《破产法》中是指债务人企业在破产案件受理前的法定期间内，进行的损害债权人共同利益或者破坏公平清偿的行为。所谓“无效行为”，是指因为行为本身具有违法性，所以即便行为人做了某些行为，但是在法律上不承认行为人行为所产生的效果。为什么《破产法》要规定破产无效行为呢？是为了保护债权人利益，保证债务人企业有足够的财产来清偿债务，防止其串通他人转移财产。在本故事中，如果 VIC 酒品有限公司向邓峰的“偿还负债”行为属于“无效行为”，就意味着法律不认可 VIC 酒品有限公司向邓峰偿还 800 万元人民币的行为的法律效力，进而邓峰不应取得这 800 万元人民币。

其次，根据《破产法》的规定，破产“无效行为”有两种：一是为逃避债务而隐匿、转移财产的行为，二是虚构债务或者承认不真实的债务的行为。第一种行为简而言之就是债务人企业为了逃避债务，将财产秘密转移到他人无法找到或者自认为他人无法找到地方；或者债务人企业为了逃避债务，将自己的财产转移至自己控制之外，使得破产管理人无法接管这些债务人企业的财产。

第二种行为则是企业债务人恶意串通其他人，与其他人虚构或者承认并不存在的债务，用企业的财产去偿还这些虚假债务，通过这种方式来转移财产。在本故事中，显然马修虚构了VIC酒品有限公司和邓峰之间并不存在的债务，并以此为依据转移大额财产，属于第二种破产无效行为。

最后，根据《破产法》的规定，破产管理人有权追回因债务人破产无效行为所转移出的财产。这是因为在破产程序中，破产管理人实际上是公司的“董事长”或者“法定代理人”，对于公司财产进行追回，保证公司财产的充足，是破产管理人的义务，所以是由破产管理人追回债务人财产。在本故事中，VIC酒品有限公司向邓峰偿还债务的行为属于破产无效行为，所以管理人有权利根据法律向邓峰追回800万元人民币，也就是邓峰需要归还VIC酒品有限公司800万元人民币。

概括而言，《破产法》规定破产管理人可以因为破产无效行为而追回债务人企业的财产。在本故事中，VIC酒品有限公司向邓峰“偿还负债”的行为属于法律规定的破产无效行为，因为VIC酒品有限公司恶意串通邓峰，虚构公司与邓峰之间本不存在的债务，并用企业的财产去偿还这些虚假债务，所以邓峰不应取得这800万元人民币，此时破产管理人有权利向邓峰追回这800万元人民币。

法条索引

《破产法》

第三十三条

涉及债务人财产的下列行为无效：

（一）为逃避债务而隐匿、转移财产的；

（二）虚构债务或者承认不真实的债务的。

第三十四条

因本法第三十一条、第三十二条或者第三十三条规定的行为而取得的债务人的财产，管理人有权追回。

故事十

管理人在什么情况下可以撤销个别清偿行为？

“公司去年 11 月底的时候曾向 VIC 枫糖有限公司偿还债务 90 万元人民币，并在公司申请破产前几天向 VIC 枫糖有限公司借款 10 万元？”邓子恩依旧是面无表情地询问着贾克，贾克揉了揉太阳穴说道：“是的，因为当时债务已经到期了。”邓子恩点点头继续问道：“根据财务报告显示，当时公司就已经处境艰难了吧？VIC 枫糖也是知道我们公司申请破产的这个情况？”“是的，”贾克不愿意再回忆起那段艰辛的时光。邓子恩依旧点点头：“那这个债务的具体情况是……”贾克看着面前的一叠叠材料，慢慢回忆着当时的一切……

2016 年年底，VIC 糖果有限公司的一切经营活动还非常顺利，看着孩子们吃着自己生产、销售的 VIC 牌糖果，洋溢着欢乐的小脸，贾克觉得一切辛苦都是值得的。也是在这个时候，贾克决定扩大经营。来自加拿大的贾克相信自己国家的枫糖是最完美的原料，这种枫糖含有非常丰富的矿物质和有机酸，热量也远远低于蔗糖、果糖、玉米糖等其他糖类，而且这种枫糖含有的丰富的钙、镁和有机酸成分，有着非常好的滋补功效。最终贾克先生选择与 VIC 枫糖有限公司签订枫糖购买合同，因为 VIC 枫糖有限公司生产的枫糖品质非常优异，大部分产品都直接进口于加拿大。

合同中约定由 VIC 枫糖有限公司向 VIC 糖果有限公司提供 50 箱枫糖原浆，而 VIC 糖果有限公司需向 VIC 枫糖有限公司支付 100 万元的枫糖原浆购买款。合同中还约定 VIC 枫糖有限公司需在 2017 年 6 月 1 日前提供合同中约定的全部枫糖原浆，而 VIC 糖果有限公司需要在收到枫糖原浆起 3 个月内支付全部价款，也就是最迟在 2017 年 9 月 1 日前支付全部价款。最终 VIC 枫糖有限公司在 6 月 1 日交付了全部枫糖原浆，此时 VIC 糖果有限公司已经步履维艰、濒临破产，但还是在 2017 年 11 月 1 日支付了 90 万元价款。在 VIC 糖果有限公司申请破产的前几日，它还向 VIC 枫糖有限公司提供借款 10 万元希望抵销 VIC 糖果有限公司对 VIC 枫糖有限公司的债务。

邓子恩听完贾克的叙述后眉头一皱，发现事情并不简单，那么邓子恩将会采取什么措施呢？

情景说法

根据《破产法》的规定，邓子恩有权请求人民法院撤销 VIC 糖果有限公司在濒临破产时向 VIC 枫糖有限公司偿还价款的行为，即向 VIC 枫糖有限公司追回本故事中 90 万元人民币的货款。同时，VIC 枫糖有限公司的 10 万元借款并不能抵销 VIC 糖果有限公司对它的 10 万元的债务。接下来，我们将一一分析什么是破产中的“可撤销行为”，破产中“个别清偿行为”是否属于“可撤销行为”，个别清偿行为被撤销后又将产生什么法律后果以及本故事中的借款为何不得抵销两公司之间的债权和债务关系。

首先，《破产法》中的“可撤销行为”是指债权人企业的行为所产生的效果已经被法律所承认，但是因为某些特殊原因，可以请求将这种已经被法律承认的行为的效果变为不被法律承认的，也就是说请求被批准后，这个行为自始至终不产生法律上的效果。而在本故事中，一旦VIC糖果有限公司向VIC枫糖有限公司支付90万元的行为被认为是“可撤销行为”，那么这个行为自始就不被法律所承认，VIC枫糖有限公司就有义务归还这90万元。

其次，债务人企业破产前6个月内，如果已经出现破产危机，债务人企业对个别债权人债务的清偿行为可撤销。也就是说，在人民法院受理破产申请前的6个月内，债务人企业已经出现破产原因，还对个别债权人的债务进行清偿，破产管理人有权请求人民法院对上述清偿行为进行撤销。也就是说债务人企业在明知道自己不能清偿到期债务，而且公司的全部资产也不足以清偿全部到期债务，仍然在破产危机期间恶意对个别债权人进行清偿，这种行为实际上是对其他债权人利益的损害，被法律所禁止。在本故事中，VIC糖果有限公司向VIC枫糖有限公司偿还价款时已经“步履维艰、濒临破产”，并且是VIC糖果有限公司破产申请被法院受理的前6个月内，所以符合《破产法》规定的可以撤销的行为。

再次，根据《破产法》的规定，破产管理人有权请求人民法院撤销债务人企业的个别清偿行为，并追回因此所转移出的财产。个别清偿行为被撤销后，就说明该个别清偿行为自始不被法律承认，那么就应该恢复个别清偿行为前双方的财产状态。也就是说，在本故事中，邓子恩可以请求人民法院撤销VIC糖果有限公司向VIC枫糖有限公司偿还价款的行为，恢复个别清偿行为前VIC糖果有限公司和VIC枫糖有限公司之间的财产状态，向VIC枫糖有限公司追回90万元价款。最终，VIC枫糖有限公司的债务，要在破产程序中统一地清算和偿还。

最后，《破产法》规定，债权人在已经知道破产企业有不能清偿到期债务或者破产申请的事实时，仍对破产企业负担债务的，不可以与其对破产企业的债权进行抵销。在本故事中，债权人VIC枫糖有限公司在VIC糖果有限公司申请破产的前几日，明知VIC糖果有限公司已经步履维艰、濒临破产有申请破产的意图，仍主动承担对VIC糖果有限公司10万元人民币的债务，此时VIC枫糖有限公司对VIC糖果有限公司的债权不能抵销VIC糖果有限公司对VIC枫糖有限公司10万元的债务。同时，《破产法》还规定，破产企业的债务人在破产申请受理后取得他人对破产企业的债权、债权人已知破产企业有不能清偿到期债务或者破产申请的事实仍然对破产企业负担债务、破产企业的债务人已知破产企业有不能清偿到期债务或者破产申请的事实仍对破产企业取得债权时，均不可以抵销双方之间的债权债务。

概括而言，本故事中VIC糖果有限公司向VIC枫糖有限公司偿还价款的行为属于《破产法》规定的“个别清偿行为”，破产管理人有权请求法院撤销这个行为并追回90万元价款。且VIC枫糖有限公司借款10万元并不能抵销VIC糖果有限公司对VIC枫糖有限公司10万元的债务。

法条索引

《破产法》

第三十二条

人民法院受理破产申请前6个月内，债务人有本法第二条第一款规定的情形，仍对个别债权人进行清偿的，管理人有权请求人民法院予以撤销。但是，个别清偿使债务人财产受益的除外。

第三十四条

因本法第三十一条、第三十二条或者第三十三条规定的行为而取得的债务人的财产，管理人有权追回。

第四十条

债权人在破产申请受理前对债务人负有债务的，可以向管理人主张抵销。但是，有下列情形之一的，不得抵销：

（一）债务人的债务人在破产申请受理后取得他人对债务人的债权的；

（二）债权人已知债务人有不能清偿到期债务或者破产申请的事实，对债务人负担债务的；但是，债权人因为法律规定或者有破产申请一年前所发生的原因而负担债务的除外；

（三）债务人的债务人已知债务人有不能清偿到期债务或者破产申请的事实，对债务人取得债权的；但是，债务人的债务人因为法律规定或者有破产申请一年前所发生的原因而取得债权的除外。

故事十一 企业破产时，有股东未足额缴纳出资怎么办？

“麻烦请联系贵公司的股东童昕，根据现有材料，童昕并未履行完毕她全部出资义务，”邓子恩平静地陈述着事实。

2018 年年初，创办近三年之久的 VIC 糖果有限公司最终还是向人民法院申请了破产和解。最开始的时候，贾克作为公司的创始人之一，机缘巧合之下在咖啡店遇到了一个志同道合的朋友——童昕。最后贾克和童昕决定共同创办 VIC 糖果有限公司，注册资本 1000 万元人民币，贾克认缴 700 万元人民币，童昕认缴 300 万元人民币，约定在公司成立后 5 年内缴清全部出资即可。贾克为了让公司能够有足够资金运转，在公司成立后 3 个月内便缴清全部认缴出资，而童昕在公司破产受理前仅仅实际缴纳 180 万元。

邓子恩注意到童昕并未缴纳全部认缴额，即 300 万元人民币，于是他联系到童昕，要求她完成剩余 120 万元人民币的出资缴纳义务。童昕听后非常震惊，可以说是颠覆了她一直以来的观念：180 万元人民币她既然已经交给公司，落子无悔，她接受事实，而如今公司陷入破产居然还要让她继续履行出资义务，这和在马路上撒钱有什么不同？所以童昕拒绝了邓子恩的要求，理由很明确：一是因为她认为尚未到公司章程所规定的缴纳期限，所以她并没有缴纳的义务；二是公司既已破产，她更没必要继续投资一个即将走向死亡的公司。邓子恩律师该如何回应童昕的拒绝理由呢？

情景说法

根据《破产法》的规定，童昕的拒绝理由是不成立的，破产管理人有权要求童昕缴纳剩余的出资额，共计 120 万元。

首先，根据《破产法》规定，债务人企业破产申请受理后，未履行全部出资义务的股东必须缴纳公司章程中所认缴的全部出资，而不受公司章程约定的公司期限的限制。也就是说，人民法院在受理债务人关于企业的破产申请后，如果债务人企业的出资人尚未履行全部出资义务，破产管理人应当要求这个出资人缴纳其所认缴的全部出资，而不受公司章程所约定的出资期限的限制。法律之所以这样规定，是因为在管理人就任之后，最主要的任务就是尽全力收回、清理债务人企业的全部财产，以使债权人能够得到更多的清偿，企业的破产事实使得出资人缴纳出资的期限提前了。

其次，在《公司法》的规定中，股东在公司设立时，应当根据公司章程约定的期限足额缴纳股东所认缴的出资额。这说明，出资人在公司设立之初可以仅仅**认缴**全部注册资本，而不需要实际缴纳全部注册资本，只需要在公司章程中约定实际缴纳的期限，简单而言，就是公司的出资人可以**分期缴纳出资**。在实践中可能会出现人民法院受理公司破产案件后，仍有部分出资人尚未履行全部出资义务的情况。而现实中也有公司章程约定的实际缴纳期限未到，所以出资人多以此为由拒绝缴纳出资额的情形。这对其他投资人而言是不公平的，对于公司的债权人而言更是不公平的。所以《破产法》规定，即使公司破产受理时尚未到公司章程所约定的出资期限，投资人此时也必须缴纳全部认缴的出资额。

最后，有权要求尚未完全履行出资义务的股东履行出资义务的，是破产管理人。破产管理人由人民法院指定，可以由有关部门、机构的人员组成的清算组或者依法设立的律师事务所、会计师事务所、破产清算事务所等社会中介机构担任。因为破产管理人的主要任务是追回公司财产，保证公司财产充足，所以要由破产管理人要求尚未完全履行出资义务的股东履行出资义务。在本故事中，自然是作为破产管理人的非凡律师事务所要求童昕履行出资义务。

在本故事中，童昕认为尚未到公司章程所规定的缴纳期限，所以她并没有缴纳剩余 120 万元人民币的义务，是没有根据的。因为《破产法》规定，即使公司破产受理时尚未到公司章程所约定的出资期限，投资人此时也必须缴纳全部认缴的出资额。而非凡律师事务所完全有理由根据《破产法》的规定要求童昕履行剩余 120 万元人民币的出资义务。

法条索引

《破产法》

第三十五条

人民法院受理破产申请后，债务人的出资人尚未完全履行出资义务的，管理人应当要求该出资人缴纳所认缴的出资，而不受出资期限的限制。

故事十二

破产企业占有的他人财产怎么办？

“什么，”维多利亚女士在办公室不顾形象地喊出来：“贾克的 VIC 糖果申请破产了？”

事业上，一开始维多利亚的确是不遗余力地提携着自己的儿子，后来看到 VIC 糖果有限公司经营渐入佳境，出于对儿子的信任，她以为 VIC 糖果有限公司的发展将会蒸蒸日上，而自己也因为事业繁忙而逐渐减少对儿子的关注。但没想到短短几个月的时间就发生了如此变故。维多利亚一时不知道怎么询问贾克。“法务部的马枫先生需要和您商谈一下因 VIC 糖果有限公司破产所需要处理的问题，”秘书传达道。“让他进来吧，”维多利亚试图让自己平静下来。

马枫向维多利亚解释了目前因为 VIC 糖果有限公司破产而导致的一些非常棘手的问题。维多利亚作为贾克的母亲，自是会为贾克公司的经营提供些许帮助，当然这些帮助是完全符合法律规定的。VIC 枫糖有限公司曾经委托 VIC 糖果有限公司代销 1 万箱枫糖产品，但是目前 VIC 糖果有限公司尚未帮助 VIC 枫糖有限公司代销过任何一箱，全部枫糖产品现在都在 VIC 糖果有限公司的库房内。同时，VIC 枫糖有限公司曾将一幢厂房租赁给 VIC 糖果有限公司，租赁期在 VIC 糖果有限公司的破产申请被法院受理时刚好到期。但是目前非凡律师事务所作为破产管理人，已经接管了 VIC 糖果有限公司的全部资产，包括 VIC 枫糖有限公司委托 VIC 糖果有限公司代销的 1 万箱枫糖产品，还有 VIC 枫糖有限公司租赁给 VIC 糖果有限公司的厂房一幢。现在的问题是，VIC 枫糖有限公司能否取回这些财产？如果可以，向谁要求取回？

情景说法

根据《破产法》，本故事中 VIC 枫糖有限公司有权取回其委托 VIC 糖果有限公司代销的 1 万箱枫糖产品，以及 VIC 枫糖有限公司租赁给 VIC 糖果有限公司的厂房一幢，但是需要向破产管理人请求取回。我国法律一般将其称为“取回权”，接下来，我们将逐一说明《破产法》对“取回权”的规定，以及在破产程序中具体什么情况下可以实施“取回权”。

首先，在人民法院受理债务人企业的破产申请后，债务人企业暂时占有、使用的不属于债务人企业自身的财产，该财产的权利人可以通过破产管理人取回。这里财产的权利人可以通过破产管理人取回债务人企业暂时占有、使用的不属于债务人企业，这属于债权人的财产的权利，也就是法律规定的“取回权”。在破产程序中，破产管理人在接管债务人企业的财产时，往往因为时间紧迫不可能对债务人企业使用的全部财产区分出哪些属于债务人企业，哪些不属于债务人企业，他们一般先不做区分地将债务人企业的全部财产一并接管，日后再逐一进行甄别。在这种情况下，财产的权利人当然有权利要求破产管理人归还属于自己的财产。

其次，在司法实务中，债权人可以行使取回权的财产一般包括以仓储、保管、承揽、代销、借用、寄存、租赁等方式暂时占有、使用的财产，也就是说这些财产不属于破产企业所有。比如加工承揽的债务人企业破产时，定做人可以从破产管理人处收回定做物；在承运货物的债务人企业破产时，托运人可以从破产管理人处收回货物；在承租物品的债务人企业破产时，出租人可以从破产管理人处收回出租屋；等等。

在本故事中，破产管理人非凡律师事务所先不做区别地接管了 VIC 糖果有限公司的全部资产，自然包括 VIC 枫糖有限公司委托 VIC 糖果有限公司代销的 1 万箱枫糖产品，还有 VIC 枫糖有限公司租赁给 VIC 糖果有限公司的一幢厂房。作为财产权利人的 VIC 枫糖有限公司有权利向非凡律师事务所行使“取回权”，要求归还这 1 万箱枫糖产品和一幢厂房。

此外，《破产法》规定债权人行使“取回权”，应当在人民法院受理破产申请后，在债权人会议通过表决破产财产变价方案或者和解协议、重整计划草案对财产作出处分之前向破产管理人提出。在本故事中，只有 VIC 糖果有限公司的破产申请被人民法院受理后，VIC 枫糖有限公司才有权利向非凡律师事务所请求行使“取回权”，同时也应当在债权人会议处理厂房之前行使，否则，权利人应当自行承担因延迟取回增加的费用。

所以，在本故事中，VIC 枫糖有限公司在 VIC 糖果公司宣告破产后，应尽早行使取回权，从破产管理人非凡律师事务所请求取回其委托 VIC 糖果有限公司代销的 1 万箱枫糖产品，以及 VIC 枫糖有限公司租赁给 VIC 糖果有限公司的厂房一幢。

法条索引

《破产法》

第三十八条

人民法院受理破产申请后，债务人占有的不属于债务人的财产，该财产的权利人可以通过管理人取回。但是，本法另有规定的除外。

故事十三

出卖人有取回权吗？

“我的货刚刚发出去，现在你告诉我 VIC 糖果倒闭了？！我还有两台包装设备在他公司里！”此时，金鑫包装盒有限公司董事长兼总经理康雪莲女士再也顾不得自己的优雅形象，对着电话就叫起来。

周一上班，大大小小的部门主管在公司会议上一直提起这件事情。“康总，我们公司一年前与 VIC 糖果有限公司签订包装盒买卖合同。我们公司分批提供共 15 万箱优质包装盒，每次提供 5 万箱。而 VIC 糖果总共需支付价款 150 万元。我们约定 VIC 糖果每收到 5 万箱包装盒后 3 天内支付 50 万元。前两批的货已经交付给 VIC 糖果，他们也支付了共 100 万元给我们，最后一批货 3 天前发出，现在货物还在运往 VIC 糖果公司的途中，而 1 天前人民法院公告 VIC 糖果进入破产程序。”副总经理张大壮向康雪莲说明公司的情况，“为方便 VIC 糖果使用我们的包装盒，我们也同时卖给 VIC 糖果两台包装机器，约定 VIC 糖果先使用两年，两年后支付价款共计 10 万元并转移包装机器的所有权。所以，我们现在的重点是如何尽力将公司损失降到最低。”那么，金鑫包装盒有限公司是否有法律依据来取回这 5 万箱包装盒和这两台设备？

情景说法

根据《破产法》的规定，金鑫包装盒有限公司可以依法行使“取回权”，即取回这 5 万箱包装盒和两台设备，但是有例外情况。依据《最高人民法院关于适用〈中华人民共和国企业破产法〉若干问题的规定（二）》（以下简称《破产法解释（二）》），VIC 糖果有限公司可以决定是否购买这两台设备。接下来，我们将一一说明《破产法》中规定的“出卖人取回权”是什么，法律规定的例外情况以及在所有权保留买卖合同中一方破产的处理。

首先，《破产法》规定，在动产买卖且动产需要运输的合同中，卖方已经发货但是买方尚未收到货，且未付清货款时，买方的破产案件被人民法院受理的，卖方有权取回货物。这就是法律规定的“出卖人取回权”，也即人民法院受理债务人企业的破产申请时，出卖人已将买卖的货物向作为买受人的债务人企业发运，而债务人企业尚未收到且未付清全部价款，出卖人可以取回在运途中的货物。《破产法》设置出卖人取回权的目的是合理地保障出卖人的利益，买方在进入破产程序时因为尚未付清货款且没有收到货物，是不享有对货物的所有权的，所以法律允许出卖人取回还属于自己的货物。在本故事中，金鑫包装盒有限公司向 VIC 糖果有限公司发运 5 万箱包装盒，而 VIC 糖果有限公司尚未收到包装盒且未支付价款 50 万元，所以金鑫包装盒有限公司可以取回在运途中的包装盒。

其次，《破产法》额外规定，当破产管理人支付全部价款时，可以请求出卖人交付货物。也就是说，如果破产管理人决定支付全部价款，出卖人就没有任何损失，出卖人就应当交付货物，而不能取回在运输途中的“货物”。在本故事中，如果 VIC 糖果有限公司破产程序的破产管理人支付金鑫包装盒有限公司价款 50 万元，金鑫包装盒有限公司就需要交付这 5 万箱包装盒，而不能取回。

以上是关于在途货物的取回权的问题，但是对于金鑫包装盒有限公司的已经交付使用但是未变更所有权的机器，应该怎么处理呢？

《破产法解释（二）》中规定，买卖合同双方当事人在合同中约定货物所有权保留，在货物所有权未依法转移给买受人前，一方当事人破产的，买卖合同属于双方均未履行完毕的合同，**破产一方的管理人**有权依据法律规定决定解除或者继续履行合同。

也就是说在“所有权保留合同”中（在买卖合同中，当事人约定财产卖方仅转移占有而不转移所有权，在完成某项特殊条件后再转移所有权，比如本故事中两年后再转移所有权），如果合同尚未履行完毕而合同中一方破产，则由破产一方的破产管理人决定是否继续履行合同，如果决定履行，债务人企业则需要支付价款（买方破产）或者交付货物（卖方破产）；如果决定解除合同，债务人企业则可以要求取回货物（买方破产）或者交付货物（卖方破产）。

不过破产管理人决定合同是否继续履行的权利，是有例外情形的，如果是卖方破产，而买方已经支付了总价款 75% 以上的，或者是已经将货物善意的处理而无法返还的，则不能解除合同。如果是买方破产，而管理人决定继续履行合同但是却没有按照约定及时支付超过 75% 的价款，那么卖方还是可以主张取回货物的。

在本故事中，VIC 糖果有限公司作为买方破产，所以其破产管理人有权决定是否继续履行合同。如果决定继续履行，则需要向金鑫包装盒有限公司及时支付设备款 10 万元；如果 VIC 糖果公司不按照双方的约定及时支付超过 7.5 万元的货款的话，金鑫包装盒公司可以主张 VIC 糖果公司退回设备。如果决定解除合同，金鑫包装盒有限公司可以要求 VIC 糖果有限公司返还两台设备。

所以，金鑫包装盒有限公司向 VIC 糖果有限公司发运 5 万箱包装盒，而 VIC 糖果有限公司尚未收到包装盒且未支付价款 50 万元，所以金鑫包装盒有限公司可以通过行使《破产法》规定的“出卖人取回权”取回在运途中的包装盒。如果 VIC 糖果有限公司破产程序的破产管理人支付金鑫包装盒有限公司价款 50 万元，金鑫包装盒有限公司就需要交付这 5 万箱包装盒，而不能行使“取回权”。而对于这两台设备，取决于破产一方——VIC 糖果有限公司的破产管理人的决定。

法条索引

《破产法》

第三十九条

人民法院受理破产申请时，出卖人已将买卖标的物向作为买受人的债务人发运，债务人尚未收到且未付清全部价款的，出卖人可以取回在运途中的标的物。但是，管理人可以支付全部价款，请求出卖人交付标的物。

最高人民法院《关于适用〈中华人民共和国企业破产法〉若干问题的规定（二）》

第三十四条

买卖合同双方当事人在合同中约定标的物所有权保留，在标的物所有权未依法转移给买受人前，一方当事人破产的，该买卖合同属于双方均未履行完毕的合同，管理人有权依据企业破产法第十八条的规定决定解除或者继续履行合同。

故事十四

破产期间产生的债务如何清偿？

“什么！”正在办公室商议工作的贾克先生和邓子恩律师不约而同地喊道，“你说有一个工人的手臂不慎卷入机器了！”贾克抑制不住心中的恐慌，“怎么会这样，怎么会这样！”这对于公司现在的情况无异于雪上加霜。“我们先去看看了解一下情况吧。”邓子恩建议道。

还没有走到厂房门口，贾克先生和邓子恩律师一行人就听到厂房内的嘈杂的人声，“怎么回事，”贾克先生迫切地想要了解情况。“刚刚我还在和小李子聊天，小李子说他马上要结婚了。这小李子一激动，晃神的工夫就把胳膊卷进去了”，一个近50岁的中年大叔脸上还挂着汗珠，声音也是颤颤巍巍，显然是没有从刚刚的惊心动魄中走出来。“我就是看小李子要结婚高兴，笑了两句，没想到……一看见小李子胳膊进去了我就上去帮他，”中年大叔脸上全是内疚的表情。“哎！张叔，咱们工厂的安全生产守则你不是不知道，怎么还这么不小心。”厂长季庄满是恼怒，上前就要推搡这个名为张叔的中年人。“大家冷静一下，我们公司一定会帮助小李子，大家放心。张叔先让其他工友送回家好好休息一下，季厂长还有两个了解情况的工友和我们来一下，剩余的人请相信公司一定会妥善处理这件事，请大家继续好好工作，我们探望小李子后会立即回来向大家通知他的情况。”邓子恩一口气说了非常多，躁动的厂房里渐渐安静下来并恢复秩序。

经过核实，小李子操作的机器本身已经出现故障，而他因为和工友张叔聊天没有注意到机器故障，所以手臂不慎卷入机器。在医院里，贾克和邓子恩在医生的说明下，了解小李子此次的医药费等全部费用将花费共计 4 万元人民币。这对于本处于破产程序中的 VIC 糖果有限公司无异于雪上加霜。那么，破产期间产生的各项费用包括哪些？这些费用何时清偿？以及共益债务与破产债务的不同是什么？

情景说法

根据《破产法》的规定，在 VIC 糖果有限公司继续营业期间因支付员工劳动报酬、社会保险等产生的费用属于“共益债务”，“共益债务”应当由 VIC 糖果有限公司随时清偿。接下来，我们将逐一分析什么是共益债务、共益债务如何清偿以及共益债务与破产债务的区别。

首先，根据《破产法》的规定，在人民法院受理债务人企业的破产申请后所产生的部分债务为法律所称的“共益债务”。这些债务包括六种：（1）破产管理人或者债务人企业请求其他人履行双方均未履行完毕的合同所产生的债务；（2）债务人企业的财产被没有法定或者约定义务的第三人善意管理而产生的债务；（3）债务人企业没有合法依据使自己获得利益而产生的债务；（4）债务人企业继续营业应支付的员工的劳动报酬和社会保险费用以及由此产生的其他债务；（5）破产管理人或者相关人员在执行职务的过程中致使他人受到损害而产生的债务；（6）债务人企业的财产导致其他人损害而产生的债务。

以上“共益债务”，最大的共同特点是为了企业继续经营而产生的债务，比如公司员工的劳动报酬是为了公司继续经营而产生的债务。在本故事中，VIC 糖果有限公司继续经营期间员工因为工作而产生人身损害，此时应属于上述第（4）种情况的债务。当然，在本故事中还要具体分析小李子自身的责任，小李子应当承担自身责任范围内的医疗费等费用，而除此之外的费用则属于“共益债务”。

其次，债务人企业应当对公司的共益债务**随时清偿**。这是因为共益债务产生的原因无非是为了债务人本身的利益，可以说是在企业经营中难以预测的偶发性事件。共益债务相比一般的债权往往具有优先受偿的效力，一方面是出于对公司经营的保护，另一方面也是为了公司内部人员，比如员工的利益保护。在本故事中，除小李子应承担的自身责任范围内的医疗费之外，其他的费用属于“共益债务”，无须进行债权申报，可以优先受偿。

最后，人民法院在受理债权人企业破产申请后发生的部分特殊费用不属于“共益债务”，而是属于“破产费用”。这些费用主要包括：（1）因为人民法院受理破产案件所产生的诉讼费用；（2）因为对债务人企业的财产进行管理、变价和分配所产生的费用；（3）破产管理人为了执行职务所产生的费用、报酬，以及聘用工作人员的费用。这些属于《破产法》所规定的“破产费用”。可以看出，破产费用和共益债务的具体范围是不同的：破产费用主要是为使破产程序顺利进行而产生的费用，而共益费用则是因为公司在破产程序期间继续经营所产生的债务。在本故事中，小李子的医疗费用并不属于“破产费用”，而是属于“共益债务”。

所以，在本故事中 VIC 糖果有限公司继续营业期间因支付员工劳动报酬、社会保险等产生的费用属于“共益债务”，因为这是为使 VIC 糖果有公司在破产程序期间继续经营而产生的债务，并且应当由 VIC 糖果有限公司随时清偿、相比一般债权优先受偿。破产财产在优先清偿破产费用和共益债务后，先清偿拖欠的职工工资、养老保险等费用，之后再清偿破产债务人所拖欠的税款，最后清偿全部债权人的债权。

法条索引

《破产法》

第四十二条

人民法院受理破产申请后发生的下列债务，为共益债务：

（一）因管理人或者债务人请求对方当事人履行双方均未履行完毕的合同所产生的债务；

（二）债务人财产受无因管理所产生的债务；

（三）因债务人不当得利所产生的债务；

（四）为债务人继续营业而应支付的劳动报酬和社会保险费用以及由此产生的其他债务；

（五）管理人或者相关人员执行职务致人损害所产生的债务；

（六）债务人财产致人损害所产生的债务。

第四十三条

破产费用和共益债务由债务人财产随时清偿。

债务人财产不足以清偿所有破产费用和共益债务的，先行清偿破产费用。

债务人财产不足以清偿所有破产费用或者共益债务的，按照比例清偿。

债务人财产不足以清偿破产费用的，管理人应当提请人民法院终结破产程序。人民法院应当自收到请求之日起 15 日内裁定终结破产程序，并予以公告。

故事十五 与破产企业互负债务怎么办？

周日晚上的家庭聚会上，维多利亚终于见到几个月未谋面的儿子贾克。几天前，刚刚从加拿大回来的维多利亚和当地枫糖种植基地签订了未来5年的枫糖原浆供销合同，维多利亚本来非常高兴，但是一抵达中国三亚，秘书就告诉她贾克投资的VIC糖果有限公司于2018年年初向人民法院提起破产申请，人民法院受理后也指定了非凡律师事务所作为破产管理人。作为母亲的维多利亚心中一时很不是滋味，从小对他无话不谈的儿子，如今公司发生了这么大的事情她竟然最先从秘书的口中得知。而今天，聚会上的儿子显得疲惫不堪，维多利亚更是难过不已，她尝试着安慰着儿子，但儿子坚定地说："相信我，我可以。"

周一的公司例会上，维多利亚决定按照法律程序正式处理VIC枫糖有限公司和VIC糖果有限公司之间的财务关系，因为她认为依照法律正式处理两家公司之间的关系是对儿子的尊重，也是作为母亲对儿子最大的支持。“正如我上周向您汇报的，我们已经联系邓子恩先生，要求破产管理人非凡律师事务所归还VIC枫糖有限公司委托VIC糖果有限公司代销的1万箱枫糖产品，还有VIC枫糖有限公司租赁给VIC糖果有限公司的一幢厂房。”VIC枫糖有限公司法务部主管马枫将材料推向维多利亚。“很好，那么还有其他需要和VIC糖果有限公司处理的财产关系吗？”维多利亚严肃地翻阅着面前的材料。“根据目前和财务部梳理的情况，我们与VIC糖果有限公司近两年间交易频繁，我们与它之间互负债务。”马枫答道。

实际上，VIC糖果有限公司生产了很多以枫糖为原料的特色糖果，这也导致VIC糖果有限公司与VIC枫糖有限公司之间有诸多交易往来。最终经过计算、核实，目前未到期的债务仅有两笔，一笔是两年前VIC枫糖有限公司应向VIC糖果有限公司承担的共计100万元人民币的债务，因为VIC枫糖有限公司至今尚未向VIC糖果有限公司提供价值100万元人民币的枫糖原浆。另一笔是两年前VIC糖果有限公司应对VIC枫糖有限公司承担的共计120万元人民币的债务，因为VIC糖果有限公司仍有120万元人民币的枫糖原浆货款尚未支付。VIC枫糖有限公司非常想维护自己公司的利益，但是他们不知道这两笔不同种类，且尚未到期的债权是否可以相互抵销。

情景说法

根据《破产法》的规定，VIC枫糖有限公司有权向破产管理人非凡律师事务所主张抵销VIC枫糖有限公司与VIC糖果有限公司之间的债务，这项请求如果被破产管理人同意，双方之前的债权债务关系就变成VIC枫糖有限公司享有对VIC糖果有限公司共计20万元人民币的债权，接下来，我们将逐一分析什么情况下债权人与债务人企业之间的债务可以抵销，而什么情况下不可以。

首先，根据《破产法》的规定，如果债务人企业的债权人在破产申请受理前对债务人企业负有债务，可以向破产管理人主张抵销。所谓“抵销”，是指当出现二人互负债务的情况时，可以各自用自己的债权来充当对对方债务的清偿，从而使得自己的债务与对方的债务在对等额之内相互消灭。《破产法》中的抵销，不同于民法上的债权债务的抵销：一方面，《破产法》并不要求双方之前债务的内容是同类型的，可以是不同类型的；另一方面，也不要求双方之间的债务必须全部到期，即便没有到期也可以向破产管理人请求抵销。规定破产中抵销制度的原因主要是希望实现公平，因为在一个破产案件中，如果自己欠破产企业的债务，就被要求作出全面的清偿，而与此相对，自己拥有的债权则作为破产债权，不一定被清偿，这显然是不公平的，所以《破产法》中规定上述抵销制度以实现公平。以本故事为例，在本故事中，VIC 枫糖有限公司向 VIC 糖果有限公司承担的债务的内容是向 VIC 糖果有限公司交付价值 120 万元人民币的枫糖原浆，而 VIC 糖果有限公司向 VIC 枫糖有限公司承担的债务的内容是向 VIC 枫糖有限公司支付共计 100 万元人民币的枫糖原浆货款，两个债务内容并不相同，而且本故事中这两个债务均未到期，但是根据《破产法》规定，VIC 枫糖有限公司依旧有权向破产管理人主张抵销其和 VIC 糖果有限公司间对等额之内的债务，也就是可以抵销共计 100 万元人民币的债权债务。

其次，根据《破产法》的规定，债务人企业的债权人并不是在任何时候都可以向破产管理人主张抵销的，有些情况下并不可以抵销。比如债务人企业的债务人是在破产申请受理后才取得他人对债务人企业的债权，或者债权人已知债务人企业有着不能清偿到期债务或者破产申请的事实，仍然对债务人企业负担债务，或者债务人企业的债务人明知道债务人企业有着不能清偿到期债务或者破产申请的事实，仍然对债务人取得债权。当出现以上三种情况时，即便债权人对债务人企业负有债务，也不可以向破产管理人主张抵销。这是为了防止债权人和破产管理人或者其他人串通而恶意抵销，损害其他债权人的利益。而在本故事中，我们可以看到 VIC 枫糖有限公司是在两年前取得对 VIC 糖果有限公司的债务的，而那时 VIC 糖果有限公司并没有不能清偿到期债务等事实，所以 VIC 枫糖有限公司可以向破产管理人主张抵销。

所以，在本故事中 VIC 枫糖有限公司有权向破产管理人主张抵销 VIC 枫糖有限公司与 VIC 糖果有限公司之间共计 100 万元人民币的债权债务，请求如果被破产管理人同意，双方之前的债务关系就变成 VIC 枫糖有限公司享有对 VIC 糖果有限公司共计 20 万元人民币的债权。

法条索引

《破产法》

第四十条

债权人在破产申请受理前对债务人负有债务的，可以向管理人主张抵销。但是，有下列情形之一的，不得抵销：

（一）债务人的债务人在破产申请受理后取得他人对债务人的债权的；

（二）债权人已知债务人有不能清偿到期债务或者破产申请的事实，对债务人负担债务的；但是，债权人因为法律规定或者有破产申请一年前所发生的原因而负担债务的除外；

（三）债务人的债务人已知债务人有不能清偿到期债务或者破产申请的事实，对债务人取得债权的；但是，债务人的债务人因为法律规定或者有破产申请一年前所发生的原因而取得债权的除外。

故事十六

未到期的债权属于破产债权吗？

维多利亚的中国好友王丽萍数十年间经营着一家水产养殖企业——海多多有限公司，因为资金充裕、信誉良好，最重要的是海多多有限公司养殖的水产品物美价廉，已经成为中国东南地区极具影响力的水产品养殖公司。两年前，海多多有限公司为了进一步扩大经营，决定和多年来的合作伙伴三亚大洋养殖设备有限公司签订设备买卖合同。海多多有限公司本以为在多年合作伙伴的帮助下，公司发展能够更上一层楼，但是没想到三亚大洋养殖设备有限公司在收到全部货款共计 300 万元人民币后就杳无音讯，王丽萍揪心不已，最终在维多利亚的帮助下终于发现三亚大洋养殖设备有限公司有严重资不抵债、缺乏清偿债务能力的可能。于是，王丽萍不得已只能向法院申请三亚大洋养殖设备有限公司破产。

最终，人民法院受理了债权人王丽萍的破产申请，即便如此，王丽萍还是不希望失去多年的合作伙伴，她期待着这位老朋友可以东山再起。破产程序在破产管理人的指导下有条不紊地进行，王丽萍女士则时刻关注着三亚大洋养殖设备有限公司的一举一动。今天，秘书告诉王丽萍，人民法院作出公告，将为三亚大洋养殖设备有限公司的债权人提供共计60日的债权申报期。王丽萍翻看着财务部前几天上交的材料发现，三亚大洋养殖设备有限公司除了未如期提供价值300万元人民币的养殖设备，6年前，三亚大洋养殖设备有限公司还向海多多有限公司借款30万元，本应在5年前偿还但至今尚未偿还。这笔欠款实际上是一笔陈年老账，那时公司成立没几年，几乎是王丽萍一个人带着十几个人的小团队单打独斗，还来不及专门设立财务部门、法务部门清算各类债权债务，而多年下来，部门的员工也不知道换了几轮，一开始的纸质记账凭证也随着人员更换、公司地址搬迁而难以找到，王丽萍女士还真没想到新上任的财务部主管能够找到这些凭证。

于是，王丽萍决定法院申报6年前三亚大洋养殖设备有限公司向海多多有限公司的借款30万元，以及未如期提供的价值300万元人民币的设备款。那么人民法院会接受王丽萍女士的申报吗？哪些债权属于可以申报的范围？哪些不属于可以申报的范围？

情景说法

根据《破产法》的规定，6年前三亚大洋养殖设备有限公司向海多多有限公司的30万元人民币欠款不属于债权人申报范围，而三亚大洋养殖设备有限公司未如期提供的价值300万元人民币的设备属于可以申报的范围。接下来，我们将逐一讲解在破产申报中哪些属于可以申报的债权，哪些属于不可以申报的债权，以及哪些属于不必申报的债权。

首先，《破产法》规定：在人民法院受理破产申请时，对债务人企业享有债权的债权人，可以进行债权申报。对于未到期的债权，在破产申请受理时视为到期，有利息的债权在破产申请受理时就停止计算利息。对于附条件和附期限的债权，以及诉讼、仲裁没有终局结果的债权，债权人都可以向人民法院申报债权。在本故事中，无论三亚大洋养殖设备有限公司向海多多有限公司负担的价值300万元人民币的设备的债务是否到期，都不影响海多多有限公司向人民法院申报债权。

其次，在法律理论和司法实务中，还有其他不可申报的债权。比如行政处罚的罚金、罚款等也不得申报，已经经过诉讼时效的债权也属于不得申报的范围。在本故事中，6 年前三亚大洋养殖设备有限公司向海多多有限公司欠款 30 万元，本应于 5 年前债务到期时清偿，但是至今已经过去 5 年之久仍未履行清偿义务，远远超出 3 年的诉讼时效期限，所以属于已经经过诉讼时效的债权，不可以向法院申报。

最后，职工债权不必申报。《破产法》这样规定是出于对职工的保护，在清偿申报的债权之前，会对职工工资、养老费用等先进行清偿，这样可以减少职工因为申报债权所需要花费的财力、物力。具体来说就是：债务人企业所欠职工的工资和医疗、伤残补助、抚恤等费用，所欠的应当划入职工个人账户的基本养老保险、基本医疗保险等费用，以及法律、行政法规规定应当支付给职工的补偿金，不必申报，只需要由破产管理人调查后列出清单并予以公示即可。如果职工对清单记载有异议的，可以要求破产管理人更正。如果破产管理人不予更正的，职工可以向人民法院提起诉讼。所以在本故事中，三亚大洋养殖设备有限公司的职工不需要向人民法院申报债权。

综上所述，在本故事中，无论三亚大洋养殖设备有限公司向海多多有限公司负担的价值 300 万元人民币的设备的债务是否到期，都不影响海多多有限公司向人民法院申报债权。同时因为 6 年前三亚大洋养殖设备有限公司向海多多有限公司借款 30 万元，因此产生的债权也因为已过诉讼时效而无法向人民法院申报。

法条索引

《破产法》

第四十四条

人民法院受理破产申请时对债务人享有债权的债权人，依照本法规定的程序行使权利。

第四十六条

未到期的债权，在破产申请受理时视为到期。

附利息的债权自破产申请受理时起停止计息。

第四十七条

附条件、附期限的债权和诉讼、仲裁未决的债权，债权人可以申报。

第四十八条

债权人应当在人民法院确定的债权申报期限内向管理人申报债权。

债务人所欠职工的工资和医疗、伤残补助、抚恤费用，所欠的应当划入职工个人账户的基本养老保险、基本医疗保险费用，以及法律、行政法规规定应当支付给职工的补偿金，不必申报，由管理人调查后列出清单并予以公示。职工对清单记载有异议的，可以要求管理人更正；管理人不予更正的，职工可以向人民法院提起诉讼。

故事十七

破产企业处分占有的他人财产怎么办？

“那是我们公司的设备，你怎么可以卖给别人？！”黑熊自动化设备有限公司的总经理王轩这一刻再也无法保持一向的绅士作风，对着电话另一头的贾克语气不善。贾克自知自己的行为有错误，也不得不连声道歉。王轩先生最终气得将电话摔向办公桌，闭目回想着事情的始终。

原来，一开始 VIC 糖果有限公司的发展势头非常好，王轩也十分欣赏贾克，同时也一直想和他合作。机会终于来了，贾克决定扩大公司的生产规模，而优良的生产设备是必需的，所以王轩主动向贾克伸出了橄榄枝，他们的合作很成功。2016 年 8 月，黑熊自动化设备有限公司与 VIC 糖果有限公司签订合同，约定黑熊有限公司将 10 台一体化生产设备（每台价值 50 万元人民币）租赁给 VIC 糖果有限公司，租期 2 年，VIC 糖果有限公司需向黑熊有限公司支付50万元租金。VIC糖果有限公司在合同签订几日后爽快地支付了全部租金，这使得王轩更加坚信这次的合作非常明智。

但是就在一个月前，王轩先生得知VIC糖果有限公司竟然经人民法院受理进入破产程序，惊讶之余也不由得为自己公司的那10台设备担忧起来，看来他要联系贾克或者破产管理人——非凡律师事务所说明一下自己的情况了。于是他很快联系了贾克，贾克也毫不避讳地告诉他其中8台设备已经在2017年6月被VIC糖果有限公司卖给银猫科技有限公司，现在还剩2台设备在继续工作。王轩觉得自己对贾克的信任是如此不堪一击，虽然银猫科技有限公司并不知道这些设备是黑熊有限公司租赁给VIC糖果有限公司的，并且银猫科技有限公司已经支付价款将这些设备买了下来。但贾克将黑熊有限公司租赁给他的设备随意卖给银猫科技有限公司，就是对自己的背叛！

后来，VIC糖果有限公司在破产程序期间又继续将剩余的2台设备中的1台卖给了西中机床有限公司（2018年5月），西中机床有限公司在不知道设备是VIC糖果有限公司租来的情况下，按市场价支付全部设备款，但是VIC糖果有限公司却一直没有将设备交付给西中机床有限公司。而另一台机器也在破产期间因为下雨厂房漏水而毁损。这让王轩更是气恼不已。那么对于这10台设备，王轩该采取什么措施维护公司的合法权益呢？

情景说法

根据《破产法》及司法解释的相关规定，黑熊有限公司不可以向银猫科技有限公司取回VIC糖果有限公司卖给它的8台设备。同时，对于剩余2台设备可以按照共益债务得到清偿。接下来，我们将一一说明在第三人（就是故事中的银猫科技有限公司和西中机床有限公司）善意取得财产和第三人未善意取得财产情况下，作为财产的权利人该如何主张自己的权利，以及如果他人财产毁损、灭失将如何处理。

为了便于了解法律的规定，我们有必要先解释一下什么是“善意取得”。善意取得是法律上的专有名词，简单来说就是财产权利人以外的人将权利人的财产卖给第三人时：（1）第三人不知道这是权利人的财产；（2）第三人支付了合理的价款购买；（3）第三人占有动产或者在有关部门进行不动产登记。

此时就可以依照“善意取得”最终获得财产的所有权。在本故事中，银猫科技有限公司：（1）不知道设备是 VIC 糖果有限公司租来的；（2）按市场价支付了全部设备款；（3）VIC 糖果有限公司已经将设备交付。由此可见，银猫科技公司的买受行为符合上述“善意取得”的制度规定。

首先，第三人已经善意取得财产时，财产的权利人不能取回已经被第三人买走的财产。此时，财产的权利人可以通过以下途径维护自己的权利：如果买卖发生在债务人企业破产申请受理前，财产的权利人因为财产损失，而债务人企业当然对其负有债务，此时财产的权利人可以作为普通债权人向破产管理人申报债权；如果买卖发生在债务人企业破产申请受理后，财产的权利人因为财产损失而享有的债权，可以作为共益债务被清偿。所以在本故事中，银猫科技有限公司不知道设备是 VIC 糖果有限公司租来的，并按市场价支付全部设备款，并且 VIC 糖果有限公司已经将设备交付给银猫科技有限公司，银猫科技公司的行为属于“善意取得”，黑熊有限公司不能取回这 8 台设备，只能作为普通债权人向破产管理人申报债权获得清偿。

其次，如果第三人是善意的，虽然支付价款但是并未取得财产的，财产的权利人有权取回财产。也就是说，当债务人企业将占有的他人财产违法卖给第三人时，第三人即使已经向债务人企业支付了转让价款，如果事实上并未收到财产的话也不能取得财产的所有权，财产的权利人可以依法追回转让财产。如果买卖行为发生在破产申请受理前，第三人因为已经支付价款但最终没有获得财产，可以作为普通债权人向破产管理人申报债权；如果买卖发生在破产申请受理后，同时因为第三人已经支付价款致使财产损失但事实上没有收到财产，此时可以作为共益债务要求破产管理人清偿。所以在本故事中，西中机床有限公司虽然不知道设备是黑熊有限公司租赁给 VIC 糖果有限公司的，并且支付了合理价款购买设备，但是最终却没有收到设备，不符合法律所规定的“善意取得”。此时，黑熊有限公司可以要求西中机床有限公司归还这台设备。同时，因为西中机床有限公司已经支付价款但实际上未收到设备而产生损失，可以通过共益债务获得清偿。

最后，债务人企业占有的他人财产如果毁损、灭失，财产权利人根据中国《破产法解释（二）》主张自己的权利。主要分三种情况：（1）债务人企业占有的他人财产毁损、灭失，因此获得的保险金、赔偿金、代偿物尚未交付给债务人企业，或者代偿物虽已交付给债务人企业但能与债务人企业的财产区分开来，财产的权利人可以主张取回就此获得的保险金、赔偿金、代偿物。（2）债务人企业占有的他人财产毁损、灭失，因此获得的保险金、赔偿金已经交付给债务人企业，或者代偿物已经交付给债务人企业且不能与债务人企业的财产区分开来时，如果财产毁损、灭失发生在破产申请受理前，财产的权利人因财产损失形成的债权，可以作为普通破产债权清偿；如果财产毁损、灭失发生在破产申请受理后，因破产管理人或者相关人员执行职务导致财产的权利人损害而产生的债务，可以作为共益债务清偿。(3)债务人企业占有的他人财产毁损、灭失，没有获得相应的保险金、赔偿金、代偿物，或者保险金、赔偿物、代偿物不足以弥补其损失的部分，可以按照情形（2）的方式获得折价清偿。在本故事中，1台设备在破产期间因自然原因损毁，没有获得保险金、赔偿物和代偿物，此时属于情形（3），黑熊有限公司可以按照共益债务获得清偿。

法条索引

最高人民法院《关于适用〈中华人民共和国企业破产法〉若干问题的规定（二）》

第三十条

债务人占有的他人财产被违法转让给第三人，依据物权法第一百零六条的规定第三人已善意取得财产所有权，原权利人无法取回该财产的，人民法院应当按照以下规定处理：

（一）转让行为发生在破产申请受理前的，原权利人因财产损失形成的债权，作为普通破产债权清偿；

（二）转让行为发生在破产申请受理后的，因管理人或者相关人员执行职务导致原权利人损害产生的债务，作为共益债务清偿。

第三十一条

债务人占有的他人财产被违法转让给第三人，第三人已向债务人支付了转让价款，但依据物权法第一百零六条的规定未取得财产所有权，原权利人依法追回转让财产的，对因第三人已支付对价而产生的债务，人民法院应当按照以下规定处理：

（一）转让行为发生在破产申请受理前的，作为普通破产债权清偿；

（二）转让行为发生在破产申请受理后的，作为共益债务清偿。

第三十二条

债务人占有的他人财产毁损、灭失，因此获得的保险金、赔偿金、代偿物尚未交付给债务人，或者代偿物虽已交付给债务人但能与债务人财产予以区分的，权利人主张取回就此获得的保险金、赔偿金、代偿物的，人民法院应予支持。

保险金、赔偿金已经交付给债务人，或者代偿物已经交付给债务人且不能与债务人财产予以区分的，人民法院应当按照以下规定处理：

（一）财产毁损、灭失发生在破产申请受理前的，权利人因财产损失形成的债权，作为普通破产债权清偿；

（二）财产毁损、灭失发生在破产申请受理后的，因管理人或者相关人员执行职务导致权利人损害产生的债务，作为共益债务清偿。

债务人占有的他人财产毁损、灭失，没有获得相应的保险金、赔偿金、代偿物，或者保险金、赔偿物、代偿物不足以弥补其损失的部分，人民法院应当按照本条第二款的规定处理。

第三十三条

管理人或者相关人员在执行职务过程中，因故意或者重大过失不当转让他人财产或者造成他人财产毁损、灭失，导致他人损害产生的债务作为共益债务，由债务人财产随时清偿不足弥补损失，权利人向管理人或者相关人员主张承担补充赔偿责任的，人民法院应予支持。

上述债务作为共益债务由债务人财产随时清偿后，债权人以管理人或者相关人员执行职务不当导致债务人财产减少给其造成损失为由提起诉讼，主张管理人或者相关人员承担相应赔偿责任的，人民法院应予支持。

故事十八

债权人会议可以做什么？

今天是 VIC 糖果有限公司的第一次债权人会议，距离人民法院指定的债权申报期限届满已经过去了 15 日。贾克想以最好的面貌向公司的债权人说明公司目前的情况，精致的仪表对于贾克而言是一种支撑自信的无形力量。

推开会议室的大门，全场人员都注视着他，贾克看着曾经的合作伙伴，或对他怒目而视，或对他满怀同情，或对他无声安慰，心中一时五味陈杂。她的母亲维多利亚女士身着浅紫色职业套装，脚踩黑色 7 厘米高跟鞋，职业性地向他微笑："我是人民法院指定的债权人会议主席，请您就座。"贾克点点头，坐在角落里的位置。

这就是 VIC 糖果有限公司破产申请经法院受理进入破产程序后第一次召开的债权人会议，那么什么是债权人会议？债权人会议有哪些职权？它的召开程序又是什么？

情景说法

本故事中，贾克参加的债权人会议正是破产程序中必不可少的一个步骤，那么在《破产法》中，对于债权人会议有什么具体的规定呢？我们将逐一说明什么是债权人会议，债权人会议的召开程序以及职权。

总体上来说，“债权人会议”是在破产程序中，全部申报债权的债权人所参加的会议，作为破产程序中的决议机构而存在。在债权人会议的诸多职权中，最主要的职权对重整计划、和解协议、债务人企业财产的管理方案进行表决。程序上而言，债权人会议的召开程序主要有召集、通知和形成决议三个具体的环节。

首先，“债权人会议”是破产程序中的决议机构。债权人会议设立的目的在于通过全部债权人参与破产程序，讨论决定有关破产事宜，来合理地表达债权人的诉求，维护其权益。值得注意的是，法律特别规定债权人会议中应当有债务人的职工和工会的代表参加，对有关事项发表意见。因为公司破产不仅仅对于债权人有着非常重大的影响，对于职工也有着非常特殊的意义。根据现代公司理念，职工也是公司的一员，在公司生死存亡的问题上，职工当然有话语权。所以在本故事中，贾克先生看见曾经的合作伙伴作为债权人出席此次会议，也看见厂长季庄作为 VIC 糖果有限公司的职工和工会的代表参加债权人会议。

其次，债权人会议有非常多的职权，最主要的职权当然是对重整计划、和解协议、债务人企业财产的管理方案进行决议。比如审查并核实债权人的债权；申请人民法院更换破产管理人，审查破产管理人的费用和报酬；监督破产管理人的工作；选任和更换债权人委员会成员；决定继续或者停止债务人企业的营业；通过重整计划；通过和解协议；通过债务人企业财产的管理方案；通过破产财产的变价方案；通过破产财产的分配方案；等等。所以在本故事中，VIC 糖果有限公司的债权人会议最重要的职权是讨论和解协议。

最后，债权人会议的召开程序主要有会议召集、会议召开时间地点的通知和决议形成三个程序。在会议召集阶段，第一次债权人会议由人民法院召集，正如本故事中第一次召开的债权人会议，便是由人民法院召集的。第一次债权人会议应当在债权申报期限届满之日起 15 日内召开。而第一次债权人会议以后的债权人会议，在人民法院认为必要时，或者管理人、债权人委员会、占债权总额 1/4 以上的债权人向债权人会议主席提议时即可召开。在通知阶段，召开债权人会议，破产管理人应当提前 15 日通知全部债权人。在决议形成阶段，不但要有出席会议的有表决权的债权人过半数通过，而且这些债权人所代表的债权额需要占无财产担保债权总额的 1/2 以上，才可以成为债权人会议的决议。所谓“无财产担保债权”，是指破产企业债权人的债权并没有任何财产上的担保，而只能够找破产企业清偿的债权。债权人会议作出的决议，对于全体债权人均有约束力。所以在本故事中，债权人会议也要遵守以上的规定。

法条索引

《破产法》

第五十九条

依法申报债权的债权人为债权人会议的成员，有权参加债权人会议，享有表决权。

债权尚未确定的债权人，除人民法院能够为其行使表决权而临时确定债权额的外，不得行使表决权。

对债务人的特定财产享有担保权的债权人，未放弃优先受偿权利的，对于本法第六十一条第一款第七项、第十项规定的事项不享有表决权。

债权人可以委托代理人出席债权人会议，行使表决权。代理人出席债权人会议，应当向人民法院或者债权人会议主席提交债权人的授权委托书。

债权人会议应当有债务人的职工和工会的代表参加，对有关事项发表意见。

第六十条

债权人会议设主席一人，由人民法院从有表决权的债权人中指定。

债权人会议主席主持债权人会议。

第六十一条

债权人会议行使下列职权：

（一）核查债权；

（二）申请人民法院更换管理人，审查管理人的费用和报酬；

（三）监督管理人；

（四）选任和更换债权人委员会成员；

（五）决定继续或者停止债务人的营业；

（六）通过重整计划；

（七）通过和解协议；

（八）通过债务人财产的管理方案；

（九）通过破产财产的变价方案；

（十）通过破产财产的分配方案；

（十一）人民法院认为应当由债权人会议行使的其他职权。

债权人会议应当对所议事项的决议作成会议记录。

第六十二条

第一次债权人会议由人民法院召集，自债权申报期限届满之日起 15 日内召开。

以后的债权人会议，在人民法院认为必要时，或者管理人、债权人委员会、占债权总额 1/4 以上的债权人向债权人会议主席提议时召开。

第六十三条

召开债权人会议，管理人应当提前 15 日通知已知的债权人。

第六十四条

债权人会议的决议，由出席会议的有表决权的债权人过半数通过，并且其所代表的债权额占无财产担保债权总额的 1/2 以上。但是，本法另有规定的除外。

债权人认为债权人会议的决议违反法律规定，损害其利益的，可以自债权人会议作出决议之日起 15 日内，请求人民法院裁定撤销该决议，责令债权人会议依法重新作出决议。

债权人会议的决议，对于全体债权人均有约束力。

第六十五条

本法第六十一条第一款第（八）项、第（九）项所列事项，经债权人会议表决未通过的，由人民法院裁定。

本法第六十一条第一款第（十）项所列事项，经债权人会议二次表决仍未通过的，由人民法院裁定。

对前两款规定的裁定，人民法院可以在债权人会议上宣布或者另行通知债权人。

第六十六条

债权人对人民法院依照本法第六十五条第一款作出的裁定不服的，债权额占无财产担保债权总额1/2以上的债权人对人民法院依照本法第六十五条第二款作出的裁定不服的，可以自裁定宣布之日或者收到通知之日起15日内向该人民法院申请复议。复议期间不停止裁定的执行。

第六十七条

债权人会议可以决定设立债权人委员会。债权人委员会由债权人会议选任的债权人代表和一名债务人的职工代表或者工会代表组成。债权人委员会成员不得超过9人。

债权人委员会成员应当经人民法院书面决定认可。

第六十八条

债权人委员会行使下列职权：

（一）监督债务人财产的管理和处分；

（二）监督破产财产分配；

（三）提议召开债权人会议；

（四）债权人会议委托的其他职权。

债权人委员会执行职务时，有权要求管理人、债务人的有关人员对其职权范围内的事务作出说明或者提供有关文件。

管理人、债务人的有关人员违反本法规定拒绝接受监督的，债权人委员会有权就监督事项请求人民法院作出决定；人民法院应当在5日内作出决定。

第六十九条

管理人实施下列行为，应当及时报告债权人委员会：

（一）涉及土地、房屋等不动产权益的转让；

（二）探矿权、采矿权、知识产权等财产权的转让；

（三）全部库存或者营业的转让；

（四）借款；

（五）设定财产担保；

（六）债权和有价证券的转让；

（七）履行债务人和对方当事人均未履行完毕的合同；

（八）放弃权利；

（九）担保物的取回；

（十）对债权人利益有重大影响的其他财产处分行为。

未设立债权人委员会的，管理人实施前款规定的行为应当及时报告人民法院。

故事十九 破产清算可以转为重整吗？

VIC 枫糖有限公司曾与超星自动化车床有限公司（以下简称超星公司）多次合作并购买他们生产的自动化设备，但是超星公司因为市场竞争激烈且经营决策失误不能清偿到期债务，且 VIC 枫糖有限公司急于追回本公司很久之前就付给超星公司的 300 万元货款来扩大经营规模，遂向法院申请对超星公司进行破产清算。法院予以受理，并在法定期间内通知了债务人超星有限公司。

张军是超星公司的大股东之一，拥有该公司 30% 的股权。在人民法院受理 VIC 枫糖公司对超星公司的破产清算申请后，张军认为公司依旧有着东山再起的可能性，于是向法院申请重整。重整就是对公司进行“重新整理”，目的是让公司能够绝处逢生。法院认为超星公司一直诚信经营，社会声誉良好，符合重整申请的条件，于是裁定其重整，并进行了公告。

张军认为自己一手培养的公司精英团队对超星公司的业务更熟悉，就申请人民法院在重整期间由超星公司精英团队在破产管理人的监督下自行管理财产和营业事务。法院批准后，破产管理人将财产和营业事务移交给超星公司精英团队管理。

超星公司重整的消息传到了公司的债权人之一环太平洋（中国）有限公司深圳分公司（以下简称环太平洋深圳分公司），法务部惊闻这个消息，连夜查找法律规定，终于得出一项结论：要求行使对超星公司的“担保权”和“取回权”。原来，超星公司与环太平洋深圳分公司签订了为期 15 年的车床零件采购协议，约定超星公司为环太平洋深圳分公司购买加拿大原装进口的车床零件。环太平洋深圳分公司把购买零件的钱一次性付给了超星公司，表示出了对超星公司的信任。超星公司收到巨款后，为感谢环太平洋深圳分公司对它的信任，就把公司位于深圳福田区的一处房产为环太平洋深圳分公司设定抵押权，一旦超星公司到时候无法给环太平洋深圳分公司提供车床零件，环太平洋深圳分公司就可以要求法院拍卖超星公司抵押给它的房产。在双方签订采购协议之前，环太平洋深圳分公司还向超星公司交付过一套零件作为样品，并约定采购合同签订后由超星公司以到付方式将寄回环太平洋深圳分公司，但是采购合同签订后，超星公司一直未将零件寄回。

虽然被批准重整了，但超星公司的精英团队认为公司还是面临倒闭的威胁，而且领导人张军因为此前的决策失误而使整个团队一蹶不振。张军眼见重整无望，就利用超星公司大股东身份，操纵股东会作出两项决议：第一项决议是把公司仅剩的几万块钱分配给全体股东；第二项决议是决定继续经营车床设备生产和安装事业。在股东会上，仿佛所有人都遗忘了本月职工工资还没着落的事实。鉴于 VIC 枫糖有限公司经济实力较强，又有长期合作关系，所以超星公司决定向其借钱来继续经营业务。但是 VIC 枫糖有限公司拒绝了借款请求，即使超星公司提出可以用办公楼做抵押，VIC 枫糖有限公司也还是拒绝得干脆利落。随后，VIC 枫糖有限公司向法院申请裁定终止重整程序，并宣告超星公司破产。法院查明事实后，裁定终止重整程序，并宣告超星公司进行破产清算。

本故事中，超星公司破产清算转重整，以及重整期间发生的行为是否符合法律规定？

情景说法

启动破产清算程序后，如果发现企业还有起死回生的可能，可以申请转变为重整程序，如果最后仍不能让企业继续正常运转，还是需要转入破产清算。本故事中，就涉及了这些问题。

第一，张军作为拥有超星公司 30% 的股权的大股东，申请破产清算程序转换为破产重整程序是否合法?

根据《破产法》的规定，债权人申请对债务人进行破产清算的，在人民法院受理破产申请后、宣告债务人破产前，债务人或者出资额占债务人注册资本 1/10 以上的出资人，可以向人民法院申请重整。可见，破产清算程序启动后转换成破产重整程序需要满足三个条件：一是债权人已经申请对债务人进行破产清算，本故事中债权人 VIC 枫糖有限公司已经向法院申请对债务人超星公司进行破产清算；二是要在人民法院受理破产申请后、宣告债务人破产前申请，本故事中人民法院已经受理债权人的破产申请，但是还未宣告债务人破产；三是申请主体须是债务人或者出资额占债务人注册资本 1/10 以上的出资人，本故事中张军是出资额占超星公司注册资本 30% 的出资人，符合申请人条件，有权申请。所以，法院经审查认为重整申请符合破产法规定，裁定债务人重整并予以公告是符合程序要求的。

第二，超星公司作为破产人，申请自行管理财产和营业事务是否合法?

根据法律规定，在重整期间，经债务人申请，人民法院批准，债务人可以在管理人的监督下自行管理财产和营业事务。重整期间是指自人民法院裁定债务人重整之日起至重整程序终止的期间。所以，在重整期间内，债务人超星公司可以申请自行管理事务，但是须经法院批准、接受破产管理人的监督。反之，如果破产管理人继续负责事务经营的，也可以聘请债务人的经营管理人员负责营业事务。这样规定，是考虑到债务人的经营管理人员更熟悉经营事务，更能高效地作出有利于经营的决断。

第三，重整过程中超星公司股东会作出的第一项决议（将公司剩下的钱分给股东）是否有效?

根据法律规定，在重整期间，债务人的出资人不得请求投资收益分配，债务人的董事、监事、高级管理人员不得向第三人转让其持有的债务人的股权，但是，经人民法院同意的除外。本故事重整过程中，公司的出资人（就是股东）张军操纵股东会决议将公司剩下的钱分配给全体股东，公司剩余的钱也是法律规定的“投资收益”，所以该决议内容违反了债务人的出资人不得请求投资收益分配的法律规定，决议无效。

第四，重整过程中超星公司股东会作出的第二项决议（向 VIC 枫糖公司借款）是否有效？

根据法律规定，在重整期间，债务人或者管理人为继续营业而借款的，可以为该借款设定担保。债务人的第二项决议是为继续经营车床设备生产和安装事业向 VIC 枫糖公司借款，并承诺提供等额担保，是符合法律规定的。

第五，法院能否裁定终止重整程序，并宣告超星公司破产？

根据法律规定，在重整期间，有下列情形之一的，经管理人或者利害关系人请求，人民法院应当裁定终止重整程序，并宣告债务人破产：（1）债务人的经营状况和财产状况继续恶化，缺乏挽救的可能性；（2）债务人有欺诈、恶意减少债务人财产或者其他显著不利于债权人的行为；（3）由于债务人的行为致使管理人无法执行职务。本故事中，超星公司在重整期间，有欺诈、恶意减少债务人财产的行为——向股东分配剩余财产。经利害关系人 VIC 枫糖公司申请，法院查明事实后，可以裁定终止重整程序，并宣告超星公司进行破产清算。

法条索引

《破产法》

第七十条

债务人或者债权人可以依照本法规定，直接向人民法院申请对债务人进行重整。

债权人申请对债务人进行破产清算的，在人民法院受理破产申请后、宣告债务人破产前，债务人或者出资额占债务人注册资本 1/10 以上的出资人，可以向人民法院申请重整。

第七十一条

人民法院经审查认为重整申请符合本法规定的，应当裁定债务人重整，并予以公告。

第七十二条

自人民法院裁定债务人重整之日起至重整程序终止，为重整期间。

第七十三条

在重整期间，经债务人申请，人民法院批准，债务人可以在管理人的监督下自行管理财产和营业事务。

有前款规定情形的，依照本法规定已接管债务人财产和营业事务的管理人应当向债务人移交财产和营业事务，本法规定的管理人的职权由债务人行使。

第七十四条

管理人负责管理财产和营业事务的，可以聘任债务人的经营管理人员负责营业事务。

第七十五条

在重整期间，对债务人的特定财产享有的担保权暂停行使。但是，担保物有损坏或者价值明显减少的可能，足以危害担保权人权利的，担保权人可以向人民法院请求恢复行使担保权。

在重整期间，债务人或者管理人为继续营业而借款的，可以为该借款设定担保。

第七十六条

债务人合法占有的他人财产，该财产的权利人在重整期间要求取回的，应当符合事先约定的条件。

第七十七条

在重整期间，债务人的出资人不得请求投资收益分配。

在重整期间，债务人的董事、监事、高级管理人员不得向第三人转让其持有的债务人的股权。但是，经人民法院同意的除外。

第七十八条

在重整期间，有下列情形之一的，经管理人或者利害关系人请求，人民法院应当裁定终止重整程序，并宣告债务人破产：

（一）债务人的经营状况和财产状况继续恶化，缺乏挽救的可能性；

（二）债务人有欺诈、恶意减少债务人财产或者其他显著不利于债权人的行为；

（三）由于债务人的行为致使管理人无法执行职务。

故事二十 重整计划的通过代表什么？

“耶！”三亚大洋养殖设备有限公司的会议室里发出了巨大的欢呼声。就在几分钟前，秘书小王拿着法院的“裁定书”进入会议室，董事长兼总经理李响读着“裁定书”，但原本紧皱着的眉头却逐渐舒展开来，嘴角也微微上扬。原来是人民法院经过审查认为三亚大洋养殖设备有限公司虽然已经处于破产危机中，但是尚有挽救希望和挽救价值，最终裁定三亚大洋养殖设备有限公司进入破产重整程序。

事实上，三亚大洋养殖设备有限公司近三年明显进入经营困境，作为养殖设备领域的老大哥，三亚大洋养殖设备有限公司可以说是中国西南地区第一个从事养殖设备生产、销售和安装的公司，而后随着科技不断发展，三亚大洋养殖设备有限公司并没有就此没落，反而积极引入高科技人才进行自主研发、与国外优秀企业合作升级设备。但是商场上没有常胜将军，无论多么有经验的商人也有可能马失前蹄。5年前，三亚大洋养殖设备有限公司尝试研发一款在国内外都处于技术领先地位的养殖设备，研发如此先进的设备必然会消耗大量财力、物力、人力，但是公司认为这是值得的，任何盈利都必须有前期的投入，正常情况下，投入和产出是成正比的。但是，5年过去了，研发团队遇到了难以攻破的技术瓶颈，研究进度停滞，而此时公司资金链早已断裂，研发进度更是就此暂停，三亚大洋养殖设备有限公司为此负债累累，最终走向破产。他们不会怪罪老朋友海多多公司向人民法院申请公司破产重整，因为这是事实，即便老朋友不这么做，三亚大洋养殖设备有限公司自己也将无奈选择破产。他们最为担心的其实是人民法院会不会同意三亚大洋养殖设备有限公司进行破产重整，毕竟比起破产清算，破产重整有可能使公司起死回生，这是二者最大的不同。就在刚刚，人民法院裁定了三亚大洋养殖设备有限公司破产重整。

那么接下来，三亚大洋养殖设备有限公司最重要的工作就是在6个月内积极准备“重整计划草案”。想到这，李响脸上的笑容渐渐消失，因为公司最终能否起死回生的关键在于他们准备的“重整计划草案”能否被公司的债权人接受，如果他们的草案不能被债权人认可，公司就会失去机会，直接走向死亡。

那么，什么是重整计划？“重整计划草案”包含什么内容？以及重整计划草案具体由谁进行表决、通过？

情景说法

根据《破产法》，三亚大洋养殖设备有限公司或者破产管理人需要在人民法院裁定其重整之日起6个月内，向人民法院和债权人会议提交重整计划草案。接下来，我们将逐一讲解什么是重整计划，三亚大洋养殖设备有限公司准备的重整计划草案具体包括什么内容，以及重整计划草案最终由谁表决、通过。

总体上来说，三亚大洋养殖设备有限公司或者破产管理人必须在6个月内准备重整计划草案，并提交给人民法院和债权人会议。这个重整计划草案必须包含《破产法》所规定的七个方面的内容。但是最终重整计划草案能否通过、生效，则分别需要债权人会议和人民法院进行表决、批准。

首先，重整计划是指破产重整申请被人民法院受理后，债务人企业或者破产管理人在法定期限内提交的计划草案。重整计划的制订非常重要，因为这是决定重整程序能否顺利进行的核心环节，只有切实可行、科学合理的重整计划才能被债权人会议表决通过，最终达到让企业起死回生的目的。重整计划的目的就是促进企业东山再起，一方面继续维持债务人企业的经营事业，另一方面综合考虑企业债权人的利益。如果债务人企业或者破产管理人不能够在6个月内提出重整计划草案，人民法院就会宣告债务人企业破产，企业直接走向死亡。所以，在本故事中，三亚大洋养殖设备有限公司或者破产管理人必须在6个月内准备重整计划草案，并提交给人民法院和债权人会议。

其次，根据《破产法》的规定，重整计划草案必须包括七个方面的内容，缺一不可。它们分别是：（1）债务人企业今后公司的经营方案；（2）全部债权的分类；（3）对债权进行调整的方案；（4）具体清偿债务人企业全部债权的方案；（5）重整计划的执行期限；（6）重整计划执行的监督期限；（7）有利于债务人重整的其他方案。

对于制订重整计划的人，法律也有规定，这主要是看重整期间公司具体是由谁管理的，如果是债务人企业自己管理财产和营业事务，那么就由债务人企业自己制作重整计划草案；如果是破产管理人负责管理财产和营业事务，则交由破产管理人制作重整计划草案。所以，在本故事中，将由具体管理公司事务的人来制订重整计划草案。

文书示例

某某市人民法院：

一、债务人基本情况

1. 债务人概况：注册资本、发起股东等。

2. 债务人的资产状况：土地使用权、固定资产（房屋、办公用品等）、流动资金等。

3. 债务人的全部债务：有财产担保的债权、职工债权、税款债权、普通债权等。

二、债务人的重整计划

1. 重整主体：三亚大洋养殖设备有限公司。

2. 重整经营方案：盘活存量资产、销售计划等。

3. 债权清偿方案：有担保的债权清偿率为 50%，职工职权清偿率为 100%，税款债权清偿率为 1.2%，普通债权清偿率为 1.2%。

4. 债权清偿期限：3 年。第一年清偿债权分配款总额的 20%，第二年清偿债权分配款总额的 30%，第三年清偿债权分配款总额的 50%。

三、重整计划的执行

1. 执行期限：草案被人民法院批准之日起 3 年。

2. 监督执行期限：草案被人民法院批准之日起 3 年。

四、结语

三亚大洋养殖设备有限公司管理人

某年某月某日

最后，重整计划草案具体将由债权人会议进行表决，决定通过与否。根据《破产法》规定，人民法院应当在收到重整计划草案之日起 30 内召开债权人会议，由债权人会议对重整计划草案进行表决。如果全部出席债权人会议的债权人过半数同意重整计划，并且他们所代表的债权占全部出席债权人会议的债权人的债权的 2/3 以上，重整计划草案就可以通过了。当然，通过的重整计划最后能否生效，还需要由人民法院批准，只有人民法院批准通过，这个重整计划才能正式生效。

法条索引

《破产法》

第七十二条

自人民法院裁定债务人重整之日起至重整程序终止，为重整期间。

第七十八条

在重整期间，有下列情形之一的，经管理人或者利害关系人请求，人民法院应当裁定终止重整程序，并宣告债务人破产：

（一）债务人的经营状况和财产状况继续恶化，缺乏挽救的可能性；

（二）债务人有欺诈、恶意减少债务人财产或者其他显著不利于债权人的行为；

（三）由于债务人的行为致使管理人无法执行职务。

第七十九条

债务人或者管理人应当自人民法院裁定债务人重整之日起6个月内，同时向人民法院和债权人会议提交重整计划草案。

前款规定的期限届满，经债务人或者管理人请求，有正当理由的，人民法院可以裁定延期3个月。

债务人或者管理人未按期提出重整计划草案的，人民法院应当裁定终止重整程序，并宣告债务人破产。

第八十条

债务人自行管理财产和营业事务的，由债务人制作重整计划草案。

管理人负责管理财产和营业事务的，由管理人制作重整计划草案。

第八十一条

重整计划草案应当包括下列内容：

（一）债务人的经营方案；

（二）债权分类；

（三）债权调整方案；

（四）债权受偿方案；

（五）重整计划的执行期限；

（六）重整计划执行的监督期限；

（七）有利于债务人重整的其他方案。

第八十二条

下列各类债权的债权人参加讨论重整计划草案的债权人会议，依照下列债权分类，分组对重整计划草案进行表决：

（一）对债务人的特定财产享有担保权的债权；

（二）债务人所欠职工的工资和医疗、伤残补助、抚恤费用，所欠的应当划入职工个人账户的基本养老保险、基本医疗保险费用，以及法律、行政法规规定应当支付给职工的补偿金；

（三）债务人所欠税款；

（四）普通债权。

人民法院在必要时可以决定在普通债权组中设小额债权组对重整计划草案进行表决。

第八十三条

重整计划不得规定减免债务人欠缴的本法第八十二条第一款第（二）项规定以外的社会保险费用；该项费用的债权人不参加重整计划草案的表决。

第八十四条

人民法院应当自收到重整计划草案之日起30日内召开债权人会议，对重整计划草案进行表决。

出席会议的同一表决组的债权人过半数同意重整计划草案，并且其所代表的债权额占该组债权总额的2/3以上的，即为该组通过重整计划草案。

债务人或者管理人应当向债权人会议就重整计划草案作出说明，并回答询问。

第八十五条

债务人的出资人代表可以列席讨论重整计划草案的债权人会议。

重整计划草案涉及出资人权益调整事项的，应当设出资人组，对该事项进行表决。

第八十六条

各表决组均通过重整计划草案时，重整计划即为通过。

自重整计划通过之日起10日内，债务人或者管理人应当向人民法院提出批准重整计划的申请。人民法院经审查认为符合本法规定的，应当自收到申请之日起30日内裁定批准，终止重整程序，并予以公告。

第八十七条

部分表决组未通过重整计划草案的，债务人或者管理人可以同未通过重整计划草案的表决组协商。该表决组可以在协商后再表决一次。双方协商的结果不得损害其他表决组的利益。

未通过重整计划草案的表决组拒绝再次表决或者再次表决仍未通过重

整计划草案，但重整计划草案符合下列条件的，债务人或者管理人可以申请人民法院批准重整计划草案：

（一）按照重整计划草案，本法第八十二条第一款第（一）项所列债权就该特定财产将获得全额清偿，其因延期清偿所受的损失将得到公平补偿，并且其担保权未受到实质性损害，或者该表决组已经通过重整计划草案；

（二）按照重整计划草案，本法第八十二条第一款第（二）项、第（三）项所列债权将获得全额清偿，或者相应表决组已经通过重整计划草案；

（三）按照重整计划草案，普通债权所获得的清偿比例，不低于其在重整计划草案被提请批准时依照破产清算程序所能获得的清偿比例，或者该表决组已经通过重整计划草案；

（四）重整计划草案对出资人权益的调整公平、公正，或者出资人组已经通过重整计划草案；

（五）重整计划草案公平对待同一表决组的成员，并且所规定的债权清偿顺序不违反本法第一百一十三条的规定；

（六）债务人的经营方案具有可行性。

人民法院经审查认为重整计划草案符合前款规定的，应当自收到申请之日起三十日内裁定批准，终止重整程序，并予以公告。

第八十八条

重整计划草案未获得通过且未依照本法第八十七条的规定获得批准，或者已通过的重整计划未获得批准的，人民法院应当裁定终止重整程序，并宣告债务人破产。

故事二十一 资不抵债的企业还想存续怎么办？

VIC 糖果公司的破产程序对于贾克而言也是一次难得的经历。两年前，贾克先生跟随家人来到中国三亚投资，他不费吹灰之力就从母亲维多利亚女士那里获得了创业资金，并和童昕女士共同创办了 VIC 糖果有限公司。看着公司即将成为中国最具影响力的糖果公司，贾克的经营决策开始变得有些激进，公司大量借债以扩大经营规模，遗憾的是公司最终资金链断裂、资不抵债，不得不走向破产和解程序。

值得庆幸的是，人民法院认为 VIC 糖果有限公司尚有东山再起的可能，于是 VIC 糖果有限公司正式进入破产和解程序，并如期召开了债权人会议。

债权人会议通过和解协议后没过多久，人民法院也认可了和解协议。贾克和公司高级管理人员得知这个消息后激动不已，他们都坚信，公司历经生死后大家将更加团结、更加成熟，并将继续走下去。但是在这之前，他们还需要执行和解协议，带领公司走出困境。

那么，在破产程序期间，进行和解程序具体有哪些方面需要注意呢？

情景说法

破产和解制度，是在债务人不能清偿债务的时候，为了避免破产清算，债权人会议协商后作出让步，从而达成谅解，使得企业有继续运转的可能的一种制度。本故事中的破产和解，只能由债务人即 VIC 糖果有限公司申请，债权人不能申请。而 VIC 糖果有限公司在破产和解中，需要围绕“和解协议”完成一系列活动，具体而言包括以下几个方面：和解协议草案的提出和制订具体和解内容；和解协议的成立和生效；和解协议的执行。

首先，由债务人企业提出破产申请的，应在向人民法院申请时提出和解协议草案。根据《破产法》的规定，和解协议草案由债务人企业在向人民法院申请破产和解程序时提出。一般而言，和解协议草案应当包括以下内容：债务人企业清偿企业债务的具体办法；债务人企业清偿债务的时间和期限；债务人企业清偿全部债务时的财产来源。债务人企业向债权人请求减少债务清偿的，还应当在和解协议草故事中写明请求减少清偿的债务的种类、数额和比例，以及在可能的情况下为债务清偿提供担保的情况等。在本故事中，VIC 糖果有限公司在向人民法院申请破产和解程序时，就应当同时向人民法院提交和解协议草案。

其次，由债权人会议表决、通过和解协议，并由人民法院裁定是否认可债权人会议通过的和解协议。《破产法》规定，人民法院在裁定启动和解协议后，应当召集债权人会议讨论由债务人企业提出的和解协议草案。债权人会议接到和解协议草案后应当进行审查讨论，并可以要求债务人企业对和解协议草案作出说明。最终和解协议草案是否通过由债权人会议以表决的方式决定。我国法律规定，出席会议的有表决权的债权人过半数同意，并且其所代表的债权额占无财产担保债权（没有担保的债权）总额的 2/3 以上，即可认为和解协议草案通过。之后，债权人会议通过的和解协议还需要由人民法院确认其效力，人民法院如果认可债权人会议通过的和解协议，则终止和解程序并向社会公众公告。

在本故事中，VIC 糖果有限公司的和解协议草案经债权人会议通过后，人民法院还要对其进行审核，认可后可裁定和解程序终止。

最后，和解程序终止后，破产管理人应当向债务人企业移交财产和营业事务，债务人企业应当按照和解协议清偿债务。此时，破产管理人需要向人民法院提交执行职务的报告。同时，债务人企业在接管公司财产和营业事务后，应当积极按照和解协议的内容清偿债务。本故事中，在和解协议草案经债权人会议通过且人民法院认可其效力后，VIC 糖果有限公司破产程序期间的破产管理人——非凡律师事务所就需要将 VIC 糖果有限公司的全部财产和营业事务交还给 VIC 糖果有限公司，并向人民法院提交其执行职务的报告。同时，VIC 糖果有限公司在接管公司财产和营业事务后，需要按照和解协议的内容清偿公司债务。

法条索引

《破产法》

第九十五条

债务人可以依照本法规定，直接向人民法院申请和解；也可以在人民法院受理破产申请后、宣告债务人破产前，向人民法院申请和解。

债务人申请和解，应当提出和解协议草案。

第九十六条

人民法院经审查认为和解申请符合本法规定的，应当裁定和解，予以公告，并召集债权人会议讨论和解协议草案。

对债务人的特定财产享有担保权的权利人，自人民法院裁定和解之日起可以行使权利。

第九十七条

债权人会议通过和解协议的决议，由出席会议的有表决权的债权人过半数同意，并且其所代表的债权额占无财产担保债权总额的 2/3 以上。

第九十八条

债权人会议通过和解协议的，由人民法院裁定认可，终止和解程序，并予以公告。管理人应当向债务人移交财产和营业事务，并向人民法院提交执行职务的报告。

第九十九条

和解协议草案经债权人会议表决未获得通过，或者已经债权人会议通过的和解协议未获得人民法院认可的，人民法院应当裁定终止和解程序，并宣告债务人破产。

第一百条

经人民法院裁定认可的和解协议，对债务人和全体和解债权人均有约束力。

和解债权人是指人民法院受理破产申请时对债务人享有无财产担保债权的人。

和解债权人未依照本法规定申报债权的，在和解协议执行期间不得行使权利；在和解协议执行完毕后，可以按照和解协议规定的清偿条件行使权利。

第一百零一条

和解债权人对债务人的保证人和其他连带债务人所享有的权利，不受和解协议的影响。

第一百零二条

债务人应当按照和解协议规定的条件清偿债务。

第一百零三条

因债务人的欺诈或者其他违法行为而成立的和解协议，人民法院应当裁定无效，并宣告债务人破产。

有前款规定情形的，和解债权人因执行和解协议所受的清偿，在其他债权人所受清偿同等比例的范围内，不予返还。

第一百零四条

债务人不能执行或者不执行和解协议的，人民法院经和解债权人请求，应当裁定终止和解协议的执行，并宣告债务人破产。

人民法院裁定终止和解协议执行的，和解债权人在和解协议中作出的债权调整的承诺失去效力。和解债权人因执行和解协议所受的清偿仍然有效，和解债权未受清偿的部分作为破产债权。

前款规定的债权人，只有在其他债权人同自己所受的清偿达到同一比例时，才能继续接受分配。

第一百零五条

人民法院受理破产申请后，债务人与全体债权人就债权债务的处理自行达成协议的，可以请求人民法院裁定认可，并终结破产程序。

第一百零六条

按照和解协议减免的债务，自和解协议执行完毕时起，债务人不再承担清偿责任。

故事二十二

谁可以优先受偿？

此时，维多利亚面前的办公桌上摆满了大小不一的玻璃瓶，她和公司市场部、设计部和产品部的一干人员不断讨论着哪家公司生产的玻璃瓶最适合作为容器来灌装VIC枫糖有限公司最新生产的枫糖浆——爱枫。这一款枫糖浆是VIC枫糖有限公司这两年来最优秀的产品，公司对它寄予了厚望。

“美贝贝的厚度适中，玻璃通透没有杂质，稳定性好，也是业内的知名品牌。”产品部的负责人说。“可是美贝贝的玻璃瓶样式不够新颖。”维多利亚觉得不够满意。“如果我们的订单数量足够多，可以个性化定制。”产品部负责人扬扬得意地说。维多利亚女士点点头，决定和美贝贝玻璃制品有限公司先行商讨合作。

在产品部的争取下，美贝贝玻璃制品有限公司决定向

VIC 枫糖有限公司生产、销售个性化产品，并且提供非常优惠的价格，但是需要 VIC 枫糖有限公司先向美贝贝玻璃制品有限公司支付合同约定的全部价款，否则美贝贝玻璃制品有限公司没有足够资金生产大量的定制玻璃瓶。VIC 枫糖有限公司为保障自身利益，要求美贝贝玻璃制品有限公司提供担保，美贝贝最终将公司一栋厂房作为担保。美贝贝玻璃制品有限公司和 VIC 枫糖有限公司还在合同中约定前者向后者提供优质定制玻璃瓶 1 万箱，半年内交付全部玻璃瓶，而 VIC 枫糖公司则需在合同签订后 3 天内向美贝贝玻璃制品有限公司支付人民币 100 万元。合同签订后，VIC 枫糖公司很快支付了全部货款。但是半年过去了，VIC 枫糖公司多次催促美贝贝玻璃制品有限公司交付玻璃瓶，但是美贝贝玻璃制品有限公司一直没有交付过任何玻璃瓶，一年多过去了，VIC 枫糖公司听到美贝贝玻璃制品有限公司进入破产清算程序的消息。此时，VIC 枫糖有限公司为使公司损失最小，决定行使别除权以实现债权优先受偿。

那么，什么是别除权？ VIC 枫糖有限公司又应该如何行驶别除权呢？

情景说法

本故事中，美贝贝玻璃制品有限公司已经进入破产清算程序，VIC 枫糖有限公司可以向清算组申报债权后，再向清算组申请行使别除权，以实现债权的优先受偿。接下来，我们将一一解释什么是破产别除权，享有破产别除权需要什么条件以及如何具体行使别除权。

首先，在破产程序中，别除权是指可以被债务人企业优先偿还的债权。具体而言，在破产程序中，别除权是指债权人因为其债权之上设定有特定的物的担保，或者债权人依照法律规定享有法定优先权，此时可以使用债务人企业的特定的物偿还其债权的权利。对债务人企业的特定财产享有担保权的债权人，可以利用该特定财产，享有优先受到偿还债权的权利。这是因为，对债务设定担保，就是为了确保在债务人没有足够的资金偿还债务的情况下，有别的方法让债务得到清偿。要注意的是，别除权只能在特定的担保物上行使，如果此担保物折价后仍不足以清偿担保债务，剩下的部分则与普通的债权一样，统一按照顺序进行清偿。所以在本故事中，VIC 枫糖有限公司对美贝贝玻璃制品有限公司享有债权，而且这个债权以厂房一栋作为担保，所以 VIC 枫糖有限公司行使别除权时，可以在这个厂房的价值内，保证债权被美贝贝玻璃制品有限公司优先偿还，也就是说美贝贝玻璃制品有限公司向VIC枫糖有限公司承担的100万元人民币的债务，可以优先于其他债权人得到清偿。

其次，债权人享有的债权需要有物的担保，才能够产生别除权，并依据别除权进而优先受偿。根据民法的相关规定，担保物权包括抵押权、质权和留置权。所谓抵押权，是指债务人继续占有特定财产，并将该特定财产作为债权的担保，当债务人不履行债务时，债权人可以依照法律规定的程序利用该特定财产，相对于债务人的其他债权人优先受到清偿债权的权利。质权也是物的担保的一种方式，债务人移转对特定财产的占有，也就是债权人占有特定的财产，在债务人不履行债务时，债权人有权利用该特定财产，相对于债务人的其他债权人优先得到清偿。留置权是指当债务人逾期不履行债务时，债权人可以对其合法占有的债务人的财产，例如因加工合同等原因占有的债务人的财产，进行处分，以此方式相对于债务人的其他债权人优先得到清偿。在本故事中，美贝贝玻璃制品有限公司将公司的厂房一栋作为物的担保，此时VIC枫糖有限公司享有别除权。

最后，行使别除权需要先向清算组申报债权，再向清算组申请行使别除权。在司法实务中，即便债权人享有别除权，也需要向清算组申报债权，之后再向清算组申请别除权。如果清算组认为申请成立，债权人则可以相对于债务人企业的其他债权人优先得到清偿。在本故事中，VIC枫糖有限公司需要先向清算组申报自己的债权，之后再向清算组申请行使别除权。

综上所述，根据《破产法》的规定，在VIC枫糖有限公司对美贝贝玻璃制品有限公司的债权中，美贝贝玻璃制品有限公司将公司的一栋厂房作为对债务的物的担保，此时VIC枫糖有限公司享有别除权。具体而言，VIC枫糖有限公司需要先向清算组申报自己的债权，之后再向清算组申请行使别除权。如果清算组认为VIC枫糖有限公司的申请成立，VIC枫糖有限公司则可以相对于美贝贝玻璃制品有限公司的其他债权人优先得到清偿。

法条索引

《破产法》

第一百零九条

对破产人的特定财产享有担保权的权利人，对该特定财产享有优先受偿的权利。

第一百一十条

享有本法第一百零九条规定权利的债权人行使优先受偿权利未能完全受偿的，其未受偿的债权作为普通债权；放弃优先受偿权利的，其债权作为普通债权。